Michael Erler

Systemische Familienarbeit

Eine Einführung

2., überarbeitete Auflage 2011

Juventa Verlag Weinheim und München

Der Autor

Michael Erler, Jg. 1943, Dr. phil., war von 1972 bis 2006 Professor für Soziologie am Studiengang Sozialpädagogik der Fachhochschule Frank-
furt/M.

Bibliografische Information er Deutschen Nationalbibliothek

Die Deutsche Nationalbibliothek verzeichnet diese Publikation in der Deutschen
Nationalbibliografie; detaillierte bibliografische Daten sind im Internet über
http://dnb.d-nb.de abrufbar.

1. Auflage 2003
2., überarbeitete Auflage 2011

© 2003 Juventa Verlag Weinheim und München
Umschlaggestaltung: Atelier Warminski, 63654 Büdingen
Umschlagabbildung: Wassily Kandinsky, Kreise im Kreis, 1923
© VG Bild-Kunst, Bonn 2010
Printed in Germany

ISBN 978-3-7799-0736-7

Vorwort zur zweiten Auflage

Es ist immer eine Freude eine Neuauflage vorzubereiten. In dieser Auflage sind gegenüber der vorangegangenen sowohl inhaltliche Korrekturen und Ergänzungen aufgenommen worden wie auch eine Reihe von Anregungen. Den Aufbau und die Argumentation des Buches habe ich belassen wie sie sind, sie machen ja den Erfolg des Buches aus.

Bei den Zahlenangaben und Daten ist es immer ein „Hase und Igel"-Spiel: Bereits bei der Drucklegung sind sie veraltet. Insofern weise ich die Leserschaft auf den Internetauftritt des Statistischen Bundesamtes hin (www. destatis.de). Hier werden alle wichtigen Daten veröffentlicht und es sind Links zu weiteren wichtigen Datenquellen vorhanden.

Nicht zuletzt bedanke ich mich bei all meinen Leserinnen und Lesern; bei den Studierenden, die das Buch für ihr Studium nutzen, genauso wie bei den Lehrenden, die das Buch empfehlen.

Frankfurt am Main, im Oktober 2010
Michael Erler

Inhalt

Einleitung:
Familienarbeit und Systemtheorie

Blut ist dicker als Wasser, Krach ist dicker als Blut,
und stärker als alle drei beiden ist die Gewöhnung
(Kurt Tucholsky: Familienbande, 1929)

Zur Einführung zwei Fallbeispiele:

Fall 1

Miriam und **Gunnar** sind, oder besser gesagt waren, das, was als eine typische Mittelschichtfamilie bezeichnet wird. Gunnar ist einundfünfzig Jahre alt und Redakteur für klassisches Ballett beim Fernsehen. Er hat ausgeprägte künstlerische und intellektuelle Interessen. Miriam ist seine elf Jahre jüngere, bodenständige Ehefrau und von Beruf Bürokauffrau. Die beiden haben die siebenjährige Tochter Sandra, die als „schwierig" gilt. Sie hat Schulprobleme, ist unaufmerksam, aufmüpfig gegenüber ihren Lehrern, lernunwillig und störrisch. Dementsprechend sind ihre Leistungen. Miriam hatte vor drei Jahren eine Fehlgeburt.

In den zehn Jahren ihrer Ehe haben sich die beiden auseinander gelebt. Gunnar kapselte sich zunehmend ab und trank abends relativ viel Rotwein. Er war nur noch in den seltensten Fällen zärtlich zu seiner Frau. Miriam war unzufrieden mit ihrem Hausfrauendasein. Der Haushalt füllte sie nicht aus, spätestens seit Sandra in die Schule ging. Sie suchte Beschäftigung und Anerkennung. Gunnar hatte seit zwei Jahren eine Freundin, von der Miriam eine ganze Zeit lang nichts wusste. Es war keine sexuelle Beziehung. Trotzdem wurde Miriam immer misstrauischer und zänkischer. Irgendwann ging es nicht mehr mit den beiden. Unter dieser Situation litt Sandra sehr.

Mittlerweile sind Miriam und Gunnar geschieden. Bei der Scheidung haben sie das gemeinsame Sorgerecht für Sandra beantragt. Miriam wollte und hatte die Hoffnung, dass sich Gunnar dann mehr für Sandra verantwortlich fühlt. Sie hatte sich das allerdings einfacher vorgestellt. Die alltäglichen Entscheidungen sind auch nicht das Problem. Aber alle wesentlichen Entscheidungen z. B. in Schulfragen, muss sie an Gunnar herantragen und dann mit ihm aushandeln, wenn er denn Zeit hat. Diese Gespräche sind von Miriams Seite immer noch emotional belastet. Für sie ist die Trennung und Scheidung, aber vor allem das Leben ohne Gunnar, ein großes Problem. Dennoch ist die Zeit mit Gunnar für sie verlorene Zeit und sie hat große Schwierigkeiten sich ein neues Leben einzurichten. Dafür macht sie ausschließlich Gunnar verantwortlich. Sie empfindet es außerdem als Zumutung, wenn sie Gunnar anruft, dass sie dann mit dessen neuer Lebensgefährtin reden bzw. diese um ein Gespräch mit Gunnar bitten muss. Für Gunnar ist die Zeit mit Miriam „vorbei". Er fühlt sich wohl in der Beziehung mit seiner neuen Lebensgefährtin, die ihn „versteht" und viele Gemeinsamkeiten mit ihm teilt. Sandra scheint sich nach der Scheidung „berappelt" zu haben. In der Schule läuft es halbwegs, ihre Leistungen sind noch nicht gut, stabilisieren sich aber. Sie hat auch wieder regen Kontakt zu ihrer besten Freundin. Ihren Vater besucht sie regelmäßig alle vierzehn Tage von Freitags nach der Schule bis Sonntagabend. Sie versteht sich prächtig mit ihm, ist Gunnar doch in dieser Zeit für sie da. Die Lebensgefährtin von Gunnar nimmt sich meist für diese Wochenenden auch etwas für sich vor, so dass Gunnar und Sandra immer einige Stunden für sich allein haben. Mit „der Neuen" kommt sie soweit klar, sie lässt aber keine große Nähe zu ihr aufkommen. Wenn Sandra dann wieder nach Hause zu Miriam kommt, findet sie ihr zu Hause ziemlich öd. Dies wiederum ärgert Miriam mächtig. Ansonsten kommen aber auch Sandra und Miriam relativ gut miteinander aus. Miriam respektiert mittlerweile auch Sandras Wünsche nach Zurückgezogenheit.

Fall 2

Günther ist Stahlschlosser von Beruf und arbeitet als Monteur. Seine Frau **Karin** ist Verkäuferin. Sie haben zwei Kinder von vier und sechs Jahren. Das große Kind, Patrick, ein Junge, ist in die Schule gekommen, tut sich aber schwer mit den Anforderungen an seine Disziplin und Aufmerksamkeit. Das kleine Kind, ein Mädchen, sie heißt Lisa, nässt nachts regelmäßig ein. Karin hat, als der Bub unterwegs war, ihre Arbeitsstelle in einem Kaufhaus gekündigt und versorgt seitdem den Haushalt und die Kinder. Sie ist aber mit dieser Situation nicht zufrieden, ihr fehlen ihre Kolleginnen und der Austausch mit ihnen.

Irgendwann hat Karin dann beschlossen, wieder zu arbeiten, halbe Tage. Danach war der Haushalt nicht mehr so geordnet wie vorher. Nach einigen unnetten Szenen zwischen Karin und Günther, war Karin aus der gemeinsamen Wohnung ausgezogen und hatte auch die Kinder mitgenommen. Die darauf folgende Zeit war für alle Beteiligte schwierig. Aber nach einigem Hin und Her und der Hilfe einer Partnerschaftsberatung haben die beiden einige wichtige Verabredungen getroffen. Vor allem die, sich in schwierigen Situationen helfen zu lassen.

Günther und Karin haben seit einem halben Jahr regelmäßig Besuch von einer Familienhelferin. Sie sind beide immer mehr in der Lage, die Interessen des jeweils anderen nachzuvollziehen und auch dessen Ängste. So versteht Günther jetzt Karins Ängste ob seiner „Unzuverlässigkeit" besser, seitdem er mehr aus ihrer Familiengeschichte weiß. Und Karin kapiert langsam, dass Günther zwar manchmal ein „Hallodri" ist, aber deswegen noch lange nicht unzuverlässig. Sie haben für die Alltagsorganisation feste Regeln aufgestellt. Und auch einen festen Termin zum miteinander Reden. Karins Arbeit macht ihr jetzt riesigen Spaß, sie scheint lockerer geworden zu sein und wieder offen für Günthers außerhäusliche Interessen. Patrick hat zwar ein ziemliches Macho-Gehabe drauf, auch seiner Mutter gegenüber. Die regt sich aber nicht mehr darüber auf. Im Judoclub hat er seinen ersten Gürtel errungen. In der Schule macht er Fortschritte, sowohl sein Verhalten betreffend, als auch seine Leistungen. Lisa geht mittlerweile sehr gern in den Kindergarten und hat einen Freund und eine Freundin. Die Kinder besuchen sich oft zu Hause und übernachten auch hin und wieder bei dem jeweils anderen. Sie macht einen recht zufriedenen Eindruck und hängt sehr an ihrem Vater. Der genießt das sichtlich. Die nächtlichen Malheurs werden immer seltener, in der letzten Woche ist gar nichts passiert. Sie spricht nicht darüber, aber man hat das Gefühl, sie meint jetzt „groß" zu sein.

Soweit die beiden, zugegeben um der Anonymität willen, verfälschten Fälle. Die Unterschiede zwischen beiden Familien scheinen auf den ersten Blick weniger bedeutsam, als ihre Gemeinsamkeiten. Unterschiedlich ist ihre soziale Herkunft, weniger die Höhe des Einkommens (Günther verdient auf Montage genau soviel wie Gunnar beim Fernsehen) als seine Verwendung. Verschieden sind sicherlich die Interessen; die gemeinsamen oder auch die persönlichen Interessen der Partner betreffend Unterhaltung, Freizeit, Freunde und Ferien etc. Es sind vielmehr die Ähnlichkeiten der familiären Krisen frappierend: die sich wandelnden Interessen und Bedürfnisse der Ehefrauen, die Regelungen des gemeinsamen Haushaltes und die irritierten Reaktionen der Partner auf Veränderungen der ursprünglichen Regelungen, die Verhaltensmuster der Kinder und die Kommunikation der Paare. Es hat den Anschein, als ob in beiden Familien, die Beteiligten hochempfindlich auf Veränderungswünsche bzw. Veränderungen der jeweils anderen Person reagieren würden.

Familienarbeit

Der mittlerweile gebräuchliche Begriff für alle sozialpädagogischen Hilfen und Beratungsangebote für Familien ist Familienarbeit. Sie ist ein Berufsfeld der Sozialen Arbeit, das immer bedeutsamer wird (Burnham 2009; Gehrmann/Müller 2011; Hantel-Quitmann 1996; Oswald 1988; Rothe 2006). Familienarbeit bietet eine ausdifferenzierte Palette von Hilfen und Beratungen für Familien in besonderen Situationen und schwierigen Lebenslagen an, Erziehungshilfen und Beratung in Fragen der Partnerschaft, Trennung und Scheidung. Familienarbeit bzw. Familienhilfe, wie es im KJHG heißt, wird sowohl von den Allgemeinen Sozialen Diensten (ASD) der Jugend- und Sozialämter geleistet wie auch von freien Trägern. Den rechtlichen Rahmen für die Arbeit mit Familien bildet seit dem 1.1.1991 das Kinder- und Jugendhilfegesetz (KJHG §§ 16–20, 28, 31):

> „Sozialpädagogische Familienhilfe soll durch intensive Betreuung und Begleitung Familien in ihren Erziehungsaufgaben, bei der Bewältigung von Alltagsproblemen, der Lösung von Konflikten und Krisen sowie im Kontakt mit Ämtern und Institutionen unterstützen und Hilfe zur Selbsthilfe geben. Sie ist in der Regel auf längere Dauer angelegt und erfordert die Mitarbeit der Familie." (§ 31 KJHG).

Schwerpunkt des Gesetzes ist also die Unterstützung und Förderung von Familien, im Vordergrund steht dabei der Gedanke der Prävention (Barabas/Erler 2002, S. 214 f.).

Im Jahr 2006 wurden insgesamt 32.731 Familien unterstützt, rund 10 Prozent mehr als 1999. Bei etwa 20.000 Familien konnte die Hilfe während dieses Jahres abgeschlossen werden (Stat. BA 2008). Ungefähr 13.000 Familien empfingen die Hilfe über den Jahreswechsel 2005/20006 hinaus. Im

Durchschnitt dauerten die im Jahr 2006 beendeten Hilfen 15 Monate. In 34 Prozent der Fälle kam die Hilfe unterschiedlichen Familienformen mit drei und mehr Kindern unter achtzehn Jahren zugute. Bei jeder zweiten betreuten Familie handelte es sich um alleinerziehende Elternteile mit Kindern (48 %). Anlass für die Gewährung der Hilfe waren überwiegend Erziehungsschwierigkeiten (70 %) und Entwicklungsauffälligkeiten (40 %). Aufgrund der oft schwierigen Lebenssituationen der Familien können bis zu drei Ursachen genannt werden. In 62 Prozent der Fälle wurden die Hilfen vom Jugendamt oder anderen öffentlichen Stellen angeregt. 30 Prozent gingen auf Eigeninitiative der Eltern zurück. Einen besonders hohen Anteil bei der Familienhilfe bilden die Alleinerziehenden und Stieffamilien (64 %).

Es ist offensichtlich, dass alleinerziehende Mütter (85 %) und Väter eher, schneller und öfter eine Beratungsstelle aufsuchen oder um Familienhilfe nachsuchen. Dies ist ein Indiz für ein stärkeres Angewiesensein auf Hilfe von außen, aber auch auf eine ausgeprägtere Akzeptanz dieser Hilfen als bei „normalen" Familien. Hier spielt aber vor allem auch die sozio-ökonomische Lage der Alleinerziehenden hinein (Erler 1995; Erler 1998). Jedenfalls kann nicht davon ausgegangen werden, dass bei Kindern in Ein-Eltern-Familien mit spezifischen Entwicklungs- und Persönlichkeitsstörungen zwingend gerechnet werden muss (Nave-Herz 1997).

Ebenso sind es kinderreiche Familien und Familien mit kleinen Kindern, die wir in der Familienarbeit überrepräsentiert finden. 2006 hatten 39 Prozent aller betreuten Familien drei oder mehr Kinder (Hofgesang 2001). Hier spielen auch in aller Regel nicht nur *eine* Problemlage wie Unterversorgung, finanzielle Schwierigkeiten oder defizitäre Wohnverhältnisse eine Rolle, sondern es ist die Kombination von äußeren Umständen wie Arbeitslosigkeit, Verschuldung, schlechte Wohnbedingungen, Umweltisolation sowie fehlende Kenntnisse und Fertigkeiten zur Bewältigung des Alltags (Erler 2010, S. 112). Dazu kommen in den Familien unbefriedigende und belastende interne Kommunikations- und Interaktionsmuster, die zu Blockaden einer adäquaten (altersmäßigen, sozialen, persönlichen) Entwicklung führen und damit zu Partnerschaftskonflikten bis hin zur Ehescheidung und zu Erziehungsproblemen.

Beide Seiten, äußere Umstände und innere Verfassung der Familien, beeinflussen sich wechselseitig oder verstärken sich gar. Wir sprechen demzufolge auch von „Multiproblemfamilien" und nicht von armen oder Unterschichtfamilien. Die genannten Problemlagen wie Scheidung, Verschuldung und Erziehungsprobleme gehören heute zum allgemein üblichen Lebensrisiko und sind nicht auf bestimmte Schichten oder Gruppen beschränkt (s. Kap. 1.5).

Die Zielrichtung der Familienarbeit und der sozialpädagogischen Familienhilfe wird im Wesentlichen durch drei Handlungsdimensionen bestimmt:

- Hilfe zur Bewältigung lebenspraktischer Aufgaben, z. B. Unterstützung bei der Organisation und Führung des Haushaltes, bei der Beschaffung von Wohnraum, bei der Schuldenregulierung;
- Arbeit an den innerfamilialen Beziehungen, z. b. Hilfe bei der Klärung von Partnerschaftskonflikten, Anstöße zu Auflösung rigider Kommunikations- und Beziehungsmuster, Anregungen zur Entdeckung eigener Bedürfnisse und neuer Handlungsmöglichkeiten;
- Soziale Netzwerkarbeit, d. h. die Überwindung der sozialen Isolation der Familien durch Förderung von neuen sozialen Beziehungen und Unterstützung der Kontaktaufnahme mit anderen Angeboten im Gemeinwesen (Nicolay 1996).

Nun taucht bei dieser Art von Arbeit sogleich eine Schwierigkeit auf: Da die Familienarbeit in aller Regel im privaten Alltag der betreuten Familien stattfindet, besteht die Gefahr für die Familienhelferin, unmittelbar in das Familiengeschehen hineingezogen zu werden. Sie gerät in Konflikte z. b. dadurch, dass von ihr erwartet wird, Position zu beziehen. Sie kennt aber erst einmal die Linien, entlang derer die Konflikte sich entwickeln, nicht und sie kennt auch nicht deren Ursache. Schon gar nicht kann sie beurteilen, welche Rolle die Konflikte für die Familienkonstellation spielen, also wofür sie jeweils stehen. Zum anderen trägt sie den institutionellen Kontrollcharakter über ihre Berufs- und Aufgabenrolle in die Familie hinein.

Mit anderen Worten, aus der Komplexität der Aufgaben von alltagspraktischer Unterstützung über beratende Tätigkeiten hin zur Netzwerkbildung resultieren eine Reihe von Problemen, wie die Balance von persönlicher Nähe und professioneller Distanz (s. Kap. 1.2) und Arbeitskonzepte. Wir werden noch sehen, was dies für die Arbeit mit und in Familien bedeutet. Hier spielt vor allem ein breites Methoden- und Handlungsspektrum hinein (Hofgesang 2001, S. 531; s. Kap. 1.4).

Aus den institutionellen Bedingungen der sozialpädagogischen Familienhilfe wie der, dass die betroffenen Familien von sich aus SPFH beantragen müssen, der sogenannten „Komm-Struktur" und z. T. lange Wartezeiten bis zum Beginn der eigentlichen Familienhilfe, sowie der hohen Zahl zu bearbeitender Fälle durch die einzelnen Familienhelferinnen und -helfer sind alternative kurzfristige Interventionsprogramme entstanden, so z. B. „Familie im Mittelpunkt" (FIM; Gehrmann/Müller 2011). Bei diesem Modell (Modellversuch in Hanau) wird davon ausgegangen, das bei bestimmten Krisen in Familien wie Kindesmisshandlung oder -missbrauch sofort und unmittelbar interveniert werden muss. Ohne einen Ansatz zu bevorzugen oder zu kritisieren, es kann davon ausgegangen werden, dass grundsätzlich die Diskussion in der sozialen Arbeit um Methoden einen hohen Stellenwert hat und dabei das Augenmerk vor allem auf den systemtheoretischen Ansatz fällt (Hollstein-Brinkmann 1993; Miller 2001; Ritscher 2002).

Familienberatung

Wir können als gesichert annehmen, dass ein enormer Bedarf an professioneller Beratung in und für Familien besteht, der in Zukunft noch ansteigen wird (Barabas 2003, S. 19 f.). Für das Jahr 2008 nennt das Statistische Bundesamt 307.494 Fälle, in denen junge Menschen eine institutionelle Beratung erhielten. Das sind 22 Prozent mehr als 1998 (Stat. BA 2010). Die Gründe sind

- seelische Probleme mit 15 Prozent,
- Schul- und Ausbildungsprobleme mit 16 Prozent und
- Konflikte mit, Trennung oder Scheidung der Eltern mit 40 Prozent.

Es wird davon ausgegangen, dass Beratungsarbeit im Bereich der Erziehungs-, Ehe-, Familien- und Lebensberatung

„auf zwischenmenschliche Beziehungen und deren Möglichkeiten und Konflikte (gerichtet ist), auf Lebensgeschichte und -entwürfe, auf Lebens- und Entwicklungsbedingungen und deren Zusammenhänge mit psychischen und/oder psychosomatischen Leiden und Symptomen. Beratungsarbeit geht – im Unterschied zu einer am Krankheitsbegriff orientierten heilkundlichen Psychotherapie – davon aus, dass das Leben von Individuen, Paaren, Familien und Leistungsgemeinschaften einem Entwicklungsprozess unterworfen ist, bei dem die Grenzen zwischen gleichsam notwendigen Krisen und seelischen Fehlentwicklungen fließend sind" (BMFSFJ 1994, S. 22).

Während also Psychotherapie im kurativen Bereich angesiedelt ist und auf die Heilung seelisch erkrankter Menschen abzielt, hat es Beratung mit Menschen in situationsgebundenen Problemen und phasentypischen Überforderungen und Krisen zu tun. Dabei setzt Beratung in den Zusammenhängen zwischen Individuum, Gruppe und Institution an. Beratungsarbeit ist somit auf zwischenmenschliche Beziehungen und deren Möglichkeiten und Konflikte gerichtet (Straumann 2001, S. 58 f.). Wie solche Konflikte und Chancen erlebt werden und die Art und Weise, wie sie anhand der zur Verfügung stehenden Mittel und Ressourcen verarbeitet werden, das sind die Ansatzpunkte von Beratung. Beratung soll die „gesunde" Krisenverarbeitung fördern und Fehlentwicklungen verhindern, die sich in Krisensituationen leichter als sonst anbahnen können[1] (Straumann 2001, S. 59).

Hinweis

Familienberatung zielt auf zwischenmenschliche Beziehungen und auf die Aktivierung von Ressourcen zur Lösung von Krisen und Konflikten in familialen Lebensformen.

---

1 Zur Abgrenzung zwischen Beratung und Psychotherapie sowie entsprechenden Definitionen s. Straumann 2001, insbes. Kap. 3.

In der Familienberatung steht heute die Frage im Zentrum, welchen Stellenwert der Einzelne in Partnerschaft und Familie hat. Vor allem muss geklärt werden, welche Problemlösungstechniken und Kommunikationsregeln in einer bestimmten Familie favorisiert werden und wie diese im Zusammenhang zu dem stehen, was von den Beteiligten als Problem erlebt wird. Dahinter verbirgt sich die folgende Überzeugung: Erst wenn es gelingt, eine Familie oder Partnerschaft in der Ganzheitlichkeit ihrer kommunikativen Bezüge zu erfassen sowie ihre Art, wie sie sich mit Anforderungen der Umwelt auseinander setzt zu begreifen, kann ein sinnvoller Weg zur Überwindung von Schwierigkeiten gegangen werden (Pavel 1990, S. 116).

Krisen brechen dann über Familien herein, wenn ihre Verhaltensregeln und die realen Umweltbedingungen in wichtigen Lebensbereichen nicht mehr übereinstimmen und es keine verbindlichen Modelle in der Familie gibt, wie man mit den neuen Umweltanforderungen fertig werden könnte. Krisen sind so gesehen eigentlich Entwicklungschancen, Anreize zu einer sinnvollen Veränderung und als solche Kennzeichen für einen ganz normalen Wachstumsprozess der Familie. Allerdings ist damit auch die Anforderung an die Familie verbunden, das vorhandene Repertoire von Verhaltensregeln, Wertbezügen und Umweltdeutungen zu erweitern und zu modifizieren – andernfalls können die Existenz und der Zusammenhalt (Kohäsion) der Familie bedroht sein (Pavel 1990, S. 118 f.).

Nach außen und natürlich für die Betroffenen selbst wirken familiäre oder Partnerkrisen oft dramatisch. Sie aktivieren aber zugleich die gesunden Anteile und Kräfte dieser Familien oder Partnerschaften, mit den auftretenden Schwierigkeiten fertig zu werden. Die Fähigkeiten des gesamten Familienverbandes zur Problembewältigung scheinen dabei ganz andere und vielfältiger zu sein, als die Möglichkeiten eines jedes einzelnen Familienmitgliedes für sich. Damit diese Kräfte zur Problembearbeitung aber wirksam werden, ist es nötig, dass die Familie eine Krise so wahrnimmt, dass alle Mitglieder sich davon betroffen fühlen. Der „Sand im Getriebe" muss für *alle* spürbar sein, da ansonsten für einige die Angelegenheit scheinbar „rund läuft".

Systemtheorie

Wie schon angedeutet, Familienarbeit, also sozialpädagogische Familienhilfe und die Familienberatung, ist inzwischen gekennzeichnet durch den Einzug *systemtheoretischen Denkens* (Burnham 2009; Hantel-Quitmann 1996; Luhmann 1988; Oswald 1988; Erler 2001a). Die Aufmerksamkeit unter diesem Aspekt gilt beispielsweise nicht mehr primär den auffälligen Kindern, ist also nicht zuallererst auf Symptome gerichtet, sondern richtet sich auf die ganze Familie als Kommunikations- und Beziehungssystem. Zugleich wird die Position der Familienhelferinnen und Familienberater zwischen Familie und Jugendamt sowie ihrer Kooperation mit anderen helfenden Einrichtungen ausdrücklich thematisiert. Der Gedanken der System-theorie lässt sich insbesondere mit dem personzentrierten Ansatz verknüp-fen und hat die verstehenden und erklärenden Perspektiven der Familienar-beit enorm erweitert (Erler 2001a, S. 525).

Der Systemgedanke ist nicht neu, die Naturwissenschaften kennen ihn schon lange. Wenn wir an den unsere Welt umgebenden Kosmos denken, so sind die ältesten Versuche, Ordnung in diesen zu bringen, in Form von Systemen gemacht worden. Man denke nur an das bekannteste Planetensys-tem der Antike, an das des Ptolemäus. Oder denken wir an das periodische System der Elemente in der Chemie oder an das System von Arten, Gattun-gen und Klassen in der Biologie. Einfache Systeme waren vom Kausalitäts-prinzip bestimmt, d. h. vom Zusammenhang: Ursache – Wirkung. Man nennt diese Systeme auch triviale Systeme, die am einleuchtendsten als me-chanische Systeme wie Flaschenzug, Uhr, Motor o. Ä. beschrieben werden können.

In der Physik setzte man sich zuerst mit der Komplexität des Kosmos aus-einander. Das Bild des Kosmos als mechanisches System einfacher Ursa-che-Wirkungs-Zusammenhänge des Isaac Newton brachte als erster Albert Einstein ins Wanken. In seiner allgemeinen Relativitätstheorie geht Einstein davon aus, dass die Naturgesetze für alle Beobachter, unabhängig von deren Bewegung gelten. In der Folge entwickelte Werner Heisenberg im Zusam-menhang mit seiner Quantentheorie die Unschärferelation, in der er sagt, dass sich weder Ort noch Geschwindigkeit eines Teilchens gleichzeitig mit absoluter Genauigkeit angeben lassen. Das war zu Beginn des zwanzigsten Jahrhunderts und ein Schlag gegen das Fundament der klassischen Physik. Der Kosmos ließ sich nun nicht länger als mechanisches System beschrei-ben, dass man beliebig in Einzelteile zerlegen konnte, um so irgendwann einmal das eine fundamentale Bausteinkonzept zu finden (Hawking 2001). Vielmehr bilden die Relativitätstheorie und die Quantenmechanik die sich widersprechenden Aspekte einer grundlegenden Theorie des Universums.

In der Folge wurden die Konsequenzen aus diesen Überlegungen auf andere Bereiche übertragen. So wurden z. B. in der Ökonomie, Soziologie, Biolo-gie und auch Chemie und nicht zuletzt an den Wertpapierbörsen bei der Beobachtung von Ereignissen Zyklen und Schwankungen, Unbestimmthei-ten (Kontingenzen) und Unregelmäßigkeiten sowie Wahrscheinlichkeiten vorausgesetzt. Man konnte nun nicht mehr auf Problemkonstellationen mit Monokausalitäten antworten und die damit verknüpften Wenn-Dann-Aus-sagen verloren ihre Gültigkeit. Aussagen werden seitdem grundlegend rela-tiviert. Dazu kam, dass sich das Forschungsinteresse in den genannten Be-reichen änderte. Man war nicht mehr an isolierten Einzelergebnissen inte-ressiert, vielmehr wollte man wissen, wie das „Ganze" funktioniert, wie die einzelnen Teile dem „Ganzen" zuzuordnen sind und wie die Beziehungen der Teile untereinander gestaltet sind. Wie die Physiker das ganze Universum verstehen wollten, wollten Soziologen die Gesellschaft als Ganzes begreifen, Ökonomen die Wirtschaft und die Biologen die Lebensformen.

Aus dem bisherigen wird deutlich, dass es *die* Definition von System nicht gibt. Im traditionellen Sinn verweist der Begriff zunächst einmal auf ein Ganzes und seine Teile (Miller 2001, S. 37). Wobei sich die Eigenschaften eines Systems nicht aus den Merkmalen der isolierten Subsysteme gleichsam als Summe ergeben. Die Umwelt, in der wir leben, würde nur unzureichend beschrieben, wenn wir sie entsprechend den Merkmalen ihres Wirtschafts-„systems" oder ausschließlich nach den Merkmalen ihres Bildungs-„systems" darstellen würden. Vielmehr gehen die Eigenschaften des übergreifenden Systems aus dem Wechselverhältnis seiner Subsysteme hervor. Also in unserem Beispiel aus dem Wechselverhältnis von Wirtschafts-, Bildungs-, Politik-, Sozial- und kulturellem System usw. Damit wird aber deutlich, dass es um mehr als um einen summarischen Zugang geht – ein Ganzes sei mehr als die Summe seiner Teile. Im Zentrum der Überlegung steht vielmehr das Zusammenwirken der Teile und ihre wechselseitigen Abhängigkeiten – Interdependenzen. Es geht aber auch um die Eigenschaften, die Systeme aus der Differenz zwischen sich selbst (System) und ihrer Umwelt entwickeln.

Anders ausgedrückt, soziale Systeme produzieren den Unterschied zwischen sich selbst und ihrer Umwelt indem sie diesen Unterschied ins System herein holen und dort beständig reproduzieren: „Das haben wir noch nie so gemacht!" In diesem uns allen bekannten Satz wird die Differenz zu Vorangegangenem oder anderen/fremden Systemen (Familien; Unternehmen) deutlich gemacht. Und dies kann in relativer Autonomie, also relativ frei von den Imperativen der Umwelt immer wieder neu behauptet werden. Für Miller, die den systemtheoretischen Ansatz auf die Soziale Arbeit überträgt, resultiert daraus, dass Systeme eine zusammen hängende Ganzheit darstellen, in der jeder Teil direkt oder indirekt mit den anderen Teilen verbunden ist. Dies bedeutet, dass die Veränderung eines Teiles auch Veränderungen der anderen Teile bewirkt. Der systemtheoretische Blick richtet sich demzufolge nicht darauf, wie das einzelne Teil, sondern wie das System funktioniert. Der Blick richtet sich also auf das Zusammenspiel und auf die Organisation des Ganzen (Miller 2001, S. 38 f.). Dabei ist jedoch nichts darüber ausgesagt, ob das, was in einem System wie der Familie geschieht „richtig" oder „falsch" ist, ob „gut" oder „schlecht". Diese Fragen kann eine solche Theorie auch gar nicht beantworten, hier ist die Ethik und Moral der sozialen Berufe gefordert (Schneider 2006).

Hinweis

Der systemtheoretische Fokus ist darauf gerichtet, wie ein System als Ganzes funktioniert.

In den Sozialwissenschaften hat man sich in der Folge angewöhnt von *sozialen* Systemen zu sprechen (Luhmann 1984; 1991). Auch von der Familie wird als einem sozialen System gesprochen (Luhmann 1988; Oswald 1988). Wenn ich im Folgenden der Einfachheit halber von „Familie" spreche, meine ich die gesamte Vielfalt moderner familialer Lebensformen, wie sie im Exkurs (s. S. 81 ff.) beschrieben werden. Die systemtheoretische Familienforschung begreift die Familie als ein System, das eingebettet ist in das übergreifende System Gesellschaft. Die aus dieser Überlegung resultierenden Fragestellungen beziehen sich einmal auf das Verhältnis des Systems Familie zu seiner Umwelt sowie auf die interne Komplexität der familiären Subsysteme. Nun mag der Systembegriff angewandt auf die Familie und die Beschreibung der ihr angehörenden Mitglieder als Subsysteme (z. B. die Geschwister, die Eltern, Vater-Sohn, Mutter-Tochter) ein wenig abstrakt und unpersönlich klingen. Andererseits können wir so besser das Verhalten von Menschen verstehen, wenn wir sie als Teil einer Ordnung innerhalb eines sozialen Systems sehen. Der systemtheoretische Blick wird auf die Beziehungen gerichtet, die durch die Art und Weise wie kommuniziert wird, zu verstehen sind. Über Kommunikation werden Muster reproduziert, die Zugehörigkeit und Entwicklung wie auch Störungen und Irritationen ermöglichen (Miller 2001, S. 83). Es geht also um das Erkennen und Verstehen von Mustern der Kommunikation und nicht um Personen und deren „Fehlverhalten". Bestimmte Kommunikationsmuster schließen sich schlicht aus. Wenn Lisa einnässt, ist es ihr zunächst unmöglich anders als so über die familiale Kohäsion zu kommunizieren.

Die soziologische Systemtheorie (Parsons 1972; Luhmann 1988; 1991) betrachtet die Familie als ein auf sich zentriertes soziales System. Dieses ist relativ autonom in der Gestaltung seiner selbst. Relative Autonomie bedeutet im Verständnis der Systemtheorie „Handeln nach eigenen Gesetzen" trotz Abhängigkeiten. Als Beispiel können biologische Systeme in ihren wechselseitigen Abhängigkeiten und ihre Prinzipien der Selbststeuerung dienen. Familien sind in diesem Sinne relativ autonom in der Gestaltung ihrer Eigenwelt nach eigenen, auf sich selbst bezogenen Gesichtspunkten (Erler 2010; 2001a). In der Organisation des familialen Binnenverhältnisses muss im Prinzip keine Rücksicht auf sinn- und systemfremde Faktoren genommen werden. Die Familie entscheidet für sich, welche Umweltaspekte für ihre allgemeine Lebensorganisation von Bedeutung sind. Aus diesen Entscheidungen resultiert die permanente Reproduktion von Organisationsleistungen und deren Variabilität (Autopoiesis; s. S. 109). Aus der Entscheidung den täglich anfallenden Hausmüll zu sortieren und zu trennen, folgen automatisch Entscheidungen darüber, was, in welcher Verpackung, zu welchem Nutzen und zu welcher Weiterverwendung einzukaufen ist. Aus dieser einen Entscheidung werden eine Folge weiterer Entscheidungen immer wieder neu reproduziert.

Die Art und Weise, wie beispielsweise die Familie bzw. ihre Subsysteme Freizeit organisieren und regeln, wird nach intern bedeutsamen Kriterien entschieden. Das können Kriterien sein, die am ökologischem System orientiert sind, am Bildungssystem, am kulturellen System oder am Wirtschaftssystem. Dabei sind meist eine Reihe Entscheidungskriterien maßgebend mit entsprechenden Gewichtungen. Dabei wird deutlich, welche enorme Bedeutung in dieser Sichtweise der Kommunikation zugemessen wird. Dabei findet Kommunikation immer auf der Grundlage bereits stattgefundener Kommunikation statt, die damit Voraussetzung zukünftiger Kommunikation wird (Selbstreferenz; s. Kap. 4) Die Entscheidung darüber, künftig vegetarischer Ernährung den Vorzug zu geben, setzt ja eine Kommunikation über Ernährung voraus und diese wird somit zur Bedingung der nachfolgenden Kommunikation über die Ausgestaltung des konkreten Speiseplans.

In unseren beiden Familien haben wir gesehen, dass die Kinder auf die Konflikte der Eltern unterschiedlich reagierten. Das Mädchen Sandra wurde immer verschlossener und ließ in seinen schulischen Leistungen nach. Die kleine Tochter von Karin und Günther nässt ihr Bett ein. Aufgabe einer Familienhelferin oder eines Familienhelfers ist es u. a. durch Aktivitäten, Förderungsmaßnahmen und andere Angebote, Entwicklungsbehinderungen und Rückstände der Kinder nach und nach aufzuheben bzw. aufzuholen. Ein Ansatz der Familienhilfe wäre nun der, aus indirekter Kritik an den Unterlassungen der Eltern, den Schluss zu ziehen, dass den Kindern geholfen werden muss. Ihnen sollen positive Erfahrungen im Kontrast zur Familie vermittelt werden. Auf eine Einflussnahme dem elterlichen Erziehungsverhalten gegenüber wird dabei verzichtet. Auf dem Hintergrund des bisher Erörterten, können wir die Problematik eines solchen Ansatzes deutlich machen: Systemische Betrachtung der Familie bedeutet ja gerade zu verstehen, dass die Familie im „Sozialen" bzw. in „Kommunikation" verankert ist. Wird dieser Zusammenhang negiert, bedeutet dies für die Arbeit der Familienhilfe ein niemals endendes herumdoktern. Die Kinder sind immer wieder frustriert, erleben sie doch zu Hause den ständigen Widerspruch zur Situation mit der Familienhelferin.

Das einzelne Familienmitglied ist immer in einen kommunikativen Zusammenhang mit den anderen Familienmitgliedern eingebettet. Unter diesem Aspekt können wir die Balance zwischen dem Familiensystem und seinen Subsystemen in ihrer Auswirkung auf die familiale Kohäsion beobachten und die kommunikativen Regeln, die einzelne Familienmitglieder oder das ganze System in Schwierigkeiten bringen. Nur aufgrund dieser Beobachtungen können sinnvolle Möglichkeiten der Intervention im Sinne einer Veränderung überlegt werden.

Hinweis

Auffälligkeiten und Symptome haben einen Sinn innerhalb des jeweiligen familialen Systems.

Mit anderen Worten, Patricks Aggressivität in unserer Beispielfamilie von Karin und Günther und auch das Verstocktsein von Sandra, haben innerhalb ihrer Familiensysteme durchaus eine Bedeutung. Es sind ihre Kommunikationsformen, sich den anderen Familienmitgliedern mitzuteilen. Wichtig ist es dabei zu verstehen, warum diese Handlung im Augenblick in dem Kontext sinnvoll ist und wofür sie steht, denn das lässt auf den Sinn und die Funktion des Symptoms schließen.

Im Weiteren werde ich mich auf das Luhmann'sche Konzept sozialer Systeme beziehen und auf Autoren, die seinen Ansatz weiterverfolgten und auf andere Ebenen übertrugen, wie z. B. auf Organisationen (Willke 1994), auf die Soziale Arbeit (Hollstein-Brinkmann 1993; Miller 2001) und nicht zuletzt auf die Familie (Luhmann 1988; Oswald 1988). Denn es geht mir darum zu zeigen, wie Systeme – hier das Familiensystem – funktionieren und welche Eigenschaften sie im Rahmen ihrer Grenzziehung zur Umwelt hin entwickeln und wie sie ihr Gleichgewicht (Homöostase) herstellen und halten. Anders ausgedrückt, ich will mit Hilfe des systemtheoretischen Denkansatzes das *Erkennen* von Kommunikationsmustern und -regeln für die Familienarbeit fördern und das *Verstehen* von aus Wünschen und Bedürfnissen gespeisten Erwartungen an einzelne Familienmitglieder und den davon ausgelösten kommunikativen Prozessen.

Aufbau des Buches

Aus diesen Überlegungen resultiert der Aufbau dieses Buches:

Das erste Kapitel steht im Zentrum des Buches. Hier werde ich basale Elemente des Intervenierens und konkrete Arbeitsschritte und Materialien systemtheoretisch orientierter Familienarbeit darstellen, die ich künftig systemische Familienarbeit nennen werde. Dabei kommt es mir vor allem darauf an deutlich zu machen, welches Gewicht in diesem Denkansatz die Elemente des Beobachtens und Verstehens haben. Was beobachten wir, wenn wir in eine Familie kommen? Chaos, Unordnung, Geschrei oder das glatte Gegenteil – Höflichkeit, Ordnung, präzise Alltagsregelungen? Aber was liegt unter der Oberfläche? Brodelt dort ein Vulkan kurz vor dem Ausbruch oder ruht still der See? Es werden Arbeitsschritte vorgestellt, mit deren Hilfe unter die Oberfläche geblickt werden kann, mit denen Balancen oder Ungleichgewichte von u. a. Wünschen, Interessen und Macht verstanden werden können. Am Ende dieses Kapitels möchte ich die Probleme moderner Familien deutlich machen und welche Möglichkeiten des Erkennens und Verstehens von uns irritierenden Handlungen in Familien der systemische Denkansatz bietet. Die uns begegnenden Handlungen und Ereignissen in sozialen Systemen, die perplexen Reaktionen von Familienmitgliedern bei krassen Veränderungen sind ja immer Oberflächenphänomene. Darunter liegen, kommunikativ vermittelt, aus Bedürfnissen und Wünschen resultierende Erwartungen, die ihrerseits die kommunikativen Regeln und Muster im System konstituieren.

Einer der frappierendsten Momente sozialen Wandels der vergangenen vierzig Jahre ist der Prozess der Partnerwahl und Paarbildung. Also der Prozess, wie aus zwei Liebenden ein Paar wird. Im zweiten Kapitel wird dieser Prozess der Paarbildung und die Herausbildung von Alltagsregelungen eines Paares beleuchtet. Diesen Prozess zu kennen ist insofern von Bedeutung, als sich während seiner Kristallisation die Wünsche und Bedürfnisse an den jeweiligen Partner in Form von Erwartungen ausbilden. Diese Erwartungen werden das Paar während seines ganzen Beziehungslebens begleiten, und – ob bewusst oder unbewusst – sie bilden die Grundlagen der Art und Weise, wie ein Paar künftig kommuniziert.

Familien sind auch nicht mehr das, was sie einmal waren. Immer weniger Menschen heiraten, und diejenigen, die es doch tun, tun dies in einem immer höheren Alter. Genauso ist es mit den Geburten, die Kinderzahl geht zurück und die Frauen sind bei der Geburt ihres ersten Kindes um einiges älter als ihre Mütter. Die Ehen halten auch nicht mehr ein Leben lang. Und nach der Scheidung wird flott wieder geheiratet. Nicht gleich, aber die Anstandszeit zwischen Scheidung und Wiederheirat wird immer kürzer. Dafür leben aber immer mehr Menschen zusammen unter einem Dach, ohne je den Standesbeamten oder den Altar gesehen zu haben. Aber auch das ist wieder nur die Oberfläche. Dahinter verbirgt sich ein tiefgehender Wandel in der Einstellung zu Partnerschaft und Familie. Und dieser ist folgenreich für das, was wir eine Familienbiografie nennen. „Verliebt – verlobt – verheiratet", in den meisten Fällen gilt das so nicht mehr. Anders formuliert, war es vor etwa fünfzig Jahren selbstverständlich, dass mit dem Auszug aus der Herkunftsfamilie die Gründung einer eigenen Familie einherging, so führen heute viele Wege überallhin. Diese Wandlungen der familialen „Normalbiografie" werden in einem Exkurs dargestellt und ebenso die Folgen der Suche des jeweils eigenen Weges zu einer befriedigenden Partnerschaft.

Im dritten Kapitel will ich erläutern, wie es moderne Gesellschaften, die eine unendliche Vielfalt von Handlungsoptionen zur Verfügung stellen, dennoch schaffen, in einem relativen Gleichgewicht zu bleiben. Es geht um die Frage, inwieweit gesellschaftliche Teilbereiche sich mit anderen austauschen, also wie die Grenzziehung zwischen den Teilbereichen stattfindet und diese trotzdem im Gleichgewicht bleiben. Anders ausgedrückt, was ist bei sozialen Systemen das Innen und das Außen und wieso bleibt das so? Bei technischen Systemen ist das relativ klar. Bei einer Uhr wissen wir ziemlich genau, was innen und außen ist, die Grenze des technischen Systems Uhr nach außen hin bildet das Gehäuse. Wie bilden sich aber „Systeme im System" heraus? Hier sollen zum einen die Prozesse der Ausdifferenzierung gesellschaftlicher Teilbereiche dargestellt werden und zugleich erläutert werden, wie die Prozesse der Abschließung nach außen zu einer relativen Handlungsautonomie der so gebildeten Systeme führen. In diesem Kapitel geht es ersichtlich um einige grundsätzliche Überlegungen zur soziologischen Systemtheorie.

Was hat das Ganze nun mit der „Familie" zu tun? Im vierten Kapitel steht im Zentrum die Übertragung des Systemgedankens auf die Familie. Was bedeutet es, wenn wir von der Familie als sozialem System sprechen? Auch hier geht es um Grenzziehung, also um das Innen und Außen von Familien. Ist die Familie lediglich das Abbild der Gesellschaft im Kleinformat oder bilden sich spezifische Zentrierungen der familialen Lebensformen aus? Die moderne Familie ist ja gekennzeichnet durch eine Tendenz der Pluralisierung ihrer Lebensformen bei gleichzeitiger Differenzierung. Mit anderen Worten, die traditionelle Familie wird ergänzt bzw. ersetzt durch eine Vielfalt unterschiedlicher Familienformen und -muster. Gleichzeitig findet eine immer größere Differenzierung statt. So wie sich moderne Gesellschaften immer weiter in Teilbereiche mit hochspezialisierten Funktionen ausdifferenzieren, so sind familiale Lebensformen immer häufiger auf spezifische Funktionen hin ausgerichtet; wenn auch nicht unbedingt auf Dauer, so doch im Verlauf der Familienbiografie. Sie leben auf das/die Kind/er zentriert, paarzentriert, berufszentriert, pflegezentriert etc. etc. Andere Bereiche werden an außerfamiliale Institutionen oder Einrichtungen abgegeben. Und dies ist folgenreich für die Binnenstruktur, also für die Balancen von Starrheit versus Flexibilität, Offenheit versus Isolation. Diese Prozesse zu verstehen ist die Voraussetzung, um Balancen bzw. Ungleichgewichte zu erkennen.

Verstehen und Erkennen von Kommunikation und kommunikativen Mustern als Voraussetzungen für die Intervention in soziale Systeme stehen im Mittelpunkt des fünften Kapitels. Da die Systemtheorie davon ausgeht, dass soziale Systeme nicht aus Personen, sondern aus Kommunikation bestehen, wird deutlich, welchen Stellenwert Kommunikation und das Verständnis des Kommunizierens in diesem Konzept haben. Kommunikation ist ja nur möglich, wenn Kommunikation vorangegangen ist, die aber zugleich die Voraussetzung für nachfolgende Kommunikation ist. „… nie hörst du mir zu!", hierbei wird überdeutlich, dass vor diesem Ausruf der genervten Partnerin allerlei stattgefunden haben muss. Mindestens das „beredte" Schweigen des hinter der Zeitung abgetauchten Partners.

Begleitet werden die Leserinnen und Leser von Miriam und Gunnar, von Karin und Günter. Die beiden Fälle aus meiner eigenen Beratungspraxis sollen beispielhaft die in den jeweiligen Kapiteln gestreiften Problemkonstellationen illustrieren.

Das Buch kann nun in sehr unterschiedlicher Weise genutzt werden, je nachdem welche Interessen und Motive die Leserin und den Leser nach ihm greifen lassen. Wenn Sie eher daran interessiert sind zu erfahren, wie Sie in einer Familie am sinnvollsten agieren bzw. Problemkonstellationen und Kommunikationsregeln erkennen können, dann beginnen Sie mit dem ersten Kapitel. Folgen Sie dann den Querverweisen, die Sie an den jeweiligen Schwerpunkten weiterleiten zu den Kapiteln, in denen die entsprechenden Fragen tiefer behandelt werden. Damit ist für Sie das erste Kapitel der Dreh- und Angelpunkt des Buches.

Sind Sie hingegen primär an einer relativ systematischen Einführung in die Systemtheorie und erst in zweiter Linie am System Familie interessiert, dann beginnen Sie mit dem dritten Kapitel und lesen weiter die Kapitel vier und fünf. Fahren Sie dann fort mit dem zweiten Kapitel und lesen den Exkurs. Folgen Sie dann den Überlegungen, ob die Familie, die Familienbildung und die familialen Lebensformen tatsächlich als soziale Systeme zu erkennen sind und beenden mit dem ersten Kapitel die Lektüre.

Selbstverständlich spricht nichts dagegen, das Buch von vorn bis hinten durchzulesen!

Lesehinweise

Barabas, Friedrich (2003): Beratungsrecht. Ein Leitfaden für Beratung, Therapie und Krisenintervention. Fachhochschulverlag Frankfurt/M. 2., überarb. Aufl.

Erler, Michael (2010): Soziale Arbeit. Ein Lehr- und Arbeitsbuch zu Geschichte, Aufgaben und Theorie. Weinheim. 7., überarb. Aufl.

Miller, Tilly (2001): Systemtheorie und Soziale Arbeit. Entwurf einer Handlungstheorie. Stuttgart. 2., überarb. Aufl.

Schneider, Johann (2006): Gut und Böse – Falsch und Richtig. Zur Ethik und Moral der sozialen Berufe. Fachhochschulverlag Frankfurt/M. 3. Aufl.

Straumann, Ursula (2001): Professionelle Beratung. Bausteine zur Qualitätsentwicklung und Qualitätssicherung. Heidelberg. 2., überarb. Aufl.

1. Systemische Familienarbeit

Als **Miriam** vor zehn Jahren **Gunnar** kennen lernte, bewunderte sie ihn maßlos. Seine jetzige Position beim Fernsehen hatte er damals gerade erreicht. Gunnar war zu dem Zeitpunkt noch in erster Ehe verheiratet, mit einer Ärztin. Von Miriam war Gunnar sofort bezaubert. Mit überaus praktischem Blick sah Miriam, dass er in den falschen Händen war. Nämlich in denen einer Frau, die vornehmlich ihrer eigenen Karriere nachging und ihren bewunderungswürdigen Mann vernachlässigte. Seine Ehescheidung war nur noch eine Frage der Zeit, zumal Miriam die anstehenden Probleme, wie seinen Wohnungswechsel zu ihr, die Versorgung und konkrete Scheidungsfragen zielsicher in ihre Hände nahm. Gunnar kam dies in seiner eher lebensunpraktischen bis versponnenen Art sehr entgegen. Er hatte sich auch sofort in die lebenslustige und praktisch veranlagte junge Frau „verguckt". Mit seiner akademisch gebildeten Ehefrau lief die Beziehung schon lange nicht mehr gut, seinen Beitrag zum gemeinsamen Haushalt bezeichnete diese überaus vorwurfsvoll als Paschaverhalten. Bei der sehr viel jüngeren Frau fühlte er sich jedoch rundum angenommen und bewundert. Für Miriam war Gunnar das „Genie" und sie nahm ihm sofort alles ab, was mit Haushalt und Lebensorganisation zu tun hatte. Mit so profanen Dingen wollte sie ihn von Anfang an nicht belasten.

Nach zehn Jahren sitzen beide in der Partnerschaftsberatung: Miriam hatte seinerzeit, als Sandra unterwegs war, ihren Job aufgegeben und sechs Jahre lang den Haushalt geführt, ihren Mann und das Kind versorgt. Seit zwei Jahren arbeitet sie wieder vier halbe Tage die Woche. Seitdem gibt es heftige Probleme zwischen den beiden. Gunnar fühlt sich vernachlässigt, was er so nicht sagt. Aber es stört ihn, dass alles nicht mehr so ordentlich und gerichtet ist, wie er es bisher gewohnt war und außerdem fühlt er sich überfordert mit dem Anspruch, einen partnerschaftlichen Beitrag zur Haushaltsführung zu leisten. Miriam ihrerseits fühlt sich überlastet mit Beruf, Haushalt, Kind und Ehemann. Sie weiß aber auch, dass sie „eingeht", wenn sie weiterhin den ganzen Tag nur das Hausmütterchen ist.

Für Miriam sind Gunnars ausschließliche Kunstinteressen nicht mehr nachvollziehbar, auf gut hessisch: „Ferz". Ihre Bewunderung für ihn ist hin. Das Podest, auf das sie Gunnar gestellt hatte, ist zusammengebrochen, die Heldenfigur hat Risse bekommen, denn er kann „nicht mal einen Nagel einschlagen, geschweige das Klo putzen!" Seit ca. drei Jahren spielt sich sexuell nichts mehr zwischen den beiden ab. Seit ihrer Fehlgeburt hat er Probleme mit seiner/ihrer Sexualität.

Gunnar ist frustriert in seinem Job, weil er keine Weiter- und Aufstiegsentwicklung für sich sieht. Von Miriam fühlt er sich nicht verstanden, was seine Berufsidentität betrifft und erst recht nicht in seinen künstlerischen Interessen. Der Charme ihrer Jugend ist nach zehn Jahren auch dahin. Seine sexuellen Vorlieben lehnt sie ab. Abends trinkt er etwa ein bis zwei Flaschen Rotwein. Seit ungefähr zwei Jahren hat er eine gleichaltrige Freundin, die er seine Freundin im Geiste nennt, da sie seine Interessen teilt und ihn versteht und seine Sprache spricht. Die beiden haben kein intimes Verhältnis, jedoch vermutet Miriam, dass Gunnar „eine Andere" hat.

Günther versteht alles nicht mehr. Wieso macht Lisa immer noch ins Bett und warum gibt es immer Zoff zwischen Patrick und seiner Mutter? Was ist nur los, dass er in der Schule nicht klar kommt? Warum sind seine Kinder, die er doch liebt, nicht wie alle anderen auch? Gut, er ist aus beruflichen Gründen häufig unter der Woche nicht zu Hause. Aber wenn er da ist, am Wochenende, kümmert er sich doch um die Kinder: „… spielen halt und ein bisschen toben."

Seit einem halben Jahr besucht Karin einen Keramikkurs in der Volkshochschule und einen Gesprächskreis für Mütter bei der ev. Familienbildungsstätte. Ansonsten „… wär' mir die Decke auf den Kopf gefallen, immer nur die Unterhaltung mit den Kleinen". Seitdem ist nicht mehr alles so aufgeräumt und „Es liegt schon hin und wieder was rum.", wie Karin zugibt. Vernachlässigt hat sie ihren Haushalt aber nicht. Neulich abends hat Günther als Karin aus dem Kurs zurückkam und er sich lauthals beschwerte, dass das Wohnzimmer nicht aufgeräumt war, er kein Essen hatte und auch noch die Kinder ins Bett bringen musste, ihre Widerworte mit einer Ohrfeige quittiert. „Klar, das war nicht o.k. Ich hatte aber auch einen im Kahn".

Günther, einem Häufchen Elend ähnlicher als dem Mannsbild, das er seiner Statur nach sein könnte, sitzt ratlos vor der Sozialarbeiterin bei der sozialpädagogischen Familienhilfe: „Am gleichen Abend ist sie weg. Zu einer Freundin aus dem Kurs, und die Kinder hat sie auch mitgenommen! Das wollt' ich doch gar nicht." Der Sozialarbeiterin sind solche Probleme nicht fremd, hat sie doch eine familienorientierte Beratungsausbildung und einen Sack voller Erfahrungen. Sie fordert Günther erst einmal auf, sich zu entspannen, das aktuelle Problem loszulassen und spontan zu erzählen, was ihm zu der Beziehung zu seiner Frau und den Kindern einfällt. Günther ist irritiert und erzählt stockend alles noch einmal. Er merkt, dass sein Bericht der Sozialarbeiterin nicht genügt. Auf ihre Nachfragen reagiert er immer wortkarger, er weiß auch gar nicht, was er noch erzählen soll. Er liebt seine Kinder und seine Frau, und er will, dass sie zu ihm zurückkommt. Irgendwann geht er frustriert und hat das Gefühl, dass ihm die Sozialarbeiterin nicht helfen kann.

1.1 Familienhilfe und -beratung

Wie eingangs schon erwähnt, unter dem Begriff „Familienhilfe" wird eine breite Palette von niedrigschwelligen und alltagsorientierten Hilfemöglichkeiten subsumiert. Das geht von der einfachen Unterstützung z.B. einer Haushaltsführung, der schon komplexeren Arbeit bei einer Schularbeitsbetreuung, über die häufige Form der Einzelbetreuung eines Familienmitgliedes, der Erziehungsberatung bis zur mehr oder weniger methodisch durchgeführten Familientherapien. Soziale Arbeit setzt an den lebensweltlichen Bezügen ihres Klientels an. Im Regelfall ist das auslösende Moment für Familienhilfe ein handfester Konflikt oder ein sehr konkretes Problem. Das bedeutet, Familienhilfe ist immer *zugleich* zupackende Arbeit und Intervention auf die problematischen Interaktions- oder Kommunikationsformen der familialen Subsysteme. Dabei haben sich in der SPFH vor allem Arbeitsansätze bewährt, die an den alltäglichen Kommunikations- und Interaktionsmustern, Themen und Interessen, individuellen Stärken und Möglichkeiten der betreuten Familie ansetzen (Hofgesang 2001, S. 531). Wobei die unterschiedlichen Krisen und Problemsituationen auch unterschiedliche Methoden erfordern (Gehrmann/Müller 2011).

Für die Familienberatung ist die komplexe Sichtweise familiärer Probleme zentral. Ein solches Verständnis von Beratung erhebt demzufolge den Anspruch,

> „… schwierigen, d. h. multifaktoriell bestimmten Problemlagen und Überforderungssituationen professionell zu begegnen und hierbei komplexe Interdependenzen zu berücksichtigen. Sie befasst sich mit materiellen, existentiellen, sozialen, seelischen, körperlichen und geistigen Wechselverhältnissen." (Straumann 2001, S. 62)

Wir wissen heute, dass für den Menschen eine naturgetreue, objektive Wahrnehmung der Realität nicht möglich ist. Menschliche Wahrnehmung und Deutung der Wirklichkeit ist ein schöpferischer und aktiver Prozess des Einzelnen selbst und vollzieht sich immer in Art einer rückgekoppelten Auseinandersetzung mit der Umwelt, in der er lebt (Berger/Luckmann 1972; Habermas 1981; Schütz 1932). Soziale Systeme wie z. B. Familien, Partnerbeziehungen, Freundschaften, Schule oder politische Systeme bilden dabei dynamische Rahmenbedingungen, die den Menschen in seinem Maßstab beeinflussen, den er an seine Umwelt legt (Pavel 1989). Das kann man sich gut vorstellen am Entwicklungsprozess von Kindern, in dem in den ersten Lebensjahren bis etwa zur Pubertät so „ganz nebenbei" wichtige Lernerfahrungen gemacht werden. Diese werden dem Einzelnen nicht unbedingt bewusst vermittelt, sind aber von zentraler Bedeutung für den Lebensalltag der gesamten Familie. Wie Kinder erzogen werden „sollten", wie Männer/Jungen und Frauen/Mädchen ihrem „Wesen" nach sind oder sein „sollten". Oder wie mit Konflikten umgegangen wird, ob man miteinander spricht oder „lieber die Zeit arbeiten lässt" (Pavel 1990, S. 118). Von daher wird deutlich, warum in der Familienberatung ein Denken und Handeln in ganzheitlichen Bezügen vorausgesetzt wird.

Hinweis

Familienarbeit geht von einem Denken und Handeln in ganzheitlichen Bezügen aus.

Wir hatten sowohl bei Gunnar und Miriam als auch bei Günther und Karin gesehen, dass die Kinder auf die Konflikte der Eltern unterschiedlich reagierten. Sandra wurde immer verschlossener und hat in ihren schulischen Leistungen nachgelassen. Lisa nässt ein und Patrick hat gewaltige Disziplin- und damit Schulprobleme. In diesen Situationen, die für die jeweiligen Eltern eine Überforderung darstellen, wünschen sie sich Hilfe, in der sie Entlastung und die Gewissheit finden, trotz vielfältiger Kritik als Eltern nicht versagt zu haben.

Um das Vertrauen der Familien zu gewinnen, ist es wichtig, deren bisherige Verhaltensmuster als Bewältigungsstrategien und Lösungswege anzuerkennen. Die Familienberater oder Familienhelferinnen finden sich daher häufig in der Situation wieder, Kritik oder Anregungen zurückhalten zu müssen. Andererseits dürfen sie sich nicht im Erledigungsdruck des Alltags verlieren und die gegebenen Verhältnisse freundlich akzeptieren, sondern sie müssen Veränderungen anregen. Hier nun kommt der systemische Ansatz zum Tragen: Systemische Betrachtung der Familie bedeutet ja gerade zu verstehen, dass die Familie im „Sozialen" bzw. in „Kommunikation" verankert ist.

Dabei ist immer zu bedenken, dass das einzelne Familienmitglied in einen kommunikativen Zusammenhang mit den anderen Familienmitgliedern eingebettet ist. Was bedeutet nun ganzheitlich Sichtweise bzw. systemtheoretischer Ansatz? Wir können beispielsweise die Balance von Variablen, die die familiale Kohäsion ausmachen und die Auswirkung von Ungleichgewicht auf diese beobachten und die kommunikativen Regeln, die einzelne Familienmitglieder oder das ganze System in Schwierigkeiten bringen (s. Kap. 4.4). Aufgrund dieser *Beobachtungen* können sinnvolle Möglichkeiten der *Intervention* im Sinne einer Veränderung überlegt werden.

Bevor wir uns einigen Interventionstechniken zuwenden, müssen noch zwei Grundprinzipien erläutert werden. Nämlich 1. das Prinzip Beobachtung und die damit zusammenhängenden Probleme und 2. die innere Konstitution sozialer Systeme. Ohne Kenntnis dieser beiden Grundprinzipien sind keine sinnvollen Interventionen möglich.

1.2 Beobachtung und Familiensystem

Das wesentliche Moment, das Laien von Experten unterscheidet, ist die Kunst der genauen Beobachtung. Die „Expertin" *sieht* mehr als der Laie. Die erfahrene Lehrerin, Ärztin, Therapeutin oder Sozialpädagogin bemerkt Unterschiede, Abweichungen, Besonderheiten, Unregelmäßigkeiten, Auffälligkeiten, die dem Neuling verschlossen bleiben. Gerade das Beispiel von Interventionsexperten lehrt, dass der entscheidende Unterschied zwischen Meistern und Anfängern die Fähigkeit ist, relevanten Unterschieden auf die Spur zu kommen. Was sieht ein erfahrener Manager, das ein frisch diplomierter Betriebswirt nicht sieht? Wie kommt eine kompetente Familienhelferin zu einer Einschätzung einer Situation, in der die Berufspraktikantin nichts feststellt außer Chaos und Widersinn? Offensichtlich geht es darum, in einem langwierigen Prozess der Professionalisierung den „Blick" zu schulen, d.h. die Fähigkeit zu entwickeln, zu Beobachtungsmöglichkeiten zu kommen, wo andere nichts sehen.

Aber was genau nun ist eine Beobachtung und wie funktioniert sie? Für Willke ist Beobachtung die Feststellung eines bedeutsamen Unterschiedes (Willke 2005, S. 12 ff.).

Kompetentes Beobachten verlangt nun zwei Fähigkeiten: zum einen differenzierte Möglichkeiten, überhaupt Unterschiede feststellen zu können und zum anderen hochentwickelte Fähigkeiten, aus festgestellten Unterschieden Bedeutungen abzuleiten. Zu Ersterem verhelfen etwa Methoden und Instrumente des Beobachtens, z. B. therapeutische Fragetechniken, statistische Berechnungen, das Hörrohr des Arztes oder das Fernrohr des Astronomen. Letzteres, die Ableitung von Bedeutungen, ist viel schwieriger zu greifen, weil hier die Gesamtheit der kognitiven Apparatur eines beobachtenden Systems beteiligt ist (Willke 2005, S. 13).

Es liegt auf der Hand, dass ein Papier, ein Computer oder ein Fernrohr nicht beobachten. Das Bemerken von Unterschieden setzt nicht nur Unterschiede, sondern ein „Bemerken" voraus; also eine Instanz, die in der Lage ist, ein Vorher/Nachher, ein Dies/Jenes, ein So/Anders zu unterscheiden. Wer kann das? Anscheinend nur eine Einheit, die fähig ist, über den Kunstgriff eines *Gedächtnisses*, Zustände festzuhalten, an denen gemessen sich etwas als vergleichsweise anders feststellen lässt (Willke 2005, S. 14).

Für uns ist in diesem Zusammenhang wesentlich, dass jedes Gedächtnis eine – mehr oder weniger ausführliche – *Geschichte* des beobachteten Systems erzeugt, auf die das Gedächtnis des Systems jederzeit zurückgreifen kann. Damit kommen zumindest zwei grundlegende Innovationen in die Welt: nämlich Selbstbezüglichkeit oder Selbstreferenz des Systems sowohl als Voraussetzung wie auch als Folge von Beobachtung. Denn jede Feststellung einer Differenz braucht die Orientierung bzw. das Festhalten eines Identischen, eines feststehenden Selbst und das primär Identische ist die Identität des beobachteten Systems. Damit ist auch gesagt, dass Beobachtung nur auf der Basis der Identität des beobachteten Systems möglich ist und bei einem sozialen System muss diese Identität laufend reproduziert werden, sonst hat es keine Geschichte – es zerfällt.

So schwierig das alles klingt, so simpel lässt sich dieser Zusammenhang doch an sozialen Systemen erklären. Ein Unternehmen, eine Organisation muss eine Unmenge von Ereignissen in seiner Umwelt (Personal, Märkte,

Technologien, Rechtsregeln, Kreditkonditionen etc.) beobachten und relevante Differenzen zu vorigen (erinnerten) Beobachtungen in Informationen für das eigene Operieren transformieren. Zum Beispiel müssen bei Veränderungen der Kreditkonditionen durch die Hausbank die Kosten neu kalkuliert werden. Gleichzeitig beobachtet das Unternehmen, die Organisation sich selbst als Ganzes und in seinen einzelnen Operationen – es hat dafür eine Abteilung für Marktforschung –, um sich kontinuierlich selbst zu reproduzieren (s. Kap. 4). Es würde sonst als soziales System aufhören zu existieren. Das System entwickelt ein eigenes Gedächtnis und eine eigene Geschichte – Identität. Beides ist in den schriftlichen, „aktenförmigen" Entscheidungsprozessen und den ihnen zugrunde liegenden Regeln des Unternehmens, der Organisation festgehalten. Aber auch in den Selbstbeschreibungen in Form von Mythen, Gründungs- und Heldengeschichten oder in der gepflegten „corporate identity" des Systems. In seinen jeweils aktuell ablaufenden Entscheidungsprozessen greift das Unternehmen auf diese erinnerte Geschichte zurück – und je mehr und ausschließlicher es dies tut, desto mehr schließt es sich selbstreferentiell von seiner Umwelt ab. Dies passiert dann z. B. mit der sehr einleuchtenden Begründung: „Das haben wir aber noch nie gemacht!"

Vergleichbares findet in Familien statt. So entscheiden Familien für sich, welche Umweltaspekte für ihre allgemeine Lebensorganisation von Bedeutung sind. Die Art und Weise, wie beispielsweise die Familie bzw. ihre Subsysteme die Haushalts- und Lebensplanung organisieren und regeln, wird nach intern bedeutsamen Kriterien entschieden. Das können höchst unterschiedliche Kriterien sein. So können sie sich beispielsweise für vegetarische Kost und keine andere entscheiden. Oder sie entscheiden sich nur zu Weihnachten in die Messe zu gehen, ansonsten die Religionsausübung auf den Religionsunterricht der Kinder in der Schule zu beschränken. Wir finden die exklusive Zuständigkeit für die Kindererziehung und die Vorstellungen innerfamiliärer Zuneigung und Liebe. Die Kultivierung der eigenen Identität einer Familie finden wir sowohl im täglichen Umgang mit Nachbarn, Freunden und Bekannten und in den Themen, die zu Gesprächen zugelassen werden bzw. nicht zugelassen werden. Und auch darin wie Familienereignisse begangen werden etc. etc. Hierfür wird ein eigenes Familiengedächtnis und eine eigene Tradition (Geschichte) entwickelt. Festgehalten ist das in den Fotoalben, Dias, Filmen, Videos und Tagebüchern. Aber vor allem in den Erzählungen, Erinnerungen und Mythen der Familie, die dann so etwas ähnliches wie die *corporate identity* von Unternehmen darstellen. In den oben genannten Entscheidungsprozessen greifen die Familienmitglieder auf diese Erinnerungen, Geschichten und Erzählungen zurück und bilden so etwas wie Tradition. Je ausschließlicher eine Familie sich dabei auf sich selbst bezieht, um so mehr schließt sie sich ab und isoliert sich.

Alle Interventionsexpertinnen und -experten – seien dies Sozialpädagogen, Lehrer, Planer, Therapeuten oder Unternehmensberater – müssen sich inzwischen mit der Erfahrung auseinandersetzen, dass ihre zu einer Diagnose führenden Beobachtungen eines fremden Sozialsystems eben *ihre eigenen* Beobachtungen sind. Sie müssen keineswegs mit dem „Selbstverständnis" des beobachteten Systems übereinstimmen. Genauer: Jeder Beobachter ist ein eigenes, kognizierendes (d. h. Informationen und Bedeutungen ableitendes) System. Er muss dies als Prämisse der Möglichkeit des Beobachtens und seiner Rolle als Beobachter berücksichtigen. Auch die beobachtete Einheit erscheint in aller Regel als nicht-triviales, d. h. als komplexes, dynamisches (und deshalb schwer kalkulierbares) System. Dies ist die zweite Prämisse der Möglichkeit des Beobachtens. Schließlich kommt hinzu, dass jeder der Beteiligten beobachten kann, dass er beobachtet *und* dass er beobachtet wird, und dies in prinzipiell beliebig tiefer Staffelung[2].

Hinweis

Das, was beobachtet wird, konstituiert sich aus der Logik des Beobachters und muss nicht der Logik des beobachteten Systems entsprechen.

Die Problemkonstellation ist deutlich: bei der Beobachtung beschäftigt sich der Beobachter mit einer Gattung von Lebewesen, die denken, planen, Meinungen haben und danach meist ihr Handeln ausrichten (Arbeitsgruppe 1988, S. 11). Angenommen eine Person A *glaubt* oder ist der *Meinung*, sie könne den Bus an der nächsten Haltestelle noch erreichen, so wird sie rennen. Eine andere Person V, die ebenfalls den Bus erreichen will, meint hingegen, sie würde ihn nicht mehr einholen – V bleibt stehen. Obwohl beide die gleiche Absicht haben, nämlich mit einem städtischen Verkehrsmittel weiterzukommen, vollziehen sie auf dem *Hintergrund ihrer Meinung über die Situation* (A: „Ich erreiche den Klapperkasten noch"; V: „Aussichtslos, dafür reicht meine Spurtkraft nicht aus") zwei ganz verschiedene Handlungen (Rennen; Stehen bleiben).

Die Beobachterin sieht aufgrund des Planens und Meinens der beobachteten Systeme zwei deutlich voneinander unterschiedene Handlungen. Sie macht zwei zu trennende Beobachtungen, die gewissermaßen aus den „Theorien" folgen, die nicht sie, sondern die Systeme über die Situation haben, die sie untersucht. Dies bedeutet aber, wenn Menschen/Systeme meinen etwas sei der Fall, dann verhalten sie sich oft so, als sei es tatsächlich der Fall. Bei dem relativ einfachen Sachverhalt an der beschriebenen Bushaltestelle, erscheint das Ganze noch problemlos nachvollziehbar. Ungleich schwieriger wird es, Auseinandersetzungen, Handlungen in einer Familie zu beobachten und zu verstehen. Anders ausgedrückt, der Interventionsexperte muss eine gewisse Ahnung von dem haben, was in dem beobachteten System vor sich

---

2 Die sich hier anschließenden Probleme wie Logik der Beobachtung, Gegenstand der Beobachtung, Referenz der Beobachtung, Beobachtung der Beobachtung und Unterscheidung von Fremdbeobachtung und Selbstbeobachtung werden nicht weiter verfolgt. Vgl. hierzu Willke 2005.

geht, um genaue Beobachtungen machen zu können. Er muss das Handeln *verstehen*, andernfalls kann er die Situation verkennen (s. Kap. 5.2). Ich möchte das an einem Schema verdeutlichen:

Abb. 1: Schematische Darstellung des „Beobachtens" und „Verstehens" eines sozialen Vorgangs (nach Arbeitsgruppe 1988, S. 13)

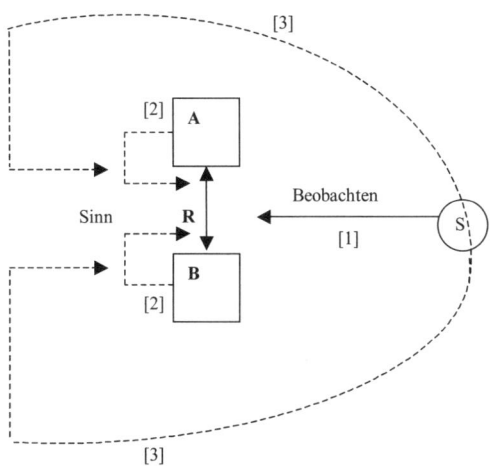

Die Linie [1] bedeutet dass die Sozialpädagogin einen Vorgang R (Relation = R) beobachtet. Sie sieht was A und B im Verhältnis zueinander tun (z.B. kritisiert B dauernd das Verhalten von A). Die Linie [2] zeigt, dass die Personen A und B selbst eine Meinung über ihre Beziehung R haben, nämlich darüber, was sie im Verhältnis zueinander tun und tun sollten. Für jeden von ihnen verbindet sich mit dem Tun des anderen ein bestimmter „Sinn" und diese Auffassung über den „Sinn", die Bedeutung, die tatsächliche und die wünschenswerte Art ihrer Beziehung haben einen Einfluss darauf, wie ihre Beziehung wirklich ausfällt. Die Linie [3] nun macht deutlich, die Sozialpädagogin muss etwas über [2 – den gemeinten Sinn] herausbekommen. Sie muss „verstehen" können, was das System, das sie untersucht, selbst vom Vorgang R hält oder weiß und in bezug auf diesen will etc. Im Übrigen, die Linie [1] hat einen nicht eingezeichneten Pfeil, der auf die Sozialpädagogin weist: sie wird auch vom System beobachtet!

1.3 Kommunikation und Intervention in soziale Systeme

In vierten Kapitel werden die Prinzipien der Bildung und der operativen Schließung sozialer Systeme am Beispiel Familie genauer dargestellt. Hier möchte ich auf Probleme des Intervenierens in soziale Systeme eingehen. Es liegt auf der Hand, dass Personen und Organisationen je nach Umständen sehr überraschend agieren und reagieren können und es bedarf einer sehr genauen Kenntnis der Systemdynamik, um unter diesen Umständen gezielte Interventionen sinnvoll anzusetzen.

Wenn wir mit familiären Problemen konfrontiert werden, richten wir unseren Blick „automatisch" auf Handlungen. So fällt uns bei Sandra als erstes die Schulverweigerung auf, bei Patrick seine Aggressivität und bei Lisa das Bettnässen. Blickt man vor allem auf die Kategorien „Handlung" und „Entscheidung", dann scheint die Versuchung besonders stark zu sein, einfache Wenn-Dann-Annahmen über das Verhalten von Systemen zu machen. Dies sind Vorstellungen von einfachen Input-output-Beziehungen von Reiz und Reaktion, Intervention und Veränderung, Beeinflussung und Verhalten: Wenn Sandra Nachhilfestunden erhielte, dann würden auch ihre schulischen Leistungen besser und wenn Patricks Verhalten bestraft würde, dann würde es sich auch ändern. Annahmen dieser Art halten sich so hartnäckig, weil sie eine der klassischen Mechanik vergleichbare psychische und soziale Welt vorgaukeln. So sind vor allem die mit der Führung und Optimierung der Aktivitäten eines Unternehmens befassten Personen aufgrund ihrer Ausbildung und Praxis gewohnt, diese Aktivitäten auf Personen zu beziehen und diesen zuzurechnen. Mängel oder Fehler sind deshalb Mängel oder Fehler von Personen. Verbesserungen, Lernprozesse, Innovationen etc. sind deshalb Verbesserungen, Lernprozesse, Innovationen etc. von Personen. Die Veränderung, Schulung und Entwicklung von Personen wird deshalb ungefragt als Kern und Ziel jeder Veränderung von Unternehmen oder anderen Organisationen betrachtet. Ein vergleichbares Vorgehen in Familien wäre das, bei Lisa umstandslos zu einem Reinlichkeitstraining überzugehen. Soziale Systeme sind jedoch keine trivialen Systeme, die auf einen einfachen Ursache-Wirkung-Zusammenhang aufgebaut sind. Es sind komplexe Systeme.

Interessiert man sich für die komplexe Infrastruktur des Handelns und Entscheidens von Personen oder Familien, so kommt in den Blick, dass Entscheidungen in ein verzweigtes Netz unterschiedlicher Erwartungen eingebettet sind. Handlungen müssen so lange unbegreiflich und „irrational" erscheinen, wie der Beobachter die Erwartungen gar nicht in Betracht zieht (weil sie nicht einfach zu sehen sind), die spezifische Entscheidungen erst auf die Bahn bringen, vorstrukturieren und somit konstituieren. Das heißt, Handlungen müssen als die Oberflächenphänomene einer verzweigten Tiefenstruktur von Kommunikationen verstanden werden. Das Innere eines Systems z.B. des Sozialsystems Familie, seine Identität, wird gebildet aus den kognitiven, semantischen und sozialen Strukturen, die in ihrem Zusammenspiel bestimmen, welche Kommunikationen und Handlungen und welche Erwartungen und Entscheidungen einerseits als relevant betrachtet und andererseits gewählt werden (Abb. 2). Das kontinuierliche, mehr oder weniger engmaschige Gewebe laufender Kommunikationen verdichtet sich dann an den Punkten zu Handlungen, wo Kommunikation über die semantischen, sozialen oder kognitiven Strukturen mit Erwartungen verkoppelt werden.

Abb. 2: Interne Strukturmuster eines Familiensystems
(nach Willke 2005, S. 35)

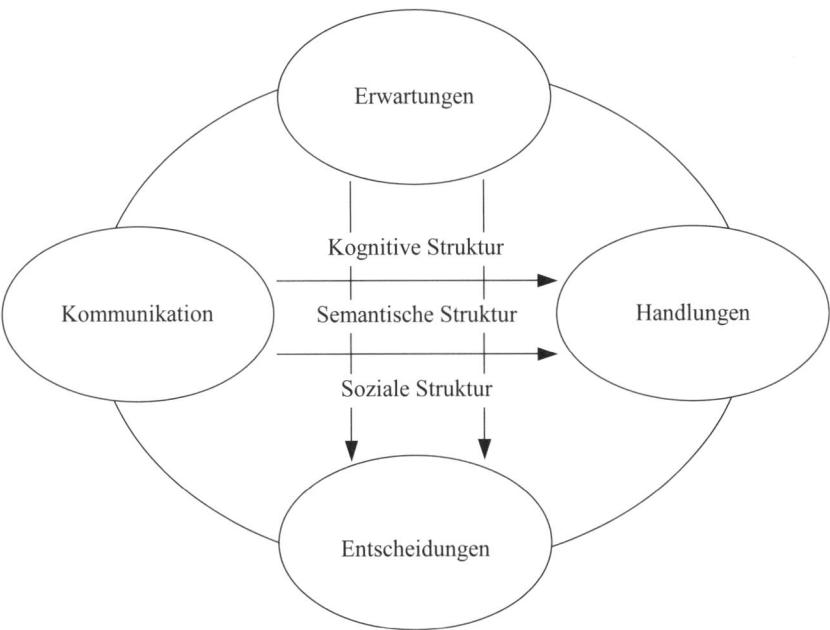

Wie die Abbildung 2 schematisch zeigt, sind bei sozialen Systemen unter die gut beobachtbaren Formen der Handlungen und der Entscheidungen einerseits und die nur über Umwege erkennbaren Formen der Kommunikation und der Erwartungen andererseits mehrere strukturierende Muster geschaltet. Es sind kognitive, semantische und soziale Strukturen, die zusammengenommen die Identität und die Lebenswelt des Systems ausmachen, um das es geht. Anders gesagt: Erwartungen sind nicht einfach da und Kommunikation finden nicht einfach statt. Vielmehr folgen sie den während der Entwicklung des Systems aufgebauten Strukturmustern. Diese lassen sich verstehen als die kondensierten Traditionen, Lernerfahrungen und Selbstidentifikationen des Systems (s. Kap. 2.2). Dabei verstehen wir unter den kognitiven Strukturen das Wissen und die Möglichkeiten der Reflexion von realen Lebensbedingungen. Unter semantischen Strukturen sind die Ausdrucksformen und -möglichkeiten und unter sozialen Strukturen die sozialen Erfahrungen der Subsysteme gemeint. Mit anderen Worten, das was Sandra, Lisa und Patrick aus unseren Beispielfamilien ausmacht und ihr Handeln konstituiert, ist die Summe der von ihnen gelernten Chancen des Ausdrucks, ihrer Möglichkeiten des Wissens und der Reflexion über ihre Lage und ihrer sozialen Erfahrungen.

Sieht man *Kommunikation* – und auf dieser basierend Entscheidungen – als zentrales Element eines jeden sozialen Systems an, so kann eine Veränderung des Systems nur aus einer Veränderung der das System konstituierenden Kommunikationsmuster, Kommunikationsregeln und Semantiken folgen. Es wird dann unumgänglich für ein Begreifen und Beeinflussen des Systems, durch die Personen gleichsam hindurch zu sehen auf die hinter ihnen sich verbergenden Kommunikationsstrukturen und -regeln. Anders ausgedrückt, es geht in keinem Falle um Ursachensuche in dem Sinne, den *einen* Grund für ein bestimmtes Handeln zu erfahren. Was könnte man auch mit diesem Wissen in einem sozialen System anfangen? Es geht darum, die Muster und Regeln der Kommunikation in einem sozialen System zu verstehen!

Hinweis

Veränderungen eines sozialen Systems können nur aus einer Veränderung der das System konstituierenden Kommunikationsmuster, -regeln und Semantiken erfolgen.

Personen sind über ihre Erwartungen, die sie an andere Personen oder an die Kommunikation selbst haben, an stattfindenden Kommunikationsprozessen beteiligt. Aber die Regeln der Kommunikation erklären sich durch Selbstreferenz (s. Kap. 4.4) und schaffen so ein sich selbst konditionierendes (bedingendes) Netzwerk möglicher Kommunikationsbahnen. Es kann deshalb zunehmend zu Diskrepanzen kommen zwischen (sozialen) Kommunikationen und dem, was Personen mit Kommunikationen vorhaben oder welchen Sinn sie der Kommunikation beifügen (s. Kap. 5.2; 5.3). Es ist dann sinnvoll, dass man sich als Berater ganz neue Instrumente der Beobachtung und Intervention schaffen muss, um nicht auf die vordergründigen Handlungen hereinzufallen, sondern auf die hintergründigen Kommunikationen und die darunter liegenden Erwartungen überhaupt einwirken zu können.

Daraus folgt unter anderem, dass derjenige sehr wenig sieht und noch weniger verstehen kann, der nur Handlungen und Entscheidungen beobachtet. Ein Blick unter die Oberfläche verlangt die Fähigkeit, aus den manifesten Handlungen und Entscheidungen auf die spezifische und auch widersprüchliche Operationslogik des Systems zu schließen, um zu erkennen, was diese Handlungen und Entscheidungen „bedeuten" (s. Kap. 5). Damit ist zugleich gesagt, dass Beobachtung nur der Anfangspunkt eines Prozesses ist, an dessen jeweiligem Endpunkt die Rekonstruktion von Bedeutung, also *Verstehen* steht.

Hinweis

Für alle sozialen Systeme ist Beobachtung das zentrale Moment, weil sie die Voraussetzung von „Verstehen" sind.

Beobachtung wird zu „Verstehen", wenn es gelingt, aus den Beobachtungen Schlüsse zu ziehen für die Interaktion mit dem beobachteten System und für seine Beeinflussung. Ein besonderer Fall ist der, wenn das beobachtende und das beobachtete System identisch ist, also ein System mittels Selbstbeobachtung auf sich selbst Einfluss nehmen will: z. B. ein Unternehmen mit seiner Marktforschungsabteilung oder eine Familie, die zur Familienberatung geht.

These
Auffälligkeiten und Symptome haben einen Sinn innerhalb des jeweiligen familialen Systems. Dies bedeutet, und das ist für die Arbeit mit Familien außerordentlich wichtig, die beobachtbaren Handlungen und Ereignisse sind immer Ergebnisse von unter den Handlungen liegenden Erwartungen und Motiven und der Kommunikation darüber.

Mit anderen Worten, das Einnässen von Lisa in unserem Beispiel (Günther und Karin), hat innerhalb ihres Familiensystems durchaus eine Bedeutung. Es ist ihre Kommunikationsform, sich den anderen Familienmitgliedern über den nicht vorhandenen Familienzusammenhalt mitzuteilen. Dies tut sie auf der Ebene der semantischen, kognitiven und sozialen Strukturen des Familiensystems, die sie erlernt hat. Versteht der Familienhelfer oder die Familienberaterin, warum diese Handlung im Augenblick in dem Kontext sinnvoll ist und wofür sie steht, dann besteht kein unmittelbarer Handlungsdruck mehr, umstandslos eine Reinlichkeitsstrategie zu beginnen. Die Frage „Was wäre ohne ...?" (diese Krise, Auffälligkeit), lässt auf den Sinn und die Funktion eines Symptoms schließen und hilft damit, weitere Arbeitsschritte zu formulieren.

Sandra in unserem anderen Beispiel (Miriam und Gunnar) hat sich immer mehr verschlossen und ließ in ihren schulischen Leistungen nach. Dies ist ihre Art und Weise sich zu dem Ungleichgewicht im Familiensystem zu äußern. Die Beziehung der Mutter zum geschiedenen Vater, mit dem sie ja das gemeinsame Sorgerecht hat, ist sehr problematisch. Die Mutter lehnt ihre Tochter offensichtlich ab. Der Mutter nun immer wieder nahe zu legen, mit ihrer Tochter liebevoller umzugehen, wird von der Familienhelferin oder dem Familienberater sicherlich als eine „Sisyphus-Arbeit" (nicht endende Arbeit) erlebt werden. Mit einem solchen Ansatz missachtet sie bzw. er die „Erziehungsarbeit" der Mutter, mithin die traditionellen Strukturmuster des familialen Subsystems Mutter-Tochter. Damit wäre aber ein Motiv zur Veränderung in dieser Beziehungsstruktur nicht gegeben. Gelingt es jedoch der Familienhelferin oder dem -helfer, der Mutter behilflich zu sein, zwischen der Tochter und ihrem ehemaligen Ehemann zu differenzieren, werden veränderte Interaktions- und Kommunikationsformen zwischen der Mutter und der Tochter ermöglicht.

1.4 Beobachtungs- und Interventionstechniken

Eine wichtige Voraussetzung für das *Verstehen* der familiären Zusammenhänge sind Informationen über das Familiensystem und die in der jeweiligen Familie geltenden Kommunikationsregeln und Interaktionsformen. Die Offenlegung ist deshalb so wichtig, weil dabei häufig zum erstenmal für einzelne Familienmitglieder sichtbar wird, weshalb schon der Vater oder Großvater, die Mutter oder Großmutter beispielsweise in der Schule Ablehnung erfuhren und im Beruf nicht erfolgreich waren.

Das Genogramm

Informationen über eine Familie können geordnet werden, um Beziehungsmuster über mehrere Generationen aufzudecken. Indem man die Familienbeziehungen in einem Genogramm (Familienbaum) darstellt, können die gegenwärtigen Schwierigkeiten in einem übergeordneten Rahmen verstanden werden.

Die Anwendung des Genogrammes als Beziehungsdiagramm ist ein spezifisches Moment der Familientherapie (Burnham 2009). Für uns ist das Genogramm wichtig zum Sammeln, Ordnen und Speichern von Informationen auf eine für die Familienarbeit brauchbare Weise. Dabei kann das Genogramm zum Verständnis, als Planungswerkzeug und als explorative Technik in einer Familiensitzung genutzt werden und als ein Mittel, die Herkunftsfamilie eines einzelnen Familienmitgliedes zu beobachten. Es kann auf die Familienmitglieder beschränkt bleiben oder kann erweitert werden, um andere, bedeutsame Personen wie z. B. Freunde, Nachbarn etc. einzuschließen. Eine der wichtigsten Anwendungsmöglichkeiten ist die, das es eine Betrachtungsweise erlaubt, die Symptome im Kontext der Entwicklung der Familienbeziehung zu sehen (Burnham 2009, S. 47 f.). Ein weiterer Vorteil des Genogramms ist, dass es verfügbare Informationen darstellt und auf weitere verweist, die derjenige, der mit der Familie arbeitet, wissen sollte. Richtig angewandt kann es Muster und Themen, die über die Generationen in Familien vorgekommen sind und vielleicht die gegenwärtigen Interaktionen beeinflussen, beleuchten. Ereignisse, die die Form von Beziehungen innerhalb der Familie sowie zwischen ihr und ihrer Umgebung deutlich verändern, wie z. B. Geburt, Tod, Heirat, Trennung, Scheidung, Katastrophen und Glück können als konkrete Information zum jeweiligen Zeitpunkt registriert werden.

Unter diesem Aspekt können die von einzelnen oder Familien präsentierten Probleme als Teil eines umfassenderen Systems verstanden werden. Der so erweiterte Blick vergrößert die Möglichkeit von Interventionen. Ein Problem, das regelmäßig z. B. bei einem einzelnen oder einer Mutter-Kind-Dyade auftritt, kann im Kontext eines Genogrammes gesehen, als passend zu signifikanten Ereignissen, die regelmäßig in anderen Teilen des Systems auftreten, wahrgenommen werden. Der Familienberater oder die Familienhelferin hat damit die Möglichkeit, entweder auf der Ebene des Individuums oder der Ebene der Familie zu intervenieren. Dabei kann dann das Problem in seinem sozialen Kontext durch Analyse und Intervention angegangen werden.

Ein vollständiges Genogramm sollte folgende Angaben enthalten:

1. Namen und Alter der Familienmitglieder,
2. Die Daten von Geburten, Hochzeiten, Trennungen, Scheidungen, Todesfällen und anderen wichtigen Ereignissen,
3. Aufzeichnungen – mit Daten – über Beruf, Wohnort, Krankheiten und anderen Veränderungen im Lebenslauf,
4. Diese Informationen über mindestens drei Generationen (Burnham 2009, S. 48; [s. Abb. 3]).

Abb. 3: Genogrammsymbole (Burnham 2009)

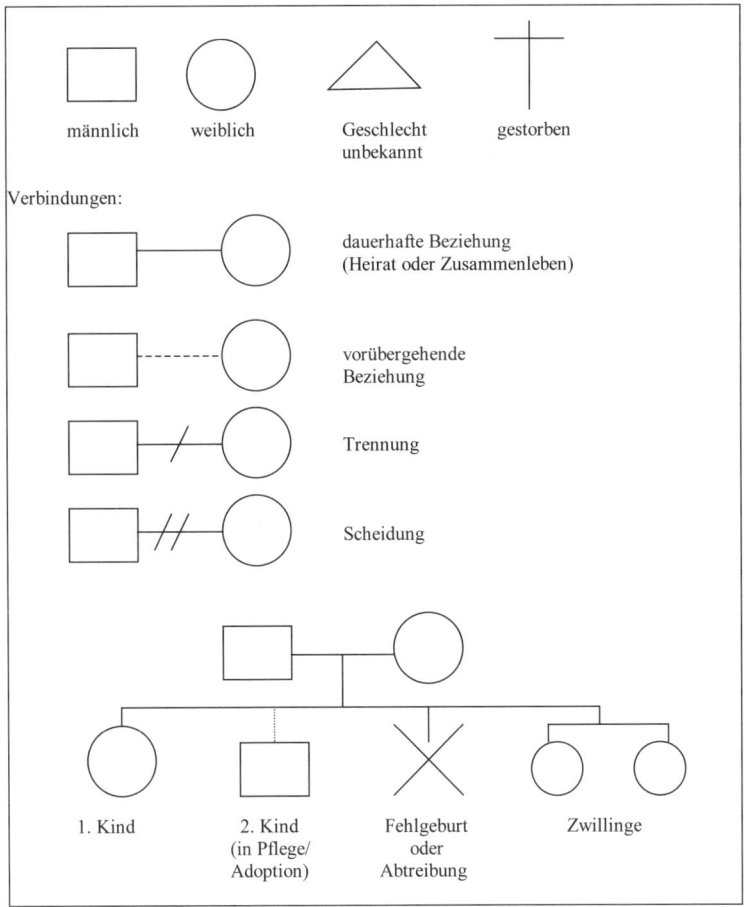

Ausgehend von diesen Informationen ist es möglich, ein Diagramm der meisten Familienkonstellationen, mit denen gearbeitet werden soll, zu erstellen. Die familialen Lebensformen, mit denen wir es heute zu tun haben, sind aufgrund von Trennungen und Scheidungen, Wiederverheiratungen, nicht-ehelichen Lebensgemeinschaften mit und ohne Kinder sowie den komplizierten Formen der Patchworkfamilien (s. Exkurs) überaus verwirrend. Das Genogramm ist nun eine Möglichkeit, einen schnellen Überblick über die z.T. komplexen Familienstrukturen auf sehr prägnante Weise zu ermöglichen.

Bei der Arbeit am Genogramm bildet das Erfragen von Lebensdaten, Geburten und Todesfällen, Hochzeiten, schweren Krankheiten, Trennungen und Scheidungen sowie neue Beziehungsfindungen ein wesentliches Gerüst für das Erstellen einer besonderen Art von Familienbiografien. Diese Familienbiografien stellen ja das mehr oder weniger bewusste Gedächtnis eines Familiensystems dar, auf das sich – ob ausgesprochen oder nicht – immer wieder berufen wird. Hier treffen Lebenszeit und Alltagszeit (s. Kap. 2.3) aufeinander, relativiert durch die Einstellung zu den Ereignissen des Lebens und durch die individuellen, familiären und familiengeschichtlichen Bedeutungen, die ihnen zugewiesen werden.

Ein Genogramm ist hilfreich für den Ausgangspunkt der Familienarbeit. Indem darin möglichst viele Informationen zusammen und in einen grafischen Überblick gebracht werden, ist es eine Grundlage der Beobachtung als Basis für das Verstehen von Familienkonstellationen. Mittels eines Genogrammes können keine Ursachen für Probleme oder Symptome gefunden werden. Dies sollte in entsprechenden Fällen den Familientherapeuten überlassen bleiben. Dennoch leistet das Genogramm eine erste und wesentliche Hilfe, zumal durch das Gespräch und das Nachfragen zu den Familienereignissen intensive Reflexionsprozesse ausgelöst werden. Dazu später mehr.

Wenn wir uns das Genogramm unserer Beispielfamilie von Miriam und Gunnar betrachten (s. Abb. 4), dann können wir auf einen Blick wesentliche Konstellationen erblicken: Heirat und Scheidung Gunnars von seiner ersten Frau Anja, die Eheschließung mit der um elf Jahre jüngeren Miriam und die unterschiedliche soziale Herkunft. Auch leben alle Großelternteile von Sandra noch. Gunnars Eltern leben offenbar getrennt und der Vater in einer Beziehung mit einer anderen Frau. Die Eltern von Miriam haben schon vor einer ganzen Weile ihre silberne Hochzeit gefeiert. Unterlassen Sie auf dieser Ebene jedwede Interpretation, denn Sie haben keine Ahnung von den Bedeutungen, die die Beteiligten den jeweiligen Ereignissen zumessen. Noch einmal: Es geht nicht um Ursachensuche, sondern um das Herausfinden von Mustern und Regeln von Kommunikation und Interaktion. So stellt sich bei Nachfragen heraus, dass sich die Eltern von Gunnar getrennt haben, als dieser zehn Jahre alt war. Die Mutter hat diese Trennung jedoch nie akzeptiert und in der Öffentlichkeit verschwiegen und ganz selbstverständlich von „ihrem Mann" gesprochen. Selbst im Verhältnis zu ihrem Sohn tat sie immer so, als wäre nichts vorgefallen. Mit dieser Information über Kommunikation können Sie etwas anfangen und wissen dann etwas über Regeln der Kommunikation, die Gunnar gelernt hat. Dies erfahren Sie aber erst beim Nachfragen zu den Ereignissen im explorativen Prozess zum Genogramm.

Abb. 4: Genogramm von Sandras Familie

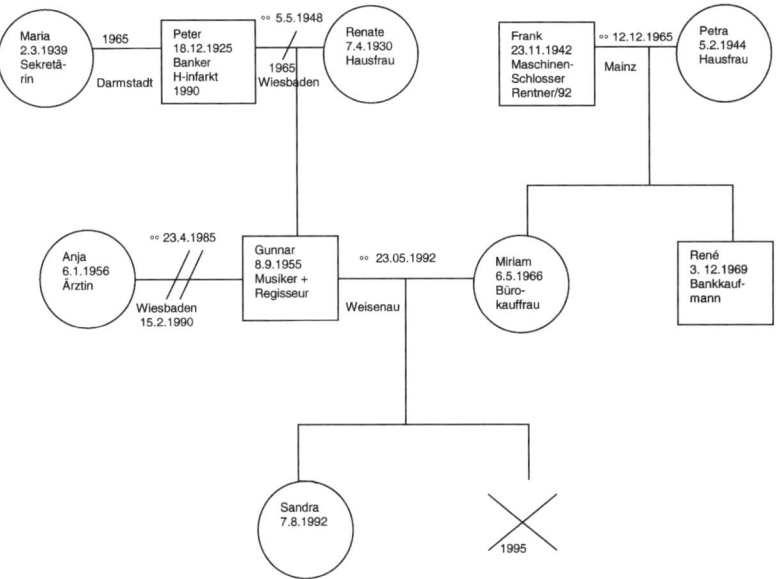

Aktiv zuhören und Paraphrasieren

Bei den explorativen Gesprächen über Familiengeschichte bzw. wichtige Ereignisse wird die Initiative häufig schnell von den betroffenen Personen übernommen. Das hängt sicher damit zusammen, dass die Anteilnahme an dem Geschehen durch den Familienberater oder die Familienhelferin gleichsam Schleusen öffnet. Dann kann es passieren, dass man förmlich überrollt wird von der Flut von Informationen, die oft durch problematische Erlebnisse belastet sind. Seitens des Erzählenden führt der Erzählstrom nicht selten weg von den Gefühlen, die mit dem Erlebten und Erfahrenen verbunden sind. Dieses Wegspülen der Gefühle scheint seitens der Erzählenden auch sinnvoll, sind die erzählten Ereignisse meist mit einer so großen Belastung verbunden, dass ein Zulassen der Gefühle erdrückend wäre. So dient diese Inflation an Informationen durchaus dem Schutz der Erzählenden (Kron-Klees 1994, S. 231).

In solchen Situationen drohen auch die Gefühle der Berater bzw. Familienhelferinnen durch den Strom an Informationen und dem Wust versteckter oder offener Gefühle überwältigt zu werden. Um dies zu vermeiden, sollten Familienberater und Familienhelferinnen darauf bestehen, bei relativ überschaubaren Abschnitten zu bleiben. Wenn sich also das Thema und der Erzählfluss um Partnerschaft und Partnerschaftsprobleme dreht, dann sollte in der gleichen Sitzung das Thema nicht auch noch auf Kindheitserfahrungen ausgeweitet werden, wie wichtig diese auch immer sein mögen. Dieser Themenbereich sollte dann konsequenterweise für eine der nächsten Sitzungen zum Thema gemacht werden. Wenn die Erzählebene gewechselt wird, also z.B. zwischen Gefühlsdiffusionen in einer Partnerschaft und der gemeinsamen Haushaltorganisation, dann sollte auch hierbei zwar das Interesse für die jeweils andere Ebene da sein, aber darauf verwiesen werden, dass dieses Thema nicht vergessen und im Zweifel in der nächsten Begegnung thematisiert wird.

Eine weitere wichtige Möglichkeit, selbst als Zuhörende nicht von der Fülle der Informationen überschwemmt zu werden, ist die, immer wieder den Erzählfluss nach einzelnen Episoden zu unterbrechen und sowohl in eigenen Worten als auch in den Worten der Erzählenden, den Inhalt des Gehörten zu wiederholen (Weinberger 2008). Mit diesem sog. „Paraphrasieren" sind zwei Funktionen verknüpft: Zum einen kann überprüft werden, ob das Gesagte richtig verstanden wurde, zum anderen wird den Erzählenden die Möglichkeit gegeben, das von ihnen Gesagte noch einmal von außen zu hören (Kron-Klees 1994, S. 232). Wir können davon ausgehen, dass es für die meisten eine völlig neue Erfahrung ist, dass ihnen zugehört wird und dass das Gehörte für den Zuhörer von einer solchen Bedeutung ist, dass sie bzw. er überprüft, auch richtig zugehört zu haben. Das eigene Sprechen und das Hören des Gesprochenen aus einem anderen Mund hat noch eine weitere Auswirkung. Und zwar die, dass in den Betroffenen eine Distanz zum eigenen Erleben entsteht, die es möglich macht, einen Zugang zur *Bedeutung* zu finden, die das Erlebte für diejenigen hat, die gerade ihr Erlebtes erzählt haben. Dies eröffnet eine besondere Chance für die Arbeit mit den Betroffenen, nämlich vom Erlebten zum Bedeutungsinhalt zu gelangen und damit zu den Erwartungen und Frustrationen, die unter den Handlungen und Ereignissen liegen, von denen berichtet wurde. Wie oben gezeigt, auf der Ebene der Bedeutungsgebung und damit auf der Ebene der kognitiven, semantischen und sozialen Struktur, liegt der Schlüssel zum Verständnis von hinter dem Verhalten liegenden Erwartungen. Und damit auch der Schlüssel zum Verständnis für die Wirkung von Erlebten auf späteres Verhalten.

Nun gibt es eine Reihe von Grundprinzipien, die bei Gesprächen beachtet werden sollten. Es sind dies die Prinzipien des Individualisierens, des Zulassens von Gefühlen, der kontrollierten Anteilnahme, der Annahme des Klienten, des Nicht-Richtens, der Zulassung der Selbstbestimmung und der Verschwiegenheit (Erler 2010, S. 87 f.; Weinberger 2008).

1. Der Grundsatz des Individualisierens bedeutet in diesem Zusammenhang, den hilfesuchenden Menschen als Einzelwesen mit seinen persönlichen Problemen und Bedürfnissen zu sehen. Diese Bedürfnisse des Hilfesuchenden müssen anerkannt werden. Zusätzlich sind wissenschaftliche Erkenntnisse heranzuziehen, die es der Beraterin ermöglichen, die Problemlage objektiv einzuschätzen.

2. Gefühle zuzulassen ist ein Grundsatz, der davon ausgeht, dass der Ausdruck und das Zulassen von Gefühlen befreiend für die Klienten wirkt. Dieser Grundsatz ist eng mit dem des Individualisierens verknüpft. Diese Haltung im Gespräch lässt die Beraterin eine Reihe von Problemen besser erkennen und die Entwicklung eigener Lösungsmöglichkeiten zu.

3. Verständnis und Anteilnahme bedeutet, sich in die Bedürfnisse und Sorgen einzufühlen und diese anzuerkennen. Anteilnahme heißt auch, die Befindlichkeit der Klienten ihrer eigenen Situation gegenüber zu verstehen.

4. Das Prinzip der Annahme bedeutet, einen Menschen mit den Sorgen und Nöten, die für ihn zentral sind, zu akzeptieren ohne Wenn und Aber. Es bedeutet für die Sozialpädagogen und Sozialarbeiterinnen Probleme als sachliche Realität anzuerkennen, zu *„akzeptieren"*, um daraufhin adäquate Hilfsangebote machen zu können. Klienten zu akzeptieren soll hier *„verstehen"* bedeuten, nicht das *„Anerkennen"* von Verhalten.

5. Die nichtrichtende Position setzt Anteilnahme und Akzeptieren voraus und bedeutet, nicht über Verschulden oder Nicht-Verschulden zu urteilen bzw. zu richten. Sie lässt jedoch eine rationale Bewertung von Verhalten und Einstellung zu.

6. Der Grundsatz der Selbstbestimmung ist meiner Ansicht nach, der zentralste. Er bedeutet, prinzipiell anzuerkennen, dass die Klienten in der Lage sind, eigene Entscheidungen zu treffen. Die Hilfe muss demzufolge darauf ausgerichtet sein, die Fähigkeit der Klienten, ihre Schwierigkeiten selbst zu erkennen und einzuschätzen, zu fördern sowie ihre Entscheidungskompetenzen zu entwickeln helfen. Dabei können Vorschläge und Hilfsangebote aus der Beratung in die Entscheidungsfindung einfließen. Zentral ist jedoch der Ausgangspunkt, dass jeder Mensch für sich selbst entscheiden kann und letztendlich auch muss. Die Selbstbestimmung des Einzelnen hat selbstredend seine Grenze an der des Anderen.

7. Der letzte Grundsatz ist ein sehr problematischer. Es geht um das Geheimhalten von Tatsachen, betreffend die persönliche Situation der Klienten. Mit anderen Worten, es geht um die Schweigepflicht, die für die Sozialpädagogen und Sozialarbeiterinnen selbstverständlich zu sein hat. In Strafverfahren wird dieser Komplex unter dem Begriff „Zeugnisverweigerungsrecht" sehr kontrovers diskutiert (Mörsberger 1991; Barabas 2003).

Wie man leicht sehen kann, alle die aufgezählten Grundsätze bedeuten gleichzeitig immer eine Gratwanderung. Sie lassen sich im Einzelnen und im konkreten Fall unserer Scheidungsfamilie beispielsweise nicht präzise voneinander trennen, sie greifen ineinander. So sind Trennungsschmerzen und Verletzungen der Ehepartner Realitäten, wie es auch die Reaktionen der Kinder auf die Trennung ihrer Eltern sind. Das eine sind emotionale Realitäten, das andere Realitäten auf der Ebene von Verhalten. Es mag deutlich werden, wie schwierig es für die beratende Person ist, sich den geschilderten Grundprinzipien adäquat zu verhalten. Also Gefühle zuzulassen, aber selbst nicht zu richten, den Klienten/die Klientin anzunehmen, aber ihm seine Selbstbestimmung zu lassen. Jedes der Prinzipien ist jedoch unabhängig vom anderen wichtig für eine erfolgreiche Beziehung in der Beratung und Krisenintervention.

Das Soziogramm

Das Soziogramm ist ein Element aus der vielfältigen Palette empirischer Methoden in der Sozialforschung. Es stammt aus der Zeit, in der mit der Methode der Soziometrie die Hoffnung verbunden wurde, eine Neuordnung von Gesellschaft zu erreichen durch die Analyse sozialer Gruppen und ihrer Beziehungen (Moreno 1960). Es ist eine Methode, die Beziehungen der Mitglieder einer Gruppe, d.h. die Binnenstruktur einer Gruppe zu ermitteln (Friedrichs 1982, S. 255 ff.). Ein Soziogramm liefert recht präzise Auskünfte über 1. die Struktur einer kleinen Gruppe, z.B. den Grad ihrer Integration oder ihrer Offenheit nach außen; 2. die Stellung einzelner in der Gruppe, z.B. ihren Status oder Grad ihrer Isolation und 3. die informelle Struktur von Gruppen. Für uns ist es von Bedeutung, dass wir mit Hilfe eines Soziogramms eine Reihe von Informationen über Beziehungsstrukturen in einer Familie gewinnen können, die wiederum Aussagen zulassen über die herrschenden Kommunikations- und Handlungsmuster. Diese Muster lassen sich mit einem Soziogramm räumlich und bildlich darstellen.

Nur wandeln wir das sozialwissenschaftlich Prinzip etwas ab. Wir verzichten auf Fragestellungen, Operationalisierungen und Matrixen. Vielmehr gehen wir spielerisch vor und schlagen bei entsprechender Gelegenheit das folgende Spiel vor: Jeder wählt sich ein Familienmitglied und bastelt – am besten mit Knete o.Ä. – ein zu dieser gewählten Person passendes Tier, also einen Hund, oder Bär oder Vogel etc. Unsere Nachfragen beziehen sich auf die Wahl des jeweiligen Tieres, seinen Charakter, seine Fähigkeiten, seine Stärken und seine Schwächen. Also warum das Tier gewählt wurde, ob man sich vorstellen könne auch mit dem Tier zusammenzuleben usw. Dabei kann auch zwischen dem Tier und der Person, die durch das Tier repräsentiert wird gewechselt werden. Grundsätzlich gilt auch hier, genaues Nachfragen, Paraphrasieren und Zuhören bilden die Grundlage für das Erstellen eines Soziogramms. Als Hilfe für das Vorgehen und die Auswertung empfiehlt es sich, eine kleine Tabelle vorzubereiten, in die die einzelnen Figuren eingetragen werden und beispielsweise die Anzahl der Wahlen auf die Frage: „Mit welchem Tier würdest Du/Sie am liebsten …“ oder „Mit welchem Tier würdest Du/Sie nicht gern …“, eintragen.

Tab. 1: Dokumentation der Wahlen im Rahmen der Erhebung
eines Soziogramms

		Gewählter				
		Hund	Katze	Bär	Maus	Summe
Wähler	Hund		×			1
	Katze			×		1
	Bär	×	×			2
	Maus	×	×			2
	Summe	2	3	1	0	

Deutlich wird sofort, dass die Katze mit 3 Wahlen sozusagen der Star der
Familie ist. Die Maus wird von niemandem gewählt, sie ist isoliert. Katze
und Bär wählen sich gegenseitig (reziproke Wahl), sie bilden ein „Paar".
Bär, Hund und Katze bilden eine „Clique"

Mit diesen Figürchen – die gemeinsam mit der Familie gebastelt werden
sollten – bekommt das Ganze eher spielerischen Charakter. Mit diesen Figürchen ein Soziogramm zu erstellen ist insofern empfehlenswert, da die
Familienhelferin bzw. der Familienberater hierbei Informationen erhält
auch ohne große sprachliche Kompetenz der Familienmitglieder. Der Charakter des Soziogrammes als „Spiel" macht es den Familienmitgliedern außerdem leichter sich zu beteiligen, als an einem „ernsthaften" Gespräch ü-
ber sie selbst. Auch haben die Familienmitglieder hierbei sehr viel weniger
das Gefühl, „Familiengeheimnisse" zu verraten. Bei der Erstellung des Soziogramms verändern sich auch die Informationen, die die Familienhelferin
vom Amt hat oder von der Schule bekommt, denn diese enthalten häufig
nur eine Version des Problems. Wichtig ist, dass sich die Familienhelferin
in das Soziogramm mit einbezieht. Hierbei wird deutlich, dass Beobachtung
zugleich Veränderung bewirkt und die Beobachterin ihrerseits beobachtet
wird.

Das Soziogramm gibt immer einen momentanen Eindruck wieder. Es ist eine statische Darstellung von Mustern, die in ständiger Bewegung sind. Und
Beobachtung ist zugleich Intervention und wird beobachtet. Insofern ist es
sinnvoll, in regelmäßigen Abständen das „Familienspiel" zu spielen bzw.
ein Soziogramm zu erstellen. Damit gewinnt die Familienhelferin einen
Eindruck vom Charakter der jeweiligen Familiendynamik und kann
zugleich ihre Beobachtung kontrollieren. Hilfreich ist das Soziogramm immer für die Arbeit in der Supervision, um ein Feedback über die Arbeit in
der Familie zu erfahren. Dabei können die „Rollen" der einzelnen Familienmitglieder für Außenstehende klarer werden (s. Abb. 5), auch die Rolle
der Familienhelferin.

Abb. 5: Soziogramm (Familie Miriam, Gunnar und Sandra)

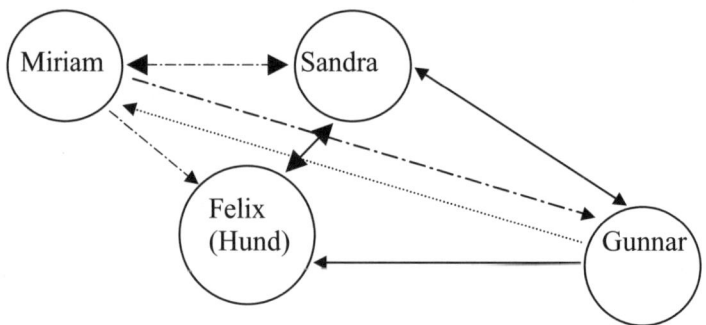

Die Aufzeichnungen, die während des „Spiels" gemacht wurden, werden anschließend in eine Grafik umgewandelt. Die Beziehungen der Familienmitglieder untereinander werden durch farbliche und/oder unterschiedlich stark markierte Pfeile zwischen den einzelnen Figuren im Soziogramm verdeutlicht. Dabei bedeuten die Pfeile:

    ——————▶   zugewandte, überwiegend positive Beziehung,

    –––·–––·–▶   ambivalente Beziehung, starke Schwankungen zw. Akzeptanz und Ablehnung,

    ·············▶   ablehnende, überwiegend negative Beziehung.

Die Pfeile geben an, ob es sich um eine ein- oder beidseitige Beziehung handelt. Daraus entsteht für die an der Familienarbeit Beteiligten ein anschauliches Bild.

Das Familiensystem

Eine Familie bildet immer ein gewisses Zusammengehörigkeitsgefühl aus. Diese Kohäsion wird durch die alltäglichen und grundsätzlichen Konflikte bedroht. Für jede Familie ist es überlebenswichtig hier zu einem Gleichgewicht zu kommen, also zu einer Balance zwischen Kohäsion und Konflikt. Ebenso wichtig ist es, wenn aus einem Paar Eltern werden, eine Balance zwischen Paar- und Kindzentriertheit herzustellen, ansonsten bleiben Erwartungen unerfüllt.

Wir erleben es oft, dass sich Familienmitglieder und auch ganze Familien abkapseln, dass sie kaum soziale Kontakte pflegen und die Kinder keine Freunde haben – die Familie ist isoliert von ihrer Umwelt. Eine solche Entwicklung hat Konsequenzen für das Binnenklima der Familie: die Offenheit eines Familienmitgliedes wird möglicherweise in der Familie sanktioniert. Familien müssen also die Wünsche nach Isolation und die nötige Umweltoffenheit in eine Balance bringen. Sicherlich sind Familien immer dabei, sich mit sich selbst zu befassen, und sei es durch Abgrenzungen zu anderen Familien oder die Verwandtschaft: „Wir machen das … aber so!"

Es geht dabei natürlich auch um die Plausibilität von Entscheidungen oder Handlungen gegenüber den familialen Subsystemen. Wobei sowohl Erwartungen als auch Handlungen und Veränderungswünsche eine Rolle spielen. Wie sollen beispielsweise die Erwartungen des heranwachsenden Sohnes nach Eigenständigkeit mit den Versorgungswünschen der Mutter in Einklang gebracht werden? Oder wie kann die Rolle des früh pensionierten Vaters in der Familie neu definiert werden – „Papa ante portas"? Hier geht es ersichtlich um die Balance zwischen Starrheit versus Flexibilität interner Strukturen.

Wir können also im Wesentlichen vier Variablen familialer Kohäsion ausmachen:

1. Strukturflexibilität
2. Metakommunikation
3. Systemtransparenz
4. Umweltoffenheit.

In diesem Schritt möchte ich mit meiner Figur aus dem Kapitel 4 arbeiten[3]:

Abb. 6: Familiensystem

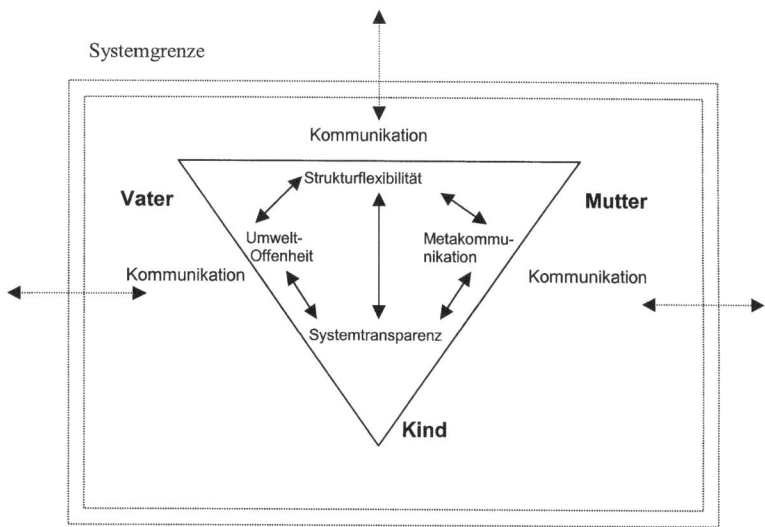

3 Ich verknüpfe mein Modell des Systems Familie (s. Kap. 4) mit den bisher entwickelten Überlegungen zur Kommunikation in der Familie sowie denen zum Verstehen. Dabei beziehe ich Momente der Handlungsanleitung des „Heidelberger Modells der SPFH" von Rothe, Marga: Sozialpädagogische Familien- und Erziehungshilfe. Stuttgart 2006, mit ein.

1. Strukturflexibilität

Mit der ersten Variable bezeichne ich die Balance zwischen Starrheit und Flexibilität interner Strukturen einer Familie. Gemeint sind die Anpassungsleistungen im Hinblick auf sich verändernde Bedürfnisse der Familienmitglieder und an sich wandelnde Umweltbedingungen. Die Balance von Starrheit versus Flexibilität bezieht sich auf Rollendefinitionen, Positionsverteilungen, Interaktionsmuster, Verteilung von Rechten und Pflichten, Veränderungen von Wert- und Normorientierung des Familiensystems. So ist beispielsweise die Entwicklung eines Mädchens in die Adoleszenz und Weiblichkeit ein bedeutendes Ereignis in ihrer persönlichen Entwicklung. Gleichzeitig kann es das bestehende Gleichgewicht stören und tiefgreifende Wandlungen in den Familienbeziehungen auslösen. Dies kann aber auch positive Folgen haben, wenn die Eltern ihre Beziehung neu entdecken und sich im Verhältnis zur Tochter von der Nähe zur Loslösung bewegen. Die Mutter kann aber auch neue Interessen entwickeln (s. Eigeninteresse/Interessenverteilung S. 53 f.). Das Ausmaß und die Art und Weise affektiver Zuwendung verändern sich zwischen den familialen Subsystemen. Führungs- und Erziehungsansprüche des Elternsubsystems wandeln sich notwendigerweise. Diese Veränderungen im sozialen Rollenzuschnitt spielen hier in jedes familiale System im Laufe ihrer Entwicklung hinein.

Die folgende Technik sollte sicher nicht am Anfang unserer Arbeit mit einer Familie oder einem Paar stehen. Es sollten schon gemeinsame Erfahrungen im Umgang miteinander vorhanden und eine Vertrauensbasis geschaffen sein. Sinnvoll ist es, wenn bereits ein Familiengenogramm erarbeitet wurde oder ein Soziogramm.

Wir legen der Person (Erwachsene, Kind, Jugendliche) oder dem Paar, mit dem wir arbeiten, ein leeres Blatt Papier vor. Am besten eignet sich eine Karteikarte im Format DIN A5. Ein Blatt Papier im DIN A4-Format ist zu groß. Wir können nicht so ohne weiteres davon ausgehen, dass alle unsere Klienten große Schreibfertigkeiten haben. Erinnern wir uns an das eigene Schreibverhalten. Es ist meist frustrierend vor dem großen weißen Blatt zu sitzen und nichts zu Papier zu bringen. Also, es empfiehlt sich die DIN A5-Karte, da diese auch liniert ist. Sie ist so vorbereitet, dass oben im Kopf das Folgende zu lesen ist:

Meine Werte: _____
_____
Was ist mir wichtig? (Stichworte) _____
_____

Bei Paaren erhält jeder/jede eine so vorbereitete Karte. Geben Sie Zeit zum Überlegen und Schreiben. Es sollten mehr als zehn Minuten sein und weniger als eine halbe Stunde. Ein guter Wert sind ca. fünfzehn Minuten.

Fragen für das darauffolgende Gespräch
(zur Auswertung des Geschriebenen):

- Was sind die Werte Deiner/Ihrer Ursprungsfamilie, was war da wichtig?
- Was sind Deine/Ihre Werte jetzt, was ist Dir/Ihnen jetzt wichtig?
- Was gefällt Dir/Ihnen an Deiner/Ihrer Familie?
- Was missfällt Dir/Ihnen an Deiner/Ihrer Familie?

Fragen für das darauffolgende Gespräch bei Paaren:

- Wie kann ich Dich besser verstehen?
- Wie kannst Du mich besser verstehen?
- Was verbindet uns?
- Was trennt uns?

Bei Paaren empfiehlt es sich, anschließend die Karten auszutauschen und über die Differenzen zu sprechen.

Anregungen für ein zwangloses Gespräch (im Anschluss):

- Geschehnisse in Deiner/Ihrer Kindheit, an die Du Dich/Sie sich gerne/ ungerne erinnern?
- Der Standardspruch Deiner/Ihrer Eltern/Großeltern war/ist?

Übung zur Reflexion (Perspektivische Fragen):

- Was wäre wenn, das, was Dir/Ihnen wichtig ist, einträte/nicht einträte?
- Was muss geschehen, um ein Ereignis/etwas wichtiges eintreten zu lassen?

Die Überlegung, die hinter solchen perspektivischen Fragen steht, ist die, dass solche Fragen auf Lösungsalternativen hinweisen. Sie ermöglichen es, kreativ neue Möglichkeiten einzuführen. Da man ein System nicht zu Lösungen zwingen kann (s. Kap. 1.5), ist diese Art der Fragen auch ein Mittel, um spielerisch neue Wege anzubieten (von Schlippe/Schweitzer 1999, S. 155 f.). Diese müssen nicht realistisch und auch nicht unbedingt realisierbar sein. In jedem Fall fügt das „Was wäre wenn … ?" ein neues Element hinzu. Solche Fragen ermöglichen ein unbedenkliches Probierhandeln und wirken der Angst vor konkreten Veränderungen entgegen.

2. Metakommunikation und 3. Systemtransparenz

nenne ich die Balance von Kohäsion und Konflikt innerhalb des Systems Familie. Dabei bedeutet Systemtransparenz die Kenntnis des Systems über sich selbst, d.h. das Bewusstsein über sich selbst und seiner Subsysteme, um Wünsche und Frustrationen, Bedürfnisse und Bedürfniskonflikte erkennen zu können. Die Kommunikation darüber (Metakommunikation) macht es möglich, die anderen Subsysteme zu verstehen und in die eigene Handlungsorientierung diese Perspektive mit einzubeziehen. Die Auswahl und Verarbeitung der Themen bestimmen das Gleichgewicht oder Ungleichgewicht: Je größer die Anzahl der Themen in der Metakommunikation ist, desto größer sind die Möglichkeiten der Auseinandersetzung der Familienmitglieder. Je niedriger der Konsensdruck in der Kommunikation der Subsysteme, desto offener kann sich Denken und Affektivität der Beteiligten entwickeln. Und je weniger über Machtstrukturen entschieden wird, desto größer kann sich der Handlungsspielraum der schwachen Familienmitglieder ausprägen.

Wir legen wieder die so vorbereitete DIN A5-Karteikarte vor:

```
Meine Erwartungen (Stichworte)_____

    _____

    _____
```

Fragen für das darauffolgende Gespräch (zur Auswertung des Geschriebenen):
- Was macht Dich/Sie an ?
- Was wünschst Du Dir/Sie sich ganz dringend?
- Wie verhältst Du Dich/Sie sich in bestimmten Situationen?

Fragen für das darauffolgende Gespräch bei Paaren:
- Kann ich Deine Bedürfnisse akzeptieren, kannst Du meine Bedürfnisse akzeptieren?
- Welche Bedürfnisse verbinden uns, welche trennen uns?

Anregungen für ein zwangloses Gespräch (im Anschluss):
- Was würdest Du/Sie tun, wenn Du/Sie in der Schule/in der Familie/in der Freizeit/in bezug auf den Beruf alle Möglichkeiten offen hättest?

Übung zur Reflexion (Umdeuten):
- Was wäre positiv, wenn Du/Sie Deine/Ihre Wünsche realisieren könntest?
- Was wäre negativ, wenn Du/Sie Deine/Ihre Wünsche realisieren könntest?
- Bringe die Wünsche in eine Rangfolge …
- Was musst Du/Sie konkret tun, um den ersten, zweiten, den dritten Wunsch zu realisieren (Erstellung von Handlungssequenzen)?
- Mit welchem Wunsch willst Du beginnen?

Der systemische Rahmen stellt eine für die Klienten oft überwältigend andere Sicht der Dinge dar: Das Denken in Ursache-Wirkungs-Zusammenhänge wird mit einer prozesshaften Sicht konfrontiert (von Schlippe/Schweitzer 2003, S. 177 ff.). Dem Umdeuten liegt die Prämisse des systemischen Denkens zugrunde: Jedes Verhalten macht Sinn innerhalb des jeweiligen Systems, d.h. wenn man den Kontext kennt (s. S. 34). Die wichtigste Funktion des Umdeutens ist die Verstörung der bisherigen Sichtweise. Wenn alles auch „anders" sein könnte, ist schon sehr viel dafür getan, dass die Dinge nicht mehr so festgefahren erlebt werden wie bisher.

Zur Systemtransparenz legen wir die so vorbereitete Karteikarte zur Klärung des „Konfliktverhaltens" vor:

Was bedeuten Streitereien für mich? (Stichworte) _____
_____
_____
_____

Fragen für das darauffolgende Gespräch (zur Auswertung des Geschriebenen):
- Welche Ängste habe ich, wenn es Streit gibt?
- An wen wendest Du Dich/Sie sich, wenn es Streit gibt?
- Warum vermeidest Du/Sie Streit?

Fragen für das darauffolgende Gespräch bei Paaren:
- Kann ich Deine Konfliktverarbeitungsmöglichkeiten verstehen – Kannst Du meine verstehen?
- Wie kannst Du mir helfen, etwas zu verändern – Wie kann ich Dir helfen, etwas zu verändern?

Anregungen für ein zwangloses Gespräch (im Anschluss):
- Wer kann Dir/Ihnen bei welchen Ängsten helfen?
- Ist es richtig, dass das Schönste beim Streit die Versöhnung ist?
- Streit hat doch auch etwas Positives?
- Ist es nicht gut, etwas über seine Ängste zu erfahren?

Übung zur Reflexion (Paradoxe Intervention; Zirkuläre Fragen):
- Was macht eigentlich x, wenn Du/Sie das … machen?
- Wenn y so … reagiert, was machst Du/Sie dann eigentlich?
- Was geht in x vor, wenn Du/Sie das … machen und y so … darauf reagiert?

Hintergrund dieser Art von Fragen ist, dass in sozialen Systemen alle Interaktionen immer als kommunikative Angebote verstanden werden können. Verhaltensweisen, Symptome, aber auch die unterschiedlichsten Gefühle und Emotionen sind nicht nur als im Menschen ablaufende Ereignisse zu sehen, sondern sie haben immer auch eine Funktion in den wechselseitigen Beziehungsdefinitionen (s. Kap. 5). Daher kann es interessanter sein, diese kommunikativen Bedeutungen sichtbar zu machen, als den betreffenden Menschen ausführlich nach seinen eigenen Empfindungen zu befragen (von Schlippe/Schweitzer 2003, S. 138 ff.). Konsequenterweise steht daher auch bei Fragen bezogen auf Handlungen/Ereignisse im Zentrum, wie jedes Familienmitglied diese versteht, welche Erwartungen damit verbunden werden und wie darauf reagiert wird.

4. Umweltoffenheit

Dabei meine ich die Balance von Offenheit und Isolation. Trotz einer klaren Definition des Systems Familie als einer besonderen Form sozialen Lebens, ist eine Durchlässigkeit der Systemgrenzen notwendig. Ist die Grenze dicht, so bedeutet das für die familialen Subsysteme eine Einschränkung von Erfahrungen sozialen Lebens sowohl im affektiven Bereich (Nähe- versus Distanzerfahrungen) als auch im kognitiven Bereich (Wissensspektrum). All das, was durch die Umwelt vermittelt ist, ist dann nicht oder kaum in den Interaktionen der familialen Subsysteme enthalten und wird so für diese relativ unbedeutend bleiben. Um es zu verdeutlichen, eine rigide Grenzziehung (Isolation) kann zu Verlust der Ich-Grenzen der einzelnen Familienmitglieder führen bzw. Affektivität einschränken. Die Isolation wäre nur über eine Unterbrechung der Kommunikation mittels eines enormen Konsensdrucks erzwungen und ausschließlich über Machtstrukturen erhaltbar. Damit wäre aber das Gleichgewicht gestört.

Zur Klärung des „Systemcharakters" legen wir die so vorbereitete Karte vor:

Was bedeutet mir meine Familie? (Stichworte) _____

_____

_____

Fragen für das darauffolgende Gespräch
(zur Auswertung des Geschriebenen):

• Aus was für einer Familie stammst Du/Sie?
• Was gefällt/missfällt Dir/Ihnen an Deiner/Ihrer Familie?
• Was ist Dir/Ihnen außerhalb Deiner/Ihrer Familie wichtig?

Fragen für das darauffolgende Gespräch bei Paaren:

• Was erwartet Deine Familie von mir/Dir?
• Wie verhalte ich/Du mich/Dich in bestimmten Situationen?
• An welchen Punkten führen Erfahrungen zum gegenseitigen Verstehen und wo behindern sie es?

Übung zur Reflexion:

• Ich stehe mir manchmal selbst im Wege, besonders dann, …
• Ich würde gerne etwas … in der Familie ändern, was kann ich dafür tun?

Anschließend können sowohl Balancen wie auch Ungleichgewichte entsprechend meinem Modell festgestellt werden. Diese können auf einem Zahlenstrahl (s. Abb. 7) oder in einer Notenskala festgehalten werden. Dies sind aber immer momenthafte Darstellungen und das Familiensystem ist in einem steten Wandel begriffen. Die Werte machen nur Sinn, wenn die Übungen wiederholt und die Veränderung dokumentiert werden.

Abb. 7: Schematisierung des internen Gleichgewichts eines Familiensystems

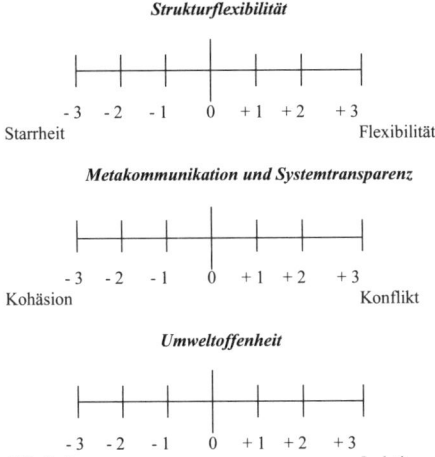

Strukturflexibilität

| | | | | | | | |
-3 -2 -1 0 +1 +2 +3
Starrheit   Flexibilität

Metakommunikation und Systemtransparenz

-3 -2 -1 0 +1 +2 +3
Kohäsion   Konflikt

Umweltoffenheit

-3 -2 -1 0 +1 +2 +3
Offenheit   Isolation

Aus den Auswertungen lassen sich recht gut die Ergebnisse tabellarisch darstellen. So kann wie im folgenden Beispiel das Verhältnis von Starrheit versus Flexibilität einer Familie verdeutlicht werden. Es lässt sich dann gut verstehen, um welchen Systemtyp es sich bei der beobachteten Familie handelt:

Tab. 2: Starres/flexibles Familiensystem

	Problematische Konstellationen	Kompensationsmöglichkeiten/ Beratungsangebote
Starres Familiensystem	• Autoritäre Beziehungsmuster • Eingeschränkte bis fehlende Kommunikation • Verlustängste	• Gespräche über Regeln • Strukturierte Gesprächsangebote • Konkrete Aufgaben zum Abbau von Ängsten
Flexibles Familiensystem	• Widersprüchliche Beziehungen/Erwartungen • Fehlende Orientierung • Unsicherheit	• Gemeinsame Klärung von Erwartungen • Diskussion über Regeln • Spielerisches „Probieren" von verschiedenen Situationen

Die gleiche Möglichkeit ergibt für eine Darstellung der Variablen Offenheit
versus Isolation:

51

Tab. 3: Offenes/Geschlossenes Familiensystem (vgl. Rothe 2006, S. 89)

	Problematische Konstellationen	Kompensationsmöglichkeiten/ Beratungsangebote
Geschlossenes Familiensystem	• Mangel an Differenzierung • Isolation der Familie; Abhängigkeiten • Gefühl der Bedrohung von außen	• Erweiterung der rigiden Systemregeln/Verhaltensmuster durch Beratungsangebote • Öffnung des Systems durch Orientierungs- und Identifikationsangebote insbes. für Kinder • Konkrete Aufgaben zum Abbau von Ängsten
Offenes Familiensystem	• Mangel an Integration • Mangel an Orientierung • Mangel an Identifikation	• Förderung des Familienzusammenhalts • Konkrete Orientierungsangebote • Konkrete Identifikationsmöglichkeiten mit einer Person innerhalb der Familie oder des unmittelbaren sozialen Umfelds
Aufgelöstes System	Im aufgelösten System haben sich die Gefahren des offenen Systems schon so weit verfestigt, dass die Kompensationsmöglichkeiten für die besonders bei Kindern und Jugendlichen feststellbare allgemeine Orientierungs- und Heimatlosigkeit außerordentlich gering sind.	

Normalerweise ergibt sich ein relatives Gleichgewicht zwischen den Variablen. Diese Tendenz nennt man auch Homöostase und sie hat die Funktion, die Familienordnung vor Chaos und Desintegration zu schützen. Familien haben die Fähigkeit zur Wandlung, d. h. sie können eine – für die veränderten Verhältnisse angemessene – neue Ordnung finden. Zwischen den Punkten des Wandels in der Entwicklung einer Familie setzen sich gewohnheitsmäßige Interaktionsmuster durch, die sich wiederholen, die vertraut und vorhersagbar sind. Diese Muster stimmen mit dem Selbstverständnis der Familie und der augenblicklichen Definition von Beziehungen überein (Burnham 2009, S. 56 f.). Diese Muster nennen wir Erwartungen (s. Kap. 1, S. 31; Kap. 5.3) und sie haben sowohl angenehme als auch problematische Seiten.

Familienmitglieder scheinen zu wissen und sich darauf zu verlassen, wie andere in den verschiedenen Situationen reagieren werden. In dieser Periode des Gleichgewichts gibt es einen Spielraum an annehmbaren Verhalten, das durch die Erwartungen der anderen gesteuert wird. Die Grenzen dieses Spielraumes können eng und starr oder weit und flexibel sein. Abweichungen über diese Begrenzungen hinaus führen meist zu korrigierenden Handlungen, um das Gleichgewicht aufrecht zu erhalten. So mögen die Eltern des heranwachsenden Mädchens sein spätes Nachhausekommen tolerieren, indem sie es als wesentlichen Bestandteil der Erziehung eines Teenagers betrachten, rebellischem Verhalten gegenüber gewachsen zu sein. Sie finden es nicht wünschenswert, aber immer noch innerhalb eines annehmbaren Spielraumes. Wenn sie jedoch über Nacht ohne Erlaubnis weg bleibt und damit die Grenzen der an sie gerichteten Erwartungen übertritt, könnte sie evtl. für eine gewisse Zeit „Hausarrest" bekommen und so dazu gebracht werden, sich wieder anzupassen (Burnham 2009, S. 57).

In der Systemtheorie nennt man diesen Vorgang negative Rückkoppelung und gemeint ist damit in unserem Falle der Versuch, Abweichungen von der Norm zu verringern und das Gleichgewicht wieder herzustellen. Der „Hausarrest" des Mädchens seitens der Eltern hat eine homöostatische Funktion. Letztlich müssen die Erwartungen mehr oder weniger radikale Veränderungen durchmachen, um eine neue Phase des Gleichgewichts einzuleiten, wenn die Veränderung durch die alten Erwartungsmuster und Kommunikationsregeln nicht mehr aufgehalten werden kann. Während dieser Veränderungen können die Definitionen von Beziehungen, die Erwartungen bedeutende Wandlungen durchmachen. Diese Perioden können und sollten auch durch positive Rückkoppelungen charakterisiert sein, die die Abweichungen von den bisherigen Regeln bestärken. Eine Familie tritt in eine solche Periode ein, wenn vertraute, sichere und zuverlässige Gewohnheiten – *Erwartungen* – aufgegeben werden. Auch dann ist das bestehende Gleichgewicht gestört und ein neues muss gefunden werden.

Sowohl bei Miriam und Gunnar wie auch bei Karin und Günther haben wir sehen können, dass und wie das gestörte Gleichgewicht eine nervöse Unruhe über alle Beteiligte gebracht hat. Solche Übergänge sind immer zugleich traurig, weil etwas Vertrautes scheinbar aus heiterem Himmel heraus sich auflöst und aufregend. Wie wir bei Lisa, Patrick und Sandra erlebten, kommunizieren Familienmitglieder über Veränderungen auf semantischer, kognitiver und sozialer (emotionaler) Ebene. Je größer die Uneinigkeit zwischen den Familienmitgliedern hinsichtlich der Veränderung ist, desto größer ist auch die Wahrscheinlichkeit von Schwierigkeiten im Übergang. Meinungsverschiedenheiten und Widersprüchlichkeiten sind in menschlichen Beziehungen unausweichlich. Intoleranz und Konsensdruck führen bei diesen Unterschieden zu Konflikten. Wenn die Äußerung dieser Konflikte zu stark ist oder sich im Verborgenen manifestiert, können die Schwierigkeiten dramatisch anwachsen. Hier ist dann professionelle Hilfe und Beratung angesagt.

Die Interessenverteilung

Wir haben sowohl bei Miriam wie auch bei Karin gesehen, wie wichtig für beide die Auseinandersetzung mit ihren eigenen Interessen und die Verteilung ihrer Interessen gewesen ist. Eine Mutter, die ihre ganze Energie ihrer Familie widmet und keine eigenen Interessen wahrnimmt, wird am Ende der Kindererziehungsphase/Familienphase Schwierigkeiten haben, zufrieden und glücklich zu leben. Wer seine ganze Zeit und Kraft und seine ganzen Interessen seinem Beruf gewidmet hat, wird nach der Pensionierung wahrscheinlich den vielzitierten „Pensionierungsschock" erleiden. Wenn das einzige Interesse einer Person der Partner ist, so wird diese nach Auflösung der Partnerbeziehung Schwierigkeiten haben, einen neuen Sinn für ihr Leben zu finden.

Hier kann – anknüpfend an die Kompetenzen der einzelnen Familienmitglieder – der Blick geöffnet werden für neue Aspekte und Interessen. Bei der Auseinandersetzung mit den Eigeninteressen und deren Verteilung wird die Bedeutung von Beobachtung deutlich, die zugleich zur Intervention wird. Wird hier doch bei den jeweiligen Familienmitgliedern eine intensive Auseinandersetzung mit den jeweils eigenen Interessen und deren Verteilung im Sozialsystem Familie ausgelöst und eine Reflexion über Erwartungen und Entscheidungen provoziert. Sie helfen gleichzeitig, den engen Raum der Familie zu überschreiten und fördern die notwendige Öffnung nach außen, die besonders für die Kinder wichtig ist, um ihnen die Teilnahme an Aktivitäten außerhalb der eigenen Familie zu ermöglichen.

Wir legen ein vorbereitetes DIN A4 Blatt der Person vor, mit der wir arbeiten. Auf dem Blatt haben wir zwei Kreise angeordnet (s. Abb. 8).

Da Menschen ihre Interessen und Energien individuell verteilen, ist die Kreisform gewählt. Die Person erhält den Auftrag die folgenden Variablen im Kreis unterzubringen:

- Soziale Beziehungen (extrafamiliale Kontakte: Freizeit etc.)
- Arbeit/Schule
- Tradition (Sitten, Bräuche, Religion etc.)
- Familienbeziehung
- Partnerbeziehung
- Eigene Interessen

Abb. 8: Vorlage zum Eintragen von Eigen- und Selbstinteressen
(nach Rothe 2006, S. 47.)

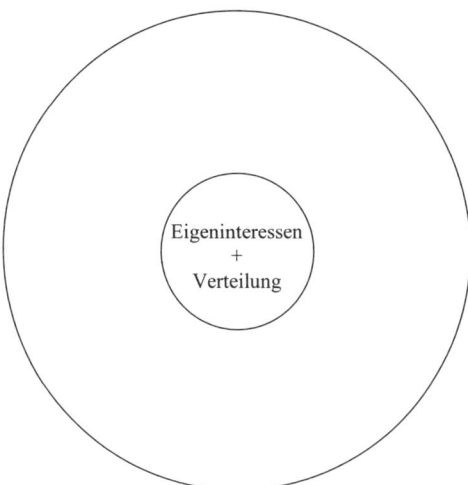

Die Verteilung und Gewichtung der Variablen sollen durch unterschiedlich große Segmente dargestellt werden. Dabei kommt möglicherweise folgende Verteilung zustande:

Abb. 9: Schematische Darstellung der Ergebnisse von
Eigen- und Selbstinteressen

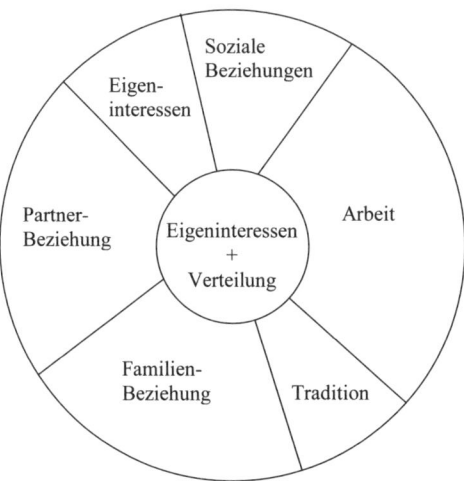

Diese Verteilung ist abhängig vom Alter, vom Geschlecht, von der Stellung in der Familie, von den Interessen des sozialen Umfeldes, von der Familiengeschichte und einer Reihe anderer langfristiger oder kurzfristiger Einflussfaktoren. In jedem Fall wird ein „Aha"-Effekt erzielt, da sich fast immer ein

Ungleichgewicht der Interessenverteilung zeigt, z.B. wenn wir an die Entwicklung der Familie im vorangegangenen Beispiel denken, in dem die Tochter in der pubertären Entwicklung steckt. Spätestens dann wird die oder der Betreffende nachdenklich, da der „Sand im Getriebe" offenkundig wird.

Das umfeldorientierte Modell

Dieses Modell stellt ein Hilfsinstrument dar für die Analyse der Integration von Familien, Kindern und Jugendlichen in das soziale Umfeld. Die Möglichkeiten der dauerhaften Einbindung in Angebote des Gemeinwesens können damit eruiert werden. Es setzt die Entdeckung und Aktivierung der vorhandenen Fähigkeiten und Interessen voraus und erfordert im Einzelfall eine gezielte Vorbereitung und zeitweise Begleitung von Fachkräften z.B. aus der sozialpädagogischen Familienhilfe, um Gruppenfähigkeit herzustellen oder Schwellenängste zu überwinden.

Nach Möglichkeit ist für jede Person des unmittelbaren Umfeldes ein Raster auszufüllen (s. Abb.: 10). So wird sichtbar, welche Interessen und Aktivitäten die Familie – trotz allen Widrigkeiten – zusammenhalten, ob übereinstimmende Wünsche für neue Aktivitäten vorhanden sind oder geweckt werden können. Außerdem wird deutlich, wer aus dem unmittelbaren Umfeld die notwendigen Kontakte zu Schule, Jugendamt etc. unterhält und welche Qualität diese Beziehungen haben.

Abb. 10: Raster des umfeldorientierten Modells (Rothe 2006, S. 91 ff.)

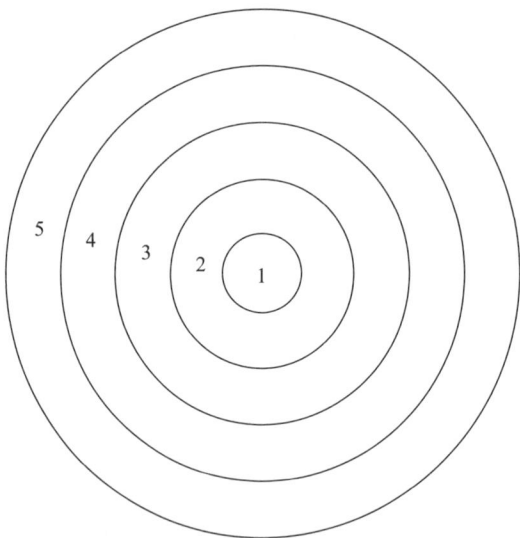

In die ineinander liegenden Kreise werden von innen nach außen Angaben über die folgenden sozialen Faktoren eingetragen:

1. Familienmitglied, auf die sich das Modell bezieht,
2. Personen des unmittelbaren Umfeldes (Familien-, Haushaltsmitglieder),
3. Personen des erweiterten Umfeldes (Personen, zu denen regelmäßiger Kontakt besteht),
4. Gesellschaftliche Institutionen, zu denen regelmäßiger Kontakt besteht (Kirche, Schule, Arbeitsstelle, Sozialamt etc.),
5. Gesellschaftliche Institutionen, zu denen Kontakt hergestellt werden soll.

Daraus ergibt sich möglicherweise die Frage nach fehlenden Angeboten im Gemeinwesen, die für die Öffnung der Familie und für ihre Integration notwendig wären.

Abb. 11: Schema des umfeldorientierten Modells

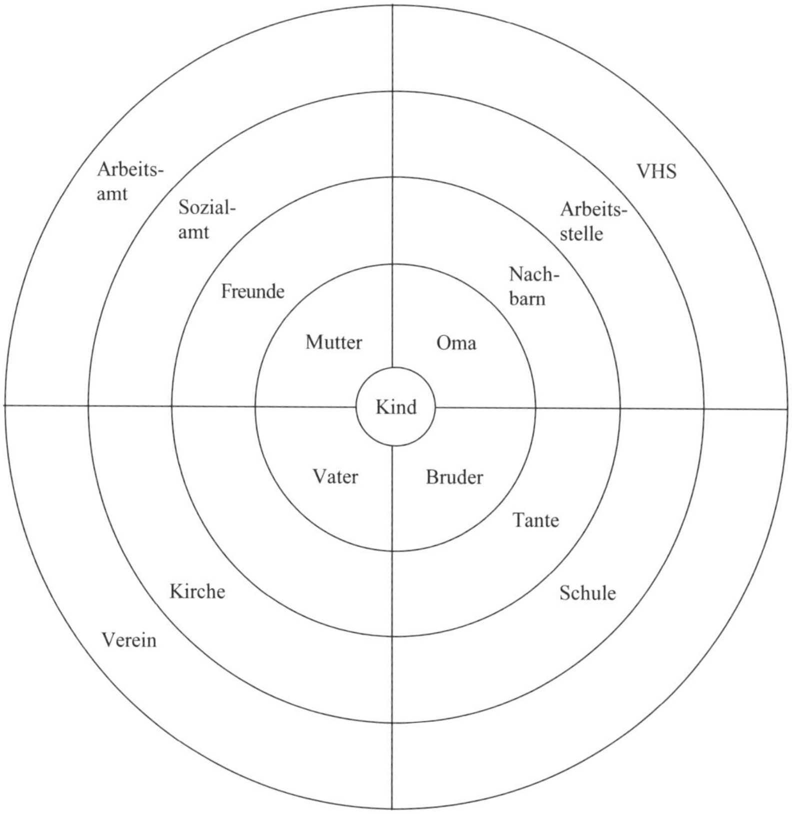

Übereinstimmende Interessen der Familienmitglieder und eine relative Übereinstimmung in der Qualität der Kontakte zu den gesellschaftlichen Institutionen sind eine gute Voraussetzung für die positive Entwicklung der Kinder. Ohne die Kenntnis der Interessen, Kontakte und Beziehungen aller in der Familie zusammenlebenden Personen ist die Einbindung der Kinder in Angebote des Gemeinwesens in der Regel nicht von Dauer. Das Kind erfährt dann

57

von den übrigen Familienmitgliedern keine genügende Unterstützung. Hierbei ist das erworbene Wissen aus den Techniken und Übungen Genogramm, Soziogramm, Familiensystem und Interessenverteilung von unschätzbarem Wert. Dieses Wissen und die Beobachtungsergebnisse werden so auf einem Blick verfügbar und sind unersetzbarer Teil der Aufzeichnungen.

1.5 Probleme und Möglichkeiten der Familienarbeit

Die Umwelt des Familiensystems ist immer komplexer geworden. Der Übergang von der klassischen Industriegesellschaft zur Dienstleistungsgesellschaft ist für die Familie nicht folgenlos geblieben: Zum einen müssen sich die Menschen trotz Wandel und Erosion der Arbeitsverhältnisse und des Arbeitsmarktes unter hohen Ungewissheitsbedingungen für einen Beruf entscheiden, ohne die Folgen dieser Entscheidung für sich überblicken, geschweige denn kontrollieren zu können (Rauschenbach 1994, S. 90 f.). Und so finden sich Menschen in ungewissen Situationen, die sie allenfalls schwach beeinflussen können: Etwa eine Ausbildung absolviert zu haben, die im Nachhinein keine Gewähr mehr für eine Berufsperspektive bietet; einen Beruf ergriffen zu haben, der entweder die Dauerabwesenheit von der Familie oder aber den Wechsel des Lebensmittelpunktes zur Folge hat; in einem bestimmten Wohnviertel zu wohnen, in dem die Mieten gestiegen und auf einmal nicht mehr bezahlbar sind.

Folgenreich sind zum anderen die individuellen Entscheidungen, die mit Wissen um ihre mögliche Unsicherheit getroffen werden. So ist die Entscheidung, mit einem bestimmten Partner zusammenzuleben, in ihren Konsequenzen ebenso ungewiss wie die Folgen der Entscheidung, ein attraktives Stellenangebot anzunehmen, sich durch den Kauf einer Wohnimmobilie hoch zu verschulden oder trotz besseren Wissens Aktien am Neuen Markt zu kaufen. Die Vielfalt der Möglichkeiten und Optionen werden ob der ungewissen Auswirkungen somit zu einem Wagnis mit Erfolgs- oder Misserfolgsgarantie (Rauschenbach 1994, S. 90 f.). Daraus resultieren nicht immer, aber immer häufiger psycho-soziale Krisen. Die Menschen leben in zwischenmenschlich belasteten Beziehungen und in ungewissen und riskanten Verhältnissen. Sie erleben Anonymität, Diskontinuität und Isolation. Sinnkrisen und Orientierungsverlust, Depression und Angst sowie Ausstieg und Flucht wohin auch immer, sind häufig die Folgen.

Hinweis

Unter den Bedingungen moderner Gesellschaften wird das Leben und die Lebensplanungen jedes einzelnen zu einem sozialen Risiko.

Dementsprechend hat sich das Familiensystem ausdifferenziert (s. Exkurs; Kap. 4.2) in eine Vielfalt familialer Lebensformen: auf Dauer oder zeitlich begrenzt Alleinlebende mit und ohne Partnerschaften, Alleinerziehende, nicht-eheliche Lebensgemeinschaften, sukzessive Ehen, Stieffamilien mit paralleler Elternschaft und homosexuelle Partnerschaften. Anders ausgedrückt, soziale Rollen sind durchweg erworbene Rollen und nicht mehr zugeschrieben und festgelegt. Zugespitzt formuliert bedeutet dieser Entwicklungsprozess, dass zur individuellen Planung von Lebensentwürfen eine breite Palette von Auswahlmöglichkeiten (Optionen) gehören. Die Schwierigkeit aller Betroffenen, diesen Prozess zu meistern, liegt darin, dass offene Gesellschaften mit ihren Mobilitäten dazu neigen, Bindungen jeder Art und Form aufzulösen[4].

Daraus resultiert das Phänomen, das wir aus der Scheidungsursachenforschung kennen gelernt haben (Nave-Herz 1991; Schneider 1990; Wagner 1997), nämlich dass der Anstieg der Ehescheidungen nicht Folge eines Bedeutungsverlustes der Ehe bzw. Partnerschaft ist, sondern vielmehr die Folge ihrer gestiegenen affektiven und psychischen Bedeutung und Wichtigkeit für die Beziehungspartner. Gleichzeitig ist allerdings deren Bereitschaft gesunken, nicht erfüllte Erwartungen über längere Zeit auszuhalten. Ironischerweise können wir sagen, die Alternativen zu Ehe und Partnerschaft sind das Liebespaar und Partnerschaft. Letztlich ist das Liebespaar weit und breit der unangefochtene Sieger aller Beziehungsoptionen und Lebensplanungen (Retzer 2002, H. 2, S. 7). Systemtheoretisch ausgedrückt wird Umweltkomplexität reduziert (s. Kap. 4.2), indem ausschließlich die Liebe zum sinnstiftenden Kriterium von Beziehungen und Partnerschaft gewählt wird. Der Sinn einer Beziehung, einer Partnerschaft ist die Liebe, d.h. mit seiner Liebe grenzt sich ein Paar nach außen hin ab (s. Kap. 2). Damit schrumpft die Welt der Möglichkeiten auf eine handhabbare sinnvolle Größe. Dieser Sinn, die Liebe des Paares, begründet die Bedeutungsgebung für das sich bildende System Paarbeziehung. Wobei, wie wir wissen, sich die Systeme verselbständigen (abschließen). Mit anderen Worten, das System betrachtet die Welt ausschließlich aus seiner ihm eigenen Perspektive und setzt sich nur mit denjenigen Ereignissen auseinander, die das System für relevant hält (s. Kap. 3.1). Es organisiert sich paarzentriert, karrierezentriert oder kindzentriert etc. etc.

Dabei ist das wesentliche Element die Kommunikation im Familien- bzw. Paarsystem (s. Kap. 5). Das Eigentümliche der Kommunikation in Liebesbeziehungen ist, dass hier die gesamte Person Thema der Kommunikation ist und prinzipiell kein Thema ausgeschlossen ist:

„… In der Liebeskommunikation ist prinzipiell alles, was eine Person betrifft – auch selbst das, was nur vermutet werden kann – der Kommunikation zugänglich bzw. kommunikationswürdig. Es findet also keine Selektion statt. Geheimhaltung ist nicht erlaubt, was nicht heißt, dass sie

---

4 Dieser Prozess wird unter dem Aspekt der „Individualisierung" moderner Gesellschaften diskutiert (Beck 1986; Beck/Beck-Gernsheim 1994; Honegger/Hradil/Traxler 1999).

nicht praktiziert werden kann und praktiziert wird." (Retzer 2002, H. 2, S. 58)

Was dann in der nicht selten peinlichen Frage gipfelt: „Woran denkst du gerade …?"

Menschen stehen heute eine ungeheure Menge von Optionen in einer unendlich vielfältigen Umwelt offen. Gleichzeitig suchen sie verlässliche Strukturen, Orientierung und Sicherheit. Die einzige Sicherheit und Verlässlichkeit scheint mittlerweile die Liebesbeziehung und die Eltern-Kind-Beziehung zu sein. Nun wird aus der Vielfalt der Optionen familialer Lebensformen gewählt: man heiratet oder man lebt unverheiratet zusammen, man lebt in einer Wohnung oder in getrennten Wohnungen, man hat ein gemeinsames Schlafzimmer mit einem gemeinsamen Bett oder man hat getrennte Zimmer. All dies wird im System (Paar, Familie) kommunikativ geregelt (s. Kap. 4.2 und 4.3).

Solche Selektionen werden unter den Bedingungen des o. g. gesellschaftlichen und kulturellen Wandels vorgenommen. Dies bedeutet aber nichts anderes, als dass Paare und Familien permanent ihre optionalen Entscheidungen gegenüber ihrer Umwelt begründen müssen oder im System beständig die Differenzen kommunikativ wieder herstellen müssen. Die Hochzeit, das Wann und Warum eben dieser Feier oder das unverheiratete Zusammenleben, die zwei getrennten Wohnungen möchten der Mutter, Schwiegermutter, dem Freund, der Freundin, den Nachbarn o. Ä. partout nicht einleuchten – ein dauernder Drahtseilakt bei dem der Absturz droht.

Gewiss, die Liebe als sinnstiftendes Element ist der Kitt für das System. Aber was ist, wenn der „Lack" ab ist, wenn der siebte Himmel sich als Zwei-Raum-Wohnung entpuppt? Wenn die Liebe tatsächlich nur ein Wort ist?

Nun, die Familienarbeit kann solche Fragen nicht beantworten. Sicher ist, dass es Menschen gibt, für die die Ehe keine Lebensform ist. Sicher ist auch, dass die Paarbeziehung kein Wert an sich ist. Hier müssen sich Menschen kommunikativ in der Partnerschaft, Liebesbeziehung oder Familie Rede und Antwort stehen. Unter den geschilderten Umständen wird deutlich, Familienarbeit kann nur erfolgreich sein, wenn sie in ganzheitlichen Orientierungen denkt und handelt.

Familienarbeit ist so angelegt, dass sie eine Herausforderung des Familiensystems darstellt, sich zu verändern. Dies bedeutet nichts anderes, als die Weckung und Förderung der Selbsthilfekompetenzen des Systems Familie. Meist sind die Veränderungs- und Selbsthilfepotentiale in doppelter Hinsicht blockiert. Einerseits durch äußere Umstände wie Arbeitslosigkeit, Verschuldung, Partnerschaftskonflikte, schlechte Wohnverhältnisse, Umweltisolierung, fehlende Kenntnisse und Fertigkeiten zur Bewältigung des Alltags u. a. m. Andererseits gibt es in vielen Familien unbefriedigende und belastende, d. h. dysfunktionale interne Kommunikations- und Interaktionsmuster. Dysfunktionale und widersprüchliche Normen und Regeln des Zusammenlebens der familialen Subsysteme hindern die einzelne Familienmitglieder oder das gesamte System an einer adäquaten (altersgemäßen, sozialen, persönlichen) Entwicklung. Immer beeinflussen sich beide Seiten des Systems (innen und außen), wie wir sehen konnten oder verstärken sich gar. Deshalb ist es wichtig, gleichzeitig die äußeren Hindernisse wegräumen zu helfen und die inneren Blockaden behutsam, aber entschieden lösen zu helfen.

Hinweis

Familien können sich ändern. Sie müssen es nur wollen und man muss sie nur lassen!

Die Hilfen, die angeboten werden können, können nur Hilfen sein für die Betroffenen, die Kommunikationsmuster und -regeln ihres Beziehungs- bzw. Familiensystems zu erkennen. Veränderungen eines sozialen Systems können jedoch nur aus einer Veränderung der das System konstituierenden Kommunikationsmuster und -regeln erfolgen. Und vor allem: *das System muss die Veränderung auch wollen!*

Lesehinweise

Burnham, John B. (2009): Systemische Familienberatung. Weinheim. 3. Aufl.

Gehrmann, Gerd/Müller, Klaus (2011): Praxis Sozialer Arbeit: Familie im Mittelpunkt. Handbuch effektives Krisenmanagement für Familien. Regensburg. 3. Aufl.

Rothe, Marga (2006): Sozialpädagogische Familien- und Erziehungshilfe. Stuttgart. 5. Aufl.

Weinberger, Sabine (2008): Klientenzentrierte Gesprächsführung. Weinheim. 12. Aufl.

2. Liebespaar und Partnerschaft

Bei **Miriam** und **Gunnar** „ergab" sich vieles ganz automatisch. Die beiden lernten sich kennen, als die Ehe zwischen Gunnar und seiner ersten Ehefrau bereits zerbrochen war. Nachdem Gunnar immer öfter bei Miriam übernachtet hatte, bot ihm Miriam an, doch einfach zu ihr zu ziehen. Die Wohnung im Haus ihrer Eltern war auch groß genug. So zog Gunnar also in Miriams Haushalt ein. Wie es weitergehen sollte, wussten beide nicht so genau. Miriam hütete sich jedoch in dieser Zeit, vom Heiraten zu sprechen.

Ihren Haushalt hatte Miriam im Griff und letztlich ging ihr alles, was mit Haushaltsregelungen zu tun hatte, ganz „automatisch" von der Hand. Sie hatte ihre Vorlieben, so putzte sie Herd und Spülbecken sehr ungern. Deshalb hatte sie sich die Regel aufgestellt und daran hielt sie auch später fest, Herd und Spülbecken einmal die Woche zu putzen. Das „musste sein". Hingegen liebte sie es, ihre Wäsche zu sortieren, zu bügeln und einzuräumen. Als Gunnar zu ihr gezogen war, übernahm Miriam ganz „selbstverständlich", ohne zu überlegen auch die Wäsche von Gunnar. Putzarbeit fiel bei nunmehr zwei Personen auch nicht mehr an. Im Übrigen mochte sie ihn mit derart „nebensächlichen" Dingen nicht belästigen, dafür bewunderte sie ihn auch viel zu sehr. Als dann Sandra unterwegs war, heirateten die beiden. Miriam hatte auf einer „weißen Hochzeit" bestanden. Für beide war es unausgesprochen klar, dass Miriam, die nun ganz zu Hause war, den Haushalt allein führte.

Bei **Günther** und **Karin** verlief es ähnlich wie bei Miriam und Gunnar. Als sich die beiden kennen lernten, wohnte Günther allein – in der Souterrain-Wohnung im Haus seiner Eltern. Er räumte zwar seine Wohnung auf, aber eher sporadisch. Um die Wäsche kümmerte sich seine Mutter und ebenso aß er bei den Eltern. Karin bewohnte eine kleine 1 ½ Zimmer Wohnung und versorgte sich selbst. Am Anfang übernachtete Günther häufig bei Karin, die ihn dann meist auch „bekochte". Für seine Wäsche fühlte sich immer noch seine Mutter verantwortlich. Mit dem Aufräumen und putzen nahm es Karin nicht so genau. Ihre, wie sie sagte, „putzsüchtige" Mutter war ihr ein Gräuel. Sie putzte und räumte auf, wenn sie meinte, dass es nötig sei. Für ihre Wäsche hatte sie eine Waschmaschine und mittags aß sie auf ihrer Arbeitsstelle. Die beiden redeten nicht viel darüber, aber es war selbstverständlich, dass sie zusammen bleiben wollten. Als Karin und Günther dann eine gemeinsame Wohnung hatten, putzten sie regelmäßig am Wochenende zu zweien die Wohnung. Hier übernahm jeder der beiden, was gerade anfiel. Unter der Woche wurden die Dinge aus der Hand gelegt, wo sich das so ergab. Daraus resultierten häufig Auseinandersetzungen, weil der Eine das suchte, was der Andere irgendwohin gelegt hatte. Das bereitete aber beiden keine großen Probleme. Die Mahlzeiten nahmen sie weiterhin auf ihren Arbeitsstätten ein und abends trafen sie sich häufig mit Freunden und gingen auswärts essen. Um die Wäsche von Günther kümmerte sich ziemlich schnell Karin. Erstens konnte sie es nicht „ertragen" die Wäscheberge von Günther im Schlafzimmer und Bad liegen zu sehen und zweitens war es seine Hilflosigkeit seiner eigenen schmutzigen Wäsche gegenüber, dass sie ihm vorschlug, die Wäsche mit zu waschen. Zusammenlegen und wegräumen müsse er das allerdings selbst.

Das ganze änderte sich, als der Junge sich ankündigte. Günther machte Karin einen förmlichen Heiratsantrag, den Karin lachend annahm. Sie heirateten standesamtlich und feierten abends mit ihren Freunden. Beide waren der Meinung, es sei besser, wenn sie zu Hause blieb. Finanziell war das auch kein Problem, Günther verdiente recht gut. Da Günther nun den ganzen Tag außer Haus war, „ergab" es sich ganz automatisch, dass Karin immer mehr die Haushaltsregelungen übernahm. Waren früher unter der Woche die Betten nur zurückgeschlagen worden, wurden sie nun von ihr gemacht. Auch gingen sie nicht mehr so viel aus. Karin blieb lieber zu Hause, zumal als ihr Bauch immer dicker wurde. Günther war das recht. Außerdem kochte Karin schon immer gern und gut und abends war nun häufiger ein warmes Essen angerichtet. Ebenso „ergab" es sich, dass nunmehr zum Wochenende die Wohnung von Karin geputzt worden war und an den Wochenenden nicht mehr gemeinsam geputzt werden musste. Die schweren Sachen „übernahm" aber weiterhin Günther. So hatten sie am Wochenende auch mehr Zeit füreinander.

2.1 Das Werden eines Paares

Die Aufmerksamkeit gegenüber den familialen Wandlungsphänomenen hat sich in der Familiensoziologie lange Zeit hauptsächlich auf die Verweigerung oder den Aufschub von Eheschließung und Geburten in ein höheres Lebensalter gerichtet, auf die Ursachen von Ehescheidungen und Wiederverheiratungen sowie auf das Phänomen nicht-ehelicher Lebensgemeinschaften (Peuckert 2008; Hettlage 1992; Nauck/Onnen-Isemann 1995). Gleichzeitig gelangte die wachsende Anzahl sogenannter „Singles" in das Blickfeld, die als Indiz für einen wachsenden Prozess der Individualisierung moderner Gesellschaften gewertet wurden. Den Sozialarbeitern und Sozialpädagoginnen im ASD, der Familienhilfe und den Familienberatungen helfen diese soziologischen Befunde wenig in ihrer konkreten Arbeit mit Familien. Da die aktuelle Systematik der sozialpädagogischen Hilfs-, Unterstützungs- und Beratungsangebote (KJHG, BSHG) der Vielfalt der familialen Lebensformen nicht vollends entsprechen, sind den institutionellen Bearbeitungschancen von familialen Krisen- und Problemlagen durch die soziale Arbeit auch Grenzen gesetzt. Die Familie als soziale Lebensform hat weder in der Theorie Sozialer Arbeit noch in ihrer Praxis einen systematischen und konturierten Ort, wo Verantwortung und Handlungsstrategien dafür ausgebildet würden. Zur Bewältigung des beruflichen Alltags neigen die in der Familienarbeit tätigen Sozialpädagoginnen und Sozialarbeiter aus diesem Grunde dazu, entweder in den methodischen Gewässern „fachfremder" Disziplinen und Therapieschulen zu fischen oder mit ideologisierten Familienbildern im Kopf, gegen die Windmühlenflügel familialer Realitäten anzurennen.

Zurück zu dem Wandel von Partnerschaften und Familien. Die statistischen Daten sagen sicherlich eine Menge aus. Und es ist auch hilfreich für die

Einschätzung eines Trennungsprozesses, wenn man weiß, dass heute ungefähr ein knappes Drittel der Ehen eines Eheschließungsjahrganges wieder geschieden werden (Engstler 2003). Etwa zwei Drittel der Geschiedenen verheirateten sich wieder. Die Ehescheidung, die Trennung ist schon fast zu einem „normalen" Lebensrisiko geworden. Ebenso ist es hilfreich zu wissen, dass die Zunahme der Ehescheidungen auf die hohe psychische und affektive Besetzung der Partnerbeziehung zurückzuführen ist (Nave-Herz 2006, 1991; Schneider 1990; Wagner 1997). Somit ist die Zunahme der Ehescheidungen nicht die Folge eines gestiegenen Bedeutungsverlustes der Ehe, nicht ihre „Sinnlosigkeit" hat das Ehescheidungsrisiko erhöht, sondern der Anstieg der Ehescheidungen ist Folge ihrer hohen emotionalen Bedeutung und Wichtigkeit für den Einzelnen. Auch wenn es so scheint, dass Paarbeziehungen heute instabiler sind als dies früher der Fall war, ist deshalb aber längst keine Tendenz erkennbar, die Paarbeziehung als solche sei im Verschwinden begriffen. Ganz im Gegenteil, sie sind gerade heute von größter Bedeutung, allerdings ist die Organisation des ehelichen Zusammenlebens bzw. das Zusammenleben eines Paares mittlerweile schwieriger und komplizierter geworden (Bertram 1997; Erler 1996; Schneider u. a. 1998). Von daher drängt sich nachgerade die Frage über die Formen und den Prozess der Paarbildung auf.

Kurt Tucholsky hat zur Bildung eines Paares, auf seine unnachahmliche Art, 1930 ein überaus passendes Gedicht mit dem Titel „Danach" geschrieben:

Es wird nach einem happy end
im Film jewöhnlich abjeblendt.
    Man sieht bloß noch in ihre Lippen
    den Helden seinen Schnurbart stippen –
    da hat sie nu den Schentelmen.
        Na, un denn –?
Denn jehn die beeden brav ins Bett.
Na ja … diß is ja auch janz nett.
    Ah manchmal möcht man doch jern wissen:
    was tun se, wenn se sich nich kissen?
    Die könn ja doch nich imma penn …!
        Na, un denn –?
Denn säuselt im Kamin der Wind.
Denn kricht det junge Paar 'n Kind.
    Denn kocht sie Milch. Die Milch looft üba.
    Denn macht er Krach. Denn weent sie drüba.
    Denn wolln sich beede jänzlich trenn …
        Na, un denn –?
Denn is det Kind nich uffn Damm.
Denn bleihm die beeden doch zesamm.
    Denn quäln se sich noch manche Jahre.
    Er will noch wat mit blonde Haare:

vorn doof und hinten minorenn …
   Na, un denn –?
Denn sind se alt.
   Der Sohn haut ab.
Der Olle macht nu ooch bald schlapp.
Vajessen Kuß und Schnurrbartzeit –
Ach, Menschenskind, wie liecht det weit!
Wie der noch scharf uff Muttern war,
det is schon beinah nich mehr wahr!
Der olle Mann denkt so zurück:
wat hat er nu von seinen Jlück?
Die Ehe war zum jrößten Teile
vabrühte Milch un Langeweile.
Und darum wird beim happy end
im Film jewöhnlich abjeblendt.
(Tucholsky, Kurt: Gesammelte Werke. Bd. 8. Reinbek 1975)

Wenn sich ein Paar zusammenfindet, sind nicht die großen Absichtserklä-
rungen interessant, sondern vielmehr auf welche Weise sich die Routinen
des Beziehungslebens und die Regelungen der Alltagsorganisation vollziehen. Denn wie wir bei Tucholsky sehen konnten, im Alltag, über alltägliche
Regelungen des gemeinsamen Lebens, bildet sich das heraus, was wir als
„Paar" bezeichnen. Es sind also nicht die guten Vorsätze, dass der Mann
auch den Staubsauger in die Hand nimmt oder auch den Einkauf erledigt.
Vielmehr liegt das Problem an folgendem Punkt: wer übernimmt im Alltag
wofür die Verantwortung und dies bis in die kleinsten Details hinein?

Also, wann wird der Staubsauger in die Hand genommen? Auf Aufforderung der Frau oder auf die Aufforderung des Mannes hin unter dem Hinweis, es müsse mal wieder sauber gemacht werden? Wann wird von wem
der Herd geputzt, wann von wem das WC? Wer von den beiden stellt fest,
dass die Wäsche schmutzig ist? Aber noch wichtiger, wer übernimmt es in
seine Verantwortung, die Wäsche zu sortieren oder aber gemeinsam zu waschen, die Wäsche aufzuhängen oder soll ein Wäschetrockner gekauft werden? Wer bügelt die Wäsche? Was wird gebügelt? Sind es die Hemden,
sind es die guten Servietten, die Tischwäsche oder sind es auch die Unter-
hosen und Slips? Wer bügelt welche Wäsche, in welchen Abständen? Wie
wird der Akt des Wegräumens von Wäsche vorgenommen?[5] Es sind die
ganz kleinen einzelnen Handlungen des Alltags, das Bettenmachen, das
Kopfkissenaufschütteln, das Bettenabziehen, die das Beziehungsleben des
Paares konstituieren. Aber wird darüber gesprochen, oder geschieht das
ganze unausgesprochen und wird damit gleichzeitig zu einem Akt, der sich

---

5 Der französische Soziologe Jean-Claude Kaufmann hat in einer interessanten Studie
die Funktion der Wäsche und den Umgang mit ihr ins Zentrum seiner Überlegungen
zur Paarbildung gestellt: Kaufmann, J.-C.: Schmutzige Wäsche. Zur ehelichen Konstruktion von Alltag. Konstanz 1994.

verlängert? Wird durch das einmalige Tun beim andern die Erwartung geweckt, dass in Zukunft diese Handlung oder Regelung immer von diesem Partner ausgeübt wird? Von daher resultieren die großen Irritationen, wenn einer der Beteiligten ein bestimmtes Tun, was eingeübt war, was gleichsam zum Partner dazugehörte, nun auf einmal nicht mehr tut. Und auch die Unflexibilität bei Veränderungen der Lebensorganisation: „Wieso, du hast doch immer gerne gekocht?". Systemtheoretisch gesprochen heißt das, Paare bzw. Familien sind komplexe soziale Systeme, die überaus irritiert reagieren auf unabgeglichene Ereignisse.

Hinweis

Die tatsächliche Paarbildung findet statt, indem Erwartungen und Vorstellungen dort geweckt werden, wo ein Regelungsbedarf besteht, wo Handlungen vorgenommen werden.

Die tatsächliche Paarbildung findet auf dieser Ebene statt: „Räum' doch endlich die Zeitung weg! Du hast sie doch längst ausgelesen." In dem die verbale Ebene verlassen und die Zeitung weggeräumt wird, wird vom Partner eine neue Gewohnheit geschaffen, welche für die Position der beiden Partner Konsequenzen hat. Es werden Erwartungen, Vorstellungen immer dort geweckt, wo ein Regelungsbedarf besteht, wo Handlungen vorgenommen werden. Aber wer handelt, mit welchen Verbindlichkeiten? Paarbildung heißt also letztlich immer auch Konsens oder Streit, oder aber Verdrängung.

2.2 Die Wege der Paarbildung

Das bedeutsamste Phänomen, welches sich heute unter unseren Augen zu vollziehen scheint, ist der Übergang von der vorkonfektionierten Ehe zur Ehe nach Maß, von der traditionellen Ehe zum modernen Paar. Junge Leute – und auch nicht mehr ganz junge Leute –, die heute eine Beziehung eingehen, verfügen selten über einen fertigen Bezugsrahmen, der ihre Verhaltensweisen als Beziehungspartner festlegt. Immer weniger haben ein gesichertes Selbstverständnis ihrer familiären Rolle oder, um im Bild zu bleiben, über ein Ehe- bzw. Beziehungskostüm, das bestimmte Gepflogenheiten definiert. Schnell stellen sie fest, dass sie sich selbst gegenüber und gegenüber dem, was sie auch in einer Beziehung für unendliche Freiheitsräume halten, ohne Kostüm, gleichsam nackt dastehen. Das, was ihre Eltern gelebt haben bzw. leben, gilt ihnen aus den verschiedensten Gründen nichts. Und das, was ihre Großeltern gelebt haben, ist ihnen fremd und sie verstehen es nicht. Es wird gesucht und experimentiert ohne ein bewährtes Modell als Orientierung zu haben. So benötigen die jungen Leute Zeit und große Flexibilität in ihrer Lebensorganisation, den Haushaltsdingen, um herauszufinden, wie die Haushaltsorganisation letztlich aussehen soll, um die *für sie* richtigen Gewohnheiten zu finden. Damit sie sich nicht zu schnell mit einem Kleid ausstaffieren, welches nicht ihrer Größe entspricht. Das Problem ist, dass es ihnen häufig nicht gelingt, die für sie passende Größe und Machart herauszufinden. Sie sind daher gezwungen, ständig zu flicken, zu zerreißen und neu zu probieren und wieder nachzubessern. Denn entweder passt die Länge, dann drückt das ganze in den Schultern und ist dies ausgebessert ist die Angelegenheit um den Hintern herum zu eng. So wird das Schneidern eines Ehekostüms oder das Basteln eines Ehemodells zu einer nicht endenden „Flickschusterei" – oder Patchwork.

Die Vielfalt familialer Lebens- und Beziehungsformen insbesondere von jungen Leuten sind aber nur der sichtbare und repräsentative Teil dieses neuen Beziehungsmodells. Mittlerweile stehen familiale Lebensformen grundsätzlich unter dem Zwang, ihre Beziehung zu korrigieren und deren Regeln neu zu definieren. Die Weigerung oder der Aufschub der Eheschließung bzw. der Realisierung des Kinderwunsches junger Paare hängen zum größten Teil mit den Zwängen dieser neuen Beziehungsmodellierung zusammen. Die gegenwärtigen Revolutionen der Familienbilder und -formen bestehen daher nicht primär in ihren beobachtbaren Formen, sondern diese stellen lediglich Konsequenzen des Wandels dar[6]. So gesehen bestehen die Revolutionen aus Beziehungsmodellierungen zwischen Partnern und erfordern unerhörte Kompetenzen, worüber sich die meisten der Akteure – zu ihrem Glück – kaum klar sind! Sie sind Teil eines historischen Prozesses, der erst an seinem Anfang steht.

Die Macht der Veränderung, welche zur Neudefinition der Ehe treibt, ist die Idee der Gleichheit zwischen den Geschlechtern oder anders, die moderne Ehe wandelt sich zu einem frei eingegangenen Verhältnis von prinzipiell gleichen Partnern. Es ist das Bild von einem egalitären Geschlechterverhältnis, einem einheitlichem Geschlechterkostüm in der Ehe oder Beziehung von dem geträumt wird. Wenn es dann nicht klappt, ein solches zu schneidern, wird häufig peu à peu das Projekt aufgegeben, um eines der neuen Kleider mit einem alten Kleidungsstück zu kombinieren oder wieder in traditionelle Kleider zu schlüpfen.

These
Es ist das Bild von einem egalitären Geschlechterverhältnis, welches zur Neudefinition der Ehe treibt.

---

6 Von Trotha spricht von zwei „binnenfamiliären" Revolutionen: Trotha, Trutz von: Zum Wandel der Familie. in: KZfSS, 1990, H.3, S.452
Bertram hingegen spricht von drei Revolutionen. Vgl. Bertram, H.: Die drei Revolutionen. Zum Wandel der privaten Lebensführung im Übergang zur postindustriellen Gesellschaft. in: Hradil, S.(Hrsg.): Differenz und Integration. Verhandlungen des 28. Kongresses der DGS in Dresden 1996. Frankfurt/M. 1997.

Die egalitäre Vorstellung von Partnerschaft scheint eine der größten und zugleich problematischsten Herausforderungen unserer Epoche zu sein. Dabei sind die Akteure nicht frei in ihren Entscheidungen, und der größte Teil ihres Verhaltens wird ihnen von der Gesellschaft aufgezwungen. Dieser gesellschaftliche Zwang zieht seine Kraft aus dem Umstand, dass er nicht von außen kommt, sondern in jedem von uns auf sehr persönliche und konkrete Weise verkörpert ist. Und zwar in scheinbar harmlosen Verhaltens- und Handlungsweisen, welche uns zu dem machen, was wir sind[7]. Wie unsere beiden Fälle zeigen, sind dies die elementarsten Haushaltspraktiken und da wiederum die, die am meisten „Frauensache" sind: Putzen, Kochen und der Umgang mit der Wäsche. Hier haben nun die kleinsten Gesten beträchtliche Konsequenzen: Gesten, die die individuelle Person und das im Paar sozialisierte Individuum treffen. Gesten, die wichtig sind für die Haushaltsorganisation, die aufgerechnet werden oder die sich zu einem System von Gewohnheiten verdichten. Gesten also, die in ihren Konsequenzen bestimmte Positionen im Haushalt hervorbringen. Für sich betrachtet, scheint jede einzelne Geste oder Handlung: das geputzte Spülbecken, das gemachte Bett oder das gebügelte Hemd von lächerlicher Bedeutung. In jeder dieser Gesten, Handlungen indes, im zum sozialen Objekt geronnenen Spülbecken, Bett oder Hemd, steckt die ganze Gesellschaft, die das Individuum determiniert (s. Kap. 5). Indem Mann oder Frau das verbale Stadium verlässt und das Spülbecken putzt, das Unterhemd wäscht, schafft die Frau/der Mann eine neue Gewohnheit, welche die Positionen der beiden Partner verschiebt. Diejenige Person, die als erste das Spülbecken putzt, hat damit eine soziale Handlung eingeleitet, die dann zur Gewohnheit wird, wenn damit die Erwartung verkoppelt wird, dass sie dies auch in Zukunft tut.

> **Hinweis**
>
> Im zum sozialen Objekt geronnenen Spülbecken, Bett oder Hemd steckt die ganze Gesellschaft, die das Individuum determiniert. Wer auch immer Hand anlegt, schafft eine neue Gewohnheit, die wiederum die Positionen zwischen den Beteiligten verschiebt.

Wie findet nun die Paarbildung statt, welchen Weg nehmen die jeweiligen Partner? Wir können uns diesen Prozess in drei Phasen vorstellen: Die erste Phase ist der Versuch des zusammenziehenden Paares, sich aus traditionellen Rollenvorgaben zu befreien. Das Paar fürchtet nichts so sehr, als dass es so wird wie seine Eltern, also traditionsbestimmt. Gleichzeitig fürchten die beiden, dass jeder von ihnen sein individuelles Ich an das gemeinsame Ich, also das Paar verliert. Deshalb wird so viel wie möglich, so lange wie möglich aus dem gemeinsamen Paarbetrieb ausgespart: Waschen, Putzen etc. Wenn dann doch Regelungen anstehen, dann folgen daraus neue Differen-

---

7 Norbert Elias nannte dies den „Zwang zum Selbstzwang"; Elias, Norbert (1977): Über den Prozess der Zivilisation. Frankfurt/M.

zen, nämlich auf welche Art und Weise das jeweils anstehende Problem zu regeln ist. Wann, wird wie, mit welchen Mitteln was geputzt. Wir alle wissen, wie schwer in diesen Dingen der Weg zum Konsens ist. Und wenn man sich nicht einigen kann, verzichtet man auf gemeinsame Entscheidungen: Jeder macht es so, wie er oder sie es will bzw. schon immer gemacht hat. Mit ihrer Nicht-Entscheidung haben die beiden nun aber eine sie verbindende Leistung erbracht, sogar eine vielfache (Hondrich 1997): Sie haben sich erstens geeinigt, dass sie in bezug auf das Putzen ihrer Zimmer keine Übereinstimmung erzielt haben, zweitens das dies nicht so schlimm ist, drittens dass jeder sein Zimmer selbst putzt, viertens dass sie die Unordnung bzw. den Ordnungsfimmel ihres Partners tolerieren, fünftens dass sie auf das Zimmer des anderen nicht übergreifen und sechstens dass sie trotz der Differenzen weiterhin zusammenleben. Über diese eine einzige interne Entscheidung hat das Paar einen vielschichtigen Konsens höherer Ordnung errichtet. Es hat die Optionen für den einzelnen erweitert und zugleich eingeschränkt. Keiner hat mehr die Wahl, sich in puncto Zimmerputzen einen Partner nach seinen Ebenbild zu schaffen. Zugleich haben die beiden die Wurzel für eine eigene, dem Paar eigene Tradition des Putzens gelegt.

Die zweite Phase könnte man bezeichnen als Schritt zurück in die alte Ordnung. Merkwürdigerweise greifen der junge Mann und die junge Frau bei ihren Entscheidungen und Handlungen auf ihre Herkunftsbindungen zurück. Denn die jeweilige Ordentlichkeit (Miriam) oder Schlampigkeit (Karin), auf der jeder beharrt, kommt ja nicht von ungefähr. Was wir als Entscheidung oder Gesten innerhalb des Paares beobachten, ist der Zusammenprall zweier vorgängig geschlechtsspezifischer Ordnungsmuster aus den Herkunftsfamilien. Familie wird so zu einem Prozess mit Gedächtnis. Sie ist nicht denkbar ohne die von den Partnern erlebten Figurationen in der Herkunftsfamilie. Das Ergebnis ist entweder, wie eben gezeigt, Zusammenführung zu einer höheren Ordnung, die die Widersprüche enthält.

Oder aber, es passiert etwas ganz anderes: Eines Tages ist es die junge Frau leid, sich über die Wäscheknäuel ihres Mannes im Badezimmer oder die ausgebreitete Zeitung zu ärgern. Sie legt selbst Hand an, um Ordnung zu schaffen – wie es ihre Mutter bei ihrem Vater getan hat. Der junge Mann ist dies ebenso von seiner Mutter gewohnt. Unversehens ist man also wieder angelangt bei den traditionellen, oft verhassten Rollen. Aber die Reproduktion früherer Rollenmuster ist nicht einfach nur passiv übernommenes Erbe der Tradition, sondern resultiert im größten Teile aus der Konstruktionsarbeit der Akteure selbst, die ihrerseits eine Reaktion auf eine bestimmte partnerschaftliche Situation darstellt. Sie begnügen sich nicht einfach damit, diese Rollen zu übernehmen, sondern sie erfinden sie auf ihre Weise wieder neu. Damit entwirft das Paar für sich ein eigenes Sinnkonstrukt. Der jeweils „eigene" Sinn eines Paar-Systems bildet seine Identität für die Zukunft.

Natürlich sind das nicht bewusste und gewollte Prozesse. Vergemeinschaftung kommt auf leisen Sohlen daher, hinter dem Rücken der Beteiligten. Trotzdem sind die Vorgänge nichts Innerliches und Unsichtbares. Im Gegenteil, es handelt sich um äußerliche und sichtbare Gesten, die aber ihrer Trivialität wegen in ihrer Bedeutung nicht erkannt werden und schon gar keinen Diskussionsbedarf wecken. Aus wiederholten Gesten bilden sich Gewohnheiten (Erwartungen), neue und alte Herkunftsgewohnheiten verschmelzen und unterwandern die guten Vorsätze, mit denen man angetreten war. So z. B. das normative Programm einer partnerschaftlichen Ehe mit strikter Gleichverteilung der Hausarbeit. Weil sie zu den manifesten Werten des Paares in Widerspruch stehen, müssen traditionelle Handlungsmuster in die Latenz gedrängt werden. Dort leben sie weiter – wie lange, wie bösartig, wie wohltuend, das sind offene Fragen. Verdrängung ist, was die Herkunftsbindungen betrifft, die dritte Phase. Wobei die Phasen keinen Automatismus einer Entwicklung darstellen. Sie können gleichzeitig in den unterschiedlichsten Handlungs- und Kommunikationssequenzen auftreten und sie können auch parallel ablaufen. Das Familien- bzw. Paarsystem reproduziert sie in jedem Fall immer wieder neu.

In dieser Auseinandersetzung zwischen Konsens, Rückwendung und Verdrängung kann in der familialen Realität eine Seite die Oberhand gewinnen. Nämlich wenn das Paar nicht nur das Putzen der jeweiligen Zimmer aus den gemeinschaftlichen Handlungen ausschließt, also getrennt erlebt, sondern auch die Freizeit, die Freundschaften, den Urlaub und schließlich die Sexualität, dann ist irgendwann der Punkt erreicht, wo die verbindenden Kräfte aufgebraucht sind. Der gehobene Konsens kann dann nicht noch weiter gehoben werden, die Kraft zur Rückwendung und zur Verdrängung ist erschöpft. Das Paar zerfällt.

2.3 Das moderne Paar

In den modernen Gesellschaften, welche sich auf das Konzept der Eigenverantwortung der Individuen stützen, verlieren Regeln und Maßstäbe, die Teil einer in Fluss geratenen Tradition sind, an Durchsetzungskraft. Jeder kann und muss seine Regeln und seine Zukunft selbst definieren. Unterstützt wird er darin nur von wenig verlässlichen kulturellen Schemata und von den Interaktionszwängen, in die er oder sie eingebunden sind. Aber das Wesentliche der Bedeutung von Werten, Grenzen und Maßstäben liegt nunmehr im Individuum selbst, in seiner Identität, die ihm sagt, was er ist und was er tun muss.

Hinweis

In modernen Gesellschaften verlieren traditionelle Regeln und Maßstäbe ihre Prägekraft. Jede Person muss ihre Konzepte und ihre Zukunft selbst definieren.

Es war eine wichtige Entscheidung, die sich aber erst gegen Ende des 18. Jahrhunderts kulturell durchgesetzt hatte, nämlich Intimbeziehungen zwischen Mann und Frau grundsätzlich auf Liebe und nur auf Liebe zu begründen. Die Intimbeziehung wurde von nun an ausschließlich auf das Gefühl und die Form der Liebessemantik (-sprache, -zeichen) gebaut und ihr Bestand hing von ihrer Befrachtung bzw. von den aus ihr selbst resultierenden Problemen ab (Luhmann 1982). Die „Leiden des jungen Werthers" (Goethe, 1774/1789) waren der tatsächliche Ausdruck eines gewandelten Beziehungsverständnisses: Reine Liebe ist maßlos und muss maßlos sein – damit ist sie aber vergänglich. Mit der auf Liebe begründeten Intimbeziehung war freilich die Hoffnung verbunden, die Maßlosigkeit auch zeitlos werden zu lassen. Ein schwieriges Unterfangen, wie wir wissen. Durch diesen Prozess wurde auch Sexualität aufgewertet und als „Eigenlogik" zu einem integralen Bestandteil einer auf Selbsterfüllung ausgerichteten Partnerbeziehung.

Heute haben wir uns daran gewöhnt, dass die Liebe nicht von Dauer ist. Entweder bleibt man trotzdem zusammen und entwickelt ein anderes Verständnis von Liebe, man arrangiert sich oder man trennt sich, wenn die Liebe zu Ende ist und sucht nach einer neuen. Aber von dem „Richtigen" oder der „Richtigen" wird nicht nur in Hollywood weiterhin geträumt. „Bis das der Tod Euch scheide …", dies ist nicht mehr das Modell, aber von der Unendlichkeit der „großen Liebe" ist durchaus die Rede (Erler 1996, S. 85 ff.). Die Zeitlichkeit, die Endlichkeit der Liebe ist immer wieder Thema. Unser Zeitempfinden ist vom häufigen Blick auf die Uhr und der Alltag von Terminen geprägt. Über die *Lebenszeit* denken wir meist nur zu besonderen Anlässen nach, bei Geburtstagen, Hochzeiten und dem Tod von Nahestehenden.

Die Zeitstruktur des Lebens ist durch die gängigen Systeme der objektiven Zeitmessung (Uhren, Kalender etc.) nur unzureichend zu erfassen. Viel bedeutsamer sind die gesellschaftlich definierten biografischen Zeitmuster, wie etwa das Konzept des Lebenslaufes und die damit verbundenen Planungs- und Erwartungshorizonte. Die Handlungen von Menschen und die sozialen Ereignisse finden ja nicht einfach in der äußerlich ablaufenden Zeit statt, sondern das Ereignis konstituiert erst eine Gegenwart mit jeweils eigenem Vergangenheits- und Zukunftshorizont. Das Kennenlernen eines Paares, der erste Kuss findet statt auf der Folie gemachter Erfahrungen. Ist „es" das erste Mal oder ist diese „Liebe" ohne gleichen? Mit jedem neuen Ereignis ändert sich daher die Interpretation der Vergangenheit. Dies gilt nun insbesondere für unsere eigene Lebensgeschichte. Sie ist einer gewissen biografischen Kontinuität verhaftet und wird mit jeder neuen Erfahrung ein Stückchen umgeschrieben. Unsere gelebte Vergangenheit ist eine rekonstruierte und interpretierte. Sie ist nicht „objektiv" und unabänderlich gegeben. Wir handeln also oft aus Gründen, die in der Vergangenheit liegen („Weil-Motiv"; Burkart 1997, S. 237 f.). Man handelt aber auch, um „Lebensentwürfe" zu konkretisieren und um „Lebensziele" zu realisieren („Um-zu-Motiv").

Im Unterschied zu dieser Lebenszeit steht die *Alltagszeit*. Zwar verändert sich auch die Alltagszeit im Verlaufe eines Lebens. Sie vermittelt aber im Gegensatz zu jener ein gewisses alltägliches Einerlei. Alltagszeit ist von Wiederholung, Kontinuität und Routine gekennzeichnet: Ein Tag folgt dem anderen. Sie hat eine zyklische Struktur. Die Lebenszeit ist dagegen linear, sie hat einen Anfang und ein definitives Ende. Der Zeitablauf zwischen Geburt und Tod ist irreversibel. Weder Kalenderjahre noch Lebensphasen sind umkehrbar oder wiederholbar. In der Abfolge von Geburtstagen und durch den Kalender werden wir daran erinnert, dass wieder eine Lebensphase unwiederbringlich verronnen ist. „Ich möchte nochmals zwanzig sein …" oder „Die Zeit rinnt mir zwischen den Fingern hindurch", oder wie Miriam sagt, dass die Zeit mit Gunnar „vergeudet" sei – in jedem Fall, es wird bilanziert und die Erfahrung des unwiderruflichen Vergehens der Zeit macht bewusst, dass Lebensplanungen gescheitert sind und Lebensziele nicht erreicht wurden.

Ähnlich wie für die Alltagszeit gibt es auch für die Lebenszeit eine Art Zeitdruck, genauer: einen Entscheidungsdruck, einen Zwang zur Selektion, zur Wahl einer von mehreren Optionen.

> „Zeit ist der Grund für den Selektionszwang in komplexen Systemen, denn wenn unendlich viel Zeit zur Verfügung stünde, könnte alles mit allem abgestimmt werden. So gesehen, ist „Zeit" das Symbol dafür, dass immer, wenn etwas Bestimmtes geschieht, auch etwas anderes geschieht …" (Luhmann 1991, S. 70)

Aber im Unterschied zu Alltagsentscheidungen geht es bei biografischen Entscheidungen (Berufswahl, Partnerwahl, Familiengründung) um weite Planungshorizonte und folgenreiche Festlegungen. Diese machen dann die Irreversibilität der Lebenszeit besonders deutlich – auch in der Zukunftsperspektive.

Ein weiterer grundlegender Faktor ist die zeitliche Strukturierung des Lebens (Burkart 1997, S. 238 f.). Der Lebenslauf ist im Verlaufe der Zeit heute wortwörtlich zu einem Handlungsregulativ geworden, dass die zeitliche Dimension des individuellen Lebens ordnet. In früheren Epochen lebten die Menschen in vergleichsweise statischen sozialen Ordnungen, die kaum durch die Zeit, dafür um so mehr durch die stabile Zugehörigkeit zu einer Gruppe (Haus, Nachbarschaft, Stand) geregelt wurden. In der Moderne, zumal in den vergangenen hundert Jahren, hat sich ein standardisiertes lebenszeitliches Ablaufprogramm entwickelt, dem alle Individuen mehr oder weniger strikt folgen. Eine der Voraussetzungen dafür war, dass nicht nur die Menschen immer älter wurden, sondern dass immer weniger individuelle Abweichungen von der durchschnittlichen Lebenserwartung zu konstatieren sind. Aus einem Dasein mit relativer Zufälligkeit der Lebensereignisse entwickelte sich eine stabile Erwartung auf ein längeres Leben und auf einen vorhersehbaren Lebenslauf. Der Tod hat seinen Schrecken sicherlich nicht verloren, aber er kommt „normalerweise" nicht mehr zu jeder Zeit.

Mit der „Institutionalisierung des Lebenslaufs" wurden die Übergänge von einer Lebensphase zur anderen gesellschaftlich stärker strukturiert: Kindheit, Jugend, Erwachsenenphase und Alter wurden deutlich voneinander abgesetzt. Es kam zu einem „standardisierten Normallebenslauf" – bestimmte biografische Ereignisse erlebten immer mehr Menschen (Statusübergänge, Wechsel der Lebensphasen) im gleichen Alter: Mit etwa zwanzig bis fünfundzwanzig Jahren heirateten die meisten Frauen, die meisten bekamen im Alter von dreiundzwanzig bis dreißig Jahren ihre zwei oder drei Kinder. Die meisten lebten etwa zwanzig Jahren mit ihren Kindern zusammen. Die Männer waren fast alle erwerbstätig vom Ende der Schulzeit bis zur Rente. Es ist zu einer kulturellen Selbstverständlichkeit geworden, das Rentenalter zu erreichen. Das erscheint uns natürlich, obwohl es sich, historisch betrachtet, dabei um eine relativ junge Erscheinung handelt. Diese zeitlichen Normierungen haben sich für die Geburtskohorten ab den zwanziger Jahren des zwanzigsten Jahrhunderts durchgesetzt. Hier finden wir auch am ausgeprägtesten sogenannte „Normalbiografien", nämlich eine ausgesprochene Homogenität in den Familienbildungsprozessen und in den Erwerbsbiografien. Die einprägsamste Strukturierung des Lebenslaufs ist seine Dreiteilung, die diesen um die Erwerbsarbeit herum organisiert. Kindheit und Jugend sind im großen und ganzen nichts weiter als die Vorbereitungszeit auf die Erwerbsphase. Auch der Ruhestand erfährt seinen Sinn erst aus der Erwerbsphase. Die Institution Lebenslauf wurde so zu einem zentralen Strukturmuster der Arbeitsgesellschaft. Dies galt lange Zeit ausschließlich für die Männer, gilt heute immer mehr auch für Frauen (s. Exkurs).

Hinweis

Die Institution Lebenslauf ist zu einem zentralen Strukturmuster der Arbeitsgesellschaft geworden.

Zurück zu den Paaren und zur Liebe: das Bedürfnis nach Dauerhaftigkeit und Exklusivität (von Gottfried von Straßburgs Tristan und Isolde bis Rosamunde Pilcher) hat sich mit der romantischen Liebe auskristallisiert. Wie schon gesagt, die große Liebe ist maßlos und entwickelt den Wunsch nach Zeitlosigkeit. Nur, wie ist unter den gegebenen Möglichkeiten die Realisierung von Konstanz und Dauer in der Liebe und der Paarbeziehung im Lebenslauf machbar? Die familialen Lebensformen wie Ehepaar mit bzw. ohne Kinder, Alleinleben, nicht-eheliche Lebensgemeinschaft, Ein-Eltern-Familien, Stieffamilien etc. sind eher Lebensphasen als dass sie auf Dauer gestellte Lebensformen sind (s. Exkurs). Dies scheint eine Vorstellung zu sein, zumindest wenn wir heutige Paarbiografien betrachten, die sich durchaus im allgemeinen Bewusstsein widerspiegelt. Damit vergeht aber die Erwartung von Dauerhaftigkeit. Der Lebenslauf gliedert sich heute differenzierter als der Normallebenslauf früherer Zeiten. Dieser kannte in seiner privaten Dimension oft nur wenige Phasen und Übergangsrituale: Erste

Liebe, Verlobung, Hochzeit, Geburt und Taufe des ersten Kindes. Wenn aber Lebensläufe immer homogener werden und die Phasen des Lebenslaufes aus Liebes- und/oder Beziehungsphasen gebildet werden, wie kann dann dieser Liebeslebenslauf (Burkart 1997, S. 240 f.) gestaltet werden?

Die Metamorphosen der Liebe, die – „funktional" gesehen – notwendig sind, damit diese ihre zeitliche Begrenzung überwinden kann und nicht gleich endet, wenn die Liebe der ersten Stunde verblasst ist, werden durch Übergänge und Übergangsrituale symbolisiert. Günter Burkart benutzt hierfür das Bild von Raketenstufen, die ausgebrannt sind und abgeworfen werden, um dann noch einmal mit neuem Schwung in einer anderen Form weiterzumachen (Burkart 1997, S. 243). Eine Liebesbeziehung beginnt selten „auf den ersten Blick", der Anfang ist nicht leicht auszumachen. Aber häufig wird er nachträglich symbolisiert, vielleicht sogar durch eine Art „Jahrestag" gefeiert. „Als wir das erste Mal ...", das kann vieles sein, irgendeine „entscheidende" Wende in einer Bekanntschaft. Ein markanter Beginn wäre natürlich eine erste gemeinsam verbrachte Nacht, das erste gemeinsame Frühstück danach und so weiter. Auch das Ende der ersten Phase der Verliebtheit und weitere Übergänge von Phase zu Phase werden als solche oft erst in der Rückschau erkannt und deshalb nicht symbolisiert. Insbesondere die ersten Formen der Liebe – pubertäre Schwärmerei, Sehnsucht, erste Verliebtheit – sträuben sich gegen Ritualisierung.

Ein Übergangsritual zwischen der ersten Phase der Verliebtheit und der gefestigten Liebe könnte die „Liebeserklärung" sein (Burkart 1997, S. 243) Damit ist nicht die Formel „Ich liebe dich" gemeint, die schon wesentlich früher zur Anwendung kommen kann, sondern das alte Ritual des sich gegenseitig die ewige Dauer der Liebe Garantierens. Wenn die Beziehung als gefestigt gilt, dann kann man Zukunftspläne machen: eine gemeinsame Wohnung, ein gemeinsames „Projekt", die Ehe und Kinder. Das Ritual, mit dem diese Zukunftsplanung früher gefeiert wurde, war die Verlobung. Sie stellte den Übergang von der Gruppe der Ledigen ohne Partnerbindung in die Gruppe der Gebundenen (der „Versprochenen") dar und war das erste deutliche, auch gesellschaftlich Konsequenzen setzende Ritual. Mit dem Bedeutungsverlust der Verlobung ging der Aufstieg der nicht-ehelichen Lebensgemeinschaft einher.

Heute ist das Zusammenleben die übliche Phase vor der Ehe. Diese hat keine rituelle Einleitung. Wahrscheinlich deshalb, weil das unverheiratete Zusammenleben keinen klaren Übergang hat. Häufig gibt es ohnehin keine präzise Vorplanung für das Zusammenziehen (Erler 1996, S. 97f.; Vaskovics u. a. 1997). Manchmal fängt alles mit einer deponierten Zahnbürste im Badeschrank des jeweils anderen an, weitet sich aus zu einem besonderen Fach im Schrank, weil einer der beiden vielleicht am Montag morgen vor der Arbeit nicht noch zum Umziehen in seine Wohnung fahren möchte. Bis dann irgendwann das gemeinsame Zusammenleben sich so „ergibt". Anschließend ist das erste Ritual des neuen Paares die Wohnungseinweihungsfeier. Burkart benutzt hier den Begriff der „Kohabitation", der ihm treffend erscheint, weil das Paar schon vor dem Zusammenleben in einer Wohnung immer wieder zusammen liegt und lebt. Dennoch ist für ihn die Entscheidung des Paares, eine gemeinsame oder zwei getrennte Wohnungen zu haben, in einer bestimmten Phase der Paargeschichte eine wichtige Frage. So markiert heute die Kohabitation wohl am deutlichsten die Phase der konsolidierten Liebe (Burkart 1997, S. 244).

Das markanteste Übergangsritual, in dem sich viele Funktionen vereinigten, stellte natürlich lange Zeit die Hochzeit dar, insbesondere in ihrer kirchlichen Form. Die Kirche hatte ja über eine lange Zeit das Monopol über die rechtmäßige Form der Eheschließung – einerseits als Fest, andererseits als Sakrament (Barabas/Erler 2002, S. 23-50). Die Hochzeit symbolisierte so den Übergang zur („heiligen") Familie. Dies ging so lange gut, so lange die Braut tatsächlich jungfräulich in die Ehe ging. Es ist kein Wunder, dass das Hochzeitsritual an Bedeutung verlor, als sich voreheliche Sexualität verbreitete und enttabuisiert wurde. Das weiße Hochzeitskleid als Symbol der Unschuld ist da eher Wunsch als Realität.

Rituale und Zeremonien haben immer noch, wie in der traditionalen Welt, einen starken Öffentlichkeitsbezug. Das Hochzeitsritual diente dazu, der Öffentlichkeit zu zeigen, dass das Paar zusammen gehört. Kennenlernphase, Liebeserklärung, Heiratsantrag, Verlobung, Hochzeit, das war früher eine fast zwingende Sequenz. In jedem Fall war die Liebeserklärung der erste verbindliche Schritt, der ein normativ verpflichtendes Eheversprechen mit dem Verlöbnis nach sich zog. Dieses Phasenmodell ist heute überholt (s. Exkurs). Insbesondere die Liebeserklärung existiert heute nicht mehr in dieser Form und diesen Konsequenzen. Und wer heute noch einen Heiratsantrag stellt, der tut dies eher in der harmlos verpackten Frage: „Wie wär's, wir leben schon so lange zusammen, da könnten wir doch eigentlich auch heiraten, oder?" (Burkart 1997, S. 245).

In grober Vereinfachung können wir drei Phasen der Liebe unterscheiden: Entstehungsphase, Reifungs- und Latenzphase, Krisen- und Auflösungsphase. Die erste Phase (Verliebtheit) dauert ein bis drei Jahre. Die zweite Phase kann ein Leben lang dauern, wenn es das Paar schafft, sie in entsprechende Formen der Partnerschaftlichkeit zu bringen, oder als Zweckbündnis oder Versorgungsehe zu leben. Beziehungskrisen, besonders solche, die mit „Untreue" einhergehen, können das Ende einläuten oder sie markieren, wenn sie bewältigt werden, den Übergang von der Verliebtheit zur „reifen" Partnerschaft. Was ist, wenn die Liebe schwindet, oder, wie es meistens verläuft: wenn aus der Leidenschaft sukzessive eine leidenschaftslose Verbindung wird? Schwindet dann tatsächlich die Bindungsmotivation und weicht einer sexuellen Interesse- und Leidenschaftslosigkeit? Liebende und Geliebter trennen sich dann entweder oder sie werden wie Bruder und Schwester, überaus vertraut und fürsorglich verbunden. Oder, sie übernehmen die Ansprache der Kinder: Vater und Mutter.

2.4 Das Konfliktpotential in modernen Partnerschaften

Heute fallen die Übergänge ins Erwachsenenalter und die Eheschließung bzw. Familiengründung lebensgeschichtlich zunehmend auseinander. Der Auszug aus dem Elternhaus ist zwar oft mit der Gründung eines eigenen Haushalts verbunden, aber immer seltener mit der Eheschließung und Familiengründung. Diese werden weiter aufgeschoben und sind immer weniger zeitlich gekoppelt. Dieser biografisch-zeitliche Aufschub ist nicht überall in gleicher Weise sichtbar. Sein Ausmaß ist abhängig von Bildungsgrad und Wohnort; er zeigt sich besonders ausgeprägt bei Frauen mit höheren Bildungsabschlüssen in den großen Ballungszentren. Zusammenhänge dieser Art sind oft nachgewiesen für die USA, aber auch in Deutschland gibt es eine Reihe von Befunden dieser Art (Klein 1992; Klein/Lauterbach 1994; Huinink 1992; Nave-Herz 2006). Für Männer und Frauen in diesen Milieus wird die Zeitstruktur häufig bis zum dreißigsten oder fünfunddreißigsten Lebensjahr von der erwarteten oder angestrebten Karriere dominiert. Die Familiengründung wird aufgeschoben zugunsten der beruflichen Laufbahn. Verzögerte Eheschließung und Familiengründung sind mit einem weitreichenden Wandel lebenszeitlicher Planungs- und Erwartungshorizonte verbunden. Nicht nur, dass sich die individuelle Lebensplanung verändert – der entscheidende Gesichtspunkt dabei ist, dass es heute mehr als früher um die Koordination und Synchronisierung zweier individueller biografischer Entwürfe, zweier Lebenszeitpläne geht. Der Frau passt ein Kind vielleicht am besten mit dreiunddreißig. Aber in diesem Alter hat sie möglicherweise bereits eine erste kinderlose Ehe oder eheähnliche Beziehung hinter sich und hat vielleicht keinen festen Freund, dem ein Kind zu diesem Zeitpunkt in seiner Lebensplanung passen würde.

> **Hinweis**
> Paare müssen heute im Gegensatz zu früher zwei individuelle biografische Entwürfe, zwei Lebenszeitpläne koordinieren und synchronisieren.

Dieses Synchronisationsproblem ist neu, seit Frauen mehr und mehr in hochqualifizierte Karriere-Berufe kommen. Früher richteten die Frauen – gerade auch solche von männlichen Akademikern – ihre Lebensplanung ganz oder überwiegend nach der des Ehemannes. Wenn seine Ausbildung beendet war, wenn er die ökonomischen Grundlagen zur Familiengründung geschaffen hatte, dann konnte sie das erste Kind bekommen. Heute richtet sich der Zeitpunkt des ersten Kindes häufig nicht mehr nach dem Zeitpunkt der Konsolidierung der beruflichen Biografie des Mannes, sondern danach, wann die beiden individuellen Lebensentwürfe von Mann und Frau in dieser Hinsicht zusammenpassen. Hier wird nicht mehr die Verschmelzung zweier individueller Lebenszeitrhythmen zu einem neuen familienzentrierten Rhythmus gesucht, sondern für beide Partner steht die eigene lebenszeitliche Perspektive im Vordergrund. Manche Frauen entscheiden sich daher für den Zeitpunkt einer Geburt unabhängig von einer bestehenden Beziehung, machen ihn vom *timing* ihrer eigenen Erwerbsbiografie abhängig. Und da diese biografischen Zeitpläne immer häufiger nicht synchronisierbar sind, bleibt es oftmals bei weiterhin aufgeschobener Elternschaft, die immer häufiger zur endgültigen Kinderlosigkeit führt, weil es irgendwann zu spät ist. Dieses Synchronisierungsproblem ist also ein wichtiger Grund für die hohe Kinderlosigkeit unter jüngeren Kohorten von Frauen mit akademischer Ausbildung oder einer stark ausgeprägten Berufsorientierung.

Doch zurück zur Paarbildung. Mit der Romantik hatte es schon etwas Richtiges auf sich: seitdem wurde die recht neuartige Einheit von Ehe und Liebe postuliert. Sinnstiftendes Moment der Ehe bzw. für das Werden eines modernen Paares ist seitdem Liebe und Zuneigung. Ökonomische, dynastische oder generative Aspekte verloren immer mehr an Bedeutung. Dieser neu entstandene „Intimraum" Familie hat sich nach „Außen" hin erfolgreich abgeschlossen und auf sozial-emotionale Aufgaben und die Erziehung von Kindern spezialisiert. Und die Partnerwahl ist ein komplizierter Akt individueller Entscheidungen geworden, in dem Liebe und Zuneigung, Dispositionen und Einstellungen, Wünsche und Zukunftsperspektiven, Berufsarbeit und Lebensart und nicht zuletzt Sexualität der Beziehungspartner in eine Balance gebracht werden müssen! Und seit dieser Schließung der nunmehr modern zu nennenden Familie und ihres geschützten Innenraums, sind „Außenbeziehungen", d. h. die Probleme, die von außen nach innen hineinwirken, bedrohlich geworden.

Das alles waren sicherlich umwälzende Veränderungen. Nicht nur rechtlich, sondern auch kulturell sind nun Ehe, Familie und Partnerschaften ein kühnes Abenteuer, das auf den zerbrechlichen Grundlagen von Liebe und Zuneigung, von Aushandeln und Verständigung beruht. Stabilität wird nicht länger von Tradition, Konvention, von sozialen Rollen und Normen erwartet, sondern dem Inneren, dem subjektiven Willen der beteiligten Individuen anheim gegeben. Soziale Rollen haben mittlerweile eher permissiven als präskriptiven Charakter, und so gesehen mussten diesem Abenteuer durchaus „turbulente Lebensläufe" folgen.

Es war ja die bürgerliche Kleinfamilie, die – was ihre Binnenstruktur betrifft – ursprünglich eine Neudefinition der Geschlechtsrollen vorgenommen hatte. Wie ich oben schon gezeigt habe, eine der zentralen Entwicklungen, die sich gegen Ende des 18. Jahrhunderts kulturell durchgesetzt hatte, war die, Intimbeziehungen zwischen Mann und Frau auf Liebe und nur auf Liebe zu begründen. Diese „romantische Liebe" wurde also ausschließlich auf das Gefühl und Zuneigung aufgebaut. Goethes „Werther" und die „Wahlverwandtschaften" waren tatsächlich der Ausdruck eines gewandelten Beziehungsverständnisses: Reine Liebe ist maßlos und zugleich zerbrechlich.

Dieser private Bereich erfuhr aber eine folgenreiche Ausgestaltung, denn die neue kulturelle Definition von Liebe und Ehe legte zugleich die Arbeitsteilung und „Beziehungsrollen" der Geschlechter fest: Der Bereich des Privaten, das Heim und die „romantische" Liebe sind die vornehmlich weiblichen Rollendimensionen. Mit den so festgelegten Geschlechtsrollen konnte nun in Deutschland die vormoderne Struktur der patriarchalischen Familie mit einer ständischen, also „feudalen" Rollenzuschreibung zementiert werden. Das Konfliktpotential der bürgerlichen Ehe lag in der Heterogenität ihrer Elemente. Sowohl im romantischen Liebesideal als auch in der bürgerlichen, vertragsrechtlichen Grundlegung der Ehe überlagerten Vorstellungen der Gleichheit der Partner die traditionelle, patriarchal-feudale Rollenstruktur. In der Literatur des ausgehenden 19. Jahrhunderts war dieser Rollenkonflikt beständiges Thema von Effi Briest (Fontane) bis Lulu (Wedekind).

Die seither so festgelegte Arbeitsteilung wie das romantische Liebesideal barg und birgt ein erhebliches Konfliktpotential zwischen den Partnern. Und dieses kommt heute erst richtig zum Ausbruch. Man könnte sagen, ganz simpel, die Konsequenzen der Moderne sind nun auch in der Familie angelangt. Der heute noch verbreitete Anspruch, dass nur eine befriedigende Partnerbeziehung die Basis eines dauerhaften Zusammenlebens sein könne, findet seinen Ursprung im romantischen Liebesideal. Denn dieses rückte die Qualität der emotionalen Beziehung nicht nur ins Zentrum einer intimen Partnerschaft, sondern ging auch implizit davon aus, dass eine solche emotionale Beziehung auf Dauer hergestellt werden könnte. Allerdings mit der Folge, dass die Beziehungen gleichzeitig einer ständigen Prüfung hinsichtlich ihrer affektiven- und Gefühlsqualität ausgesetzt werden. Es war aber in der bürgerlichen Ehe zugleich das Prinzip der gegenseitigen Verpflichtung und Opferbereitschaft angelegt, also ein Leben der Frauen „für andere". Heute tritt nun das ganze Dilemma zwischen Beziehungsanspruch versus Verpflichtung offen zutage, um so mehr, als mit einer romantischen Idealisierung der Partnerin und des Partners auch die Sexualität maßgeblich für die eheliche Beziehungsqualität wurde. „Romantische Liebe" ist auch heute das dominierende Motiv der Partnerwahl und löst sich langsam von dem anderen Strang der bürgerlichen Ehe, nämlich den Verpflichtungs- und Aufopferungsvorstellungen weiblicher Geschlechtsrollenkonzepte, tendenziell immer mehr ab. Statt dessen wird die Beziehungsqualität als solche immer stärker zum Eckpfeiler für das Aufrechterhalten oder Abbrechen einer Bindung.

Hinweis

In der modernen Familie prallen in den Beziehungsmustern Vorstellungen von Opferbereitschaft und individueller Selbstverwirklichung aufeinander. Der Konflikt zwischen Beziehungsanspruch und Verpflichtung tritt offen zutage.

So bestätigen auch die Ergebnisse einer Untersuchung von Hilde Weiss über die Liebesauffassungen der Geschlechter, dass die bürgerliche Ehe in die einzelnen Komponenten zerfällt, aus denen sie zusammengesetzt war (Weiss 1995). Unter romantischer Liebe wurde ja fälschlicherweise der gesamte Komplex aus Arbeitsrollen und Gefühlslagen, also ein Vermischt- und Verklebtsein von Verpflichtung und Liebe verstanden. Dieser Rollenverteilung wurde eine spezifische Gefühlswelt zugeschrieben. Eine solche Darstellung verschweigt aber, dass zwei im Grunde konträre geschlechtsspezifische „Beziehungsrollen", heterogene Liebesauffassungen und Interaktionsstile durch gegenseitige Verpflichtung aufeinander bezogen waren und zwar auf der Grundlage ungleicher materieller Positionen von Mann und Frau. Heute brechen nun diese heterogenen Elemente eruptiv auseinander. Beide Geschlechter entfernen sich gleichermaßen von traditionellen Aspekten der Beziehung und lehnen gegenseitige Verpflichtung und Aufopferung als Grundlage einer Partnerschaft ab. Dagegen bleibt die romantische Gefühlslage für beide Geschlechter zentral und gewinnt besonders für Jüngere und Gebildetere weiter an Bedeutung.

In vorindustrieller Zeit bot die Zugehörigkeit zu einer Familie bzw. einem Haus die Chancen für den Zugang in die verschiedenen sozialen Lebensbereiche. Von daher machte die Eheschließung ihren Sinn bzw. die Kontrolle der Familie über Sexualität und Partnerwahl. Seit der Erklärung der Menschenrechte, in jedem Falle seit den bürgerlichen Freiheitsbewegungen infolge der französischen Revolution, wurde die Realisierung individueller Freiheitsrechte, mit denen die Moderne angetreten war, zur Triebfeder die feudalen personalen Abhängigkeiten zu überwinden. Im Zuge dieser Entwicklung wurde die Kategorie des Privaten aufgewertet und Freiheit in der Form individueller Freiheit als allgemeine Rechtsposition formuliert. Die Entscheidung über die Wahl des Glaubens oder des Ehepartners bzw. -partnerin, die Ausbildungs- und Berufsfreiheit wird prinzipiell dem einzelnen überlassen. Im Familienrecht wurden die Reste „ständischer" Rollenkonzepte in der Familie zugunsten individueller Freiheiten durch Entrechtlichung des Beziehungsgefüges zwischen Männern und Frauen zurückgedrängt (Barabas/Erler 2002). Von daher scheinen mir Ansätze, die die Entwicklungen in den Familien heute mit dem Konzept der „Postmoderne" zu erklären suchen, zu kurz gefasst. Es sind vielmehr die Konsequenzen der Moderne, die gegen das „Ständische" angetreten war und auf ihr Banner individuelle Freiheiten und Vertragsrecht geschrieben hatte, die nunmehr in der Familie angekommen sind. Die gesellschaftlichen Konsequenzen garantieren Autonomie und Wahl der Lebensform, allerdings auf Kosten der Autarkie des Systems Familie. Dieses reproduziert sein Konzept und dessen Wandlungen immer wieder über die selbst hergestellte Sinnhaftigkeit bzw. Lernfähigkeit hinsichtlich der eigenen Autonomie und Grenzen. Das Prinzip der Moderne, dass die Zukunft immer offen ist und zwar nicht nur im Hinblick auf allgemeine Zufälligkeiten, sondern auch im Hinblick auf die Reflexivität des Wissens und sozialer Praktiken, ist auch zum Modell der modernen Familie geworden.

Sicher ist, dass Paare, Familien relativ autonom sind in der Gestaltung ihres Inneren, ihrer Eigenwelt nach eigenen, auf sich bezogenen Gesichtspunkten. In der Organisation des familialen Binnenverhältnisses muss im Prinzip keine Rücksicht auf sinn- und systemfremde Faktoren genommen werden, sie wird selbstreferentiell reproduziert (s. Kap. 4. 2). Die Familie, das Paar entscheidet für sich, welche Umweltaspekte für ihre allgemeine Lebensorganisation von Bedeutung sind.

Die Fragen, die daraus resultieren, drehen sich um das Problem, wie sich durch Personen im Familiensystem Handlungen und Kommunikation konstituieren. Welche Rolle spielt es sowohl für die Betrachtung wie auch für mögliche Interventionen, wenn Familien so etwas wie eine eigene Logik, eigenen Sinn in ihrem Inneren herausbilden? Wenn also möglicherweise bestimmte Handlungsabläufe, die für die Gesamtgesellschaft bedeutsam sind, systematisch aus dem Familienhandeln ausgeblendet werden. Außerdem liegt das Problem auf der Hand: wenn sich zwischen Familie und Umwelt Austauschprozesse vollziehen, so kann das die Identität des Paares, der Familie infrage stellen. Inwieweit können dann aber Grenzziehungen vorgenommen werden und dabei die Grenzen durchlässig bleiben?

Lesehinweise

Burkart, Günter (1997): Lebensphasen – Liebesphasen. Vom Paar zur Ehe, zum Single und zurück? Opladen.

Kaufmann, Jean-Claude (1994): Schmutzige Wäsche. Zur ehelichen Konstruktion von Alltag. Konstanz.

Retzer, Arnold (2002): Das Paar. Eine systemische Beschreibung intimer Komplexität. In: Familiendynamik. 27. Jg. H. 1 und 2.

Exkurs: Die moderne Familie oder:
Das neue Familien-„Kostüm"

Woran denken wir, wenn wir den Begriff „Normalfamilie" hören? Gemeint wird im Großen und Ganzen ein verheiratetes Paar mit einem oder mehreren leiblichen Kindern. Der Familienvater geht als Ernährer einer Erwerbsarbeit nach und die Mutter hütet Kinder und Haushalt. Erstaunt werden wir immer wieder zu Zeugen, wie im öffentlichen Leben und in der Politik die Rückkehr zur intakten Familie als Allheilmittel gegen die Gebrechen des Zeitgeistes gepriesen wird[8]. Entmottet wird merkwürdigerweise wieder die Bürgerfamilie, mit dem Piano im Wohnzimmer und den klugen Gesprächen von Eltern und Kindern vor der Familienbibliothek, ohne Computer und ohne TV.

In der Realität scheint eher eine stille Übereinkunft bei allen Beteiligten zu bestehen: Ehen halten eben nur so lange, wie sie halten. Werden die in den Partner oder die Partnerin gesetzten Erwartungen nicht erfüllt, so ist der Angelegenheit keine Zukunft beschieden. *„Bis dass der Tod Euch scheide"*, dieser Leitsatz ist der Vorstellung gewichen, in der Ehe oder einer Partnerschaft die immerwährende Liebe zu finden, eine Leidenschaft, die nie vergeht. Die Wirklichkeit, bis in die Spitzen bundesdeutscher Politik, sieht indes anders aus: ein Leben – drei Ehen, aber gewiss doch!

Mit anderen Worten: Die Familie ist nicht mehr unbedingt das, was sie angeblich sein sollte. Wir treffen Eltern von Kindern, die nicht miteinander verheiratet sind. Mit den Kindern sind beide möglicherweise nicht blutsverwandt und auch Verheiratete sind nicht unbedingt die leiblichen Eltern der Kinder, mit denen sie zusammenleben. Die moderne Familie scheint in Deutschland, und nicht nur hier, immer mehr zu einem bunt gewürfelten Flickenteppich geworden zu sein, auf dem zunehmend ursprünglich verwandtschaftlich definierte Verhältnisse durch erworbene soziale Rollen ersetzt werden.

Hinweis

Die moderne Familie gleicht immer mehr einer Patchwork-Decke, in der ursprünglich verwandtschaftlich definierte Verhältnisse durch erworbene soziale Rollen ersetzt werden.

---

8 So warb u. a. in der „Frankfurter Allgemeinen Sonntagszeitung" im Frühjahr bis Sommer 2002 die Bundesregierung für mehr „Chancen, mehr Rechte, mehr Sicherheit" für die Familie. Dies mit einem Bild, das ein ersichtlich verheiratetes Paar mit seinen 4 Kindern darstellt.

Die Normalfamilie oder: ein „altes Kostüm"

Dies alles ist aber gar nicht so erstaunlich. Viel erstaunlicher ist es, wie lange sich derartig verstaubte Familienbilder halten konnten. Ein Blick in die Geschichte zeigt, dass das Familienleben in Deutschland schon in früherer Zeit bunt und vielgestaltig war. Man lebte häufig in wilder (heute sagen wir in nicht-ehelicher Lebensgemeinschaft), die Vollbauern und Vollbürger in der mit religiösem Segen versehenen Ehe. In den Städten kannte man schon frühzeitig eine große Zahl alleinerziehender Frauen. Alleinstehende beiderlei Geschlechts, ob als Tagelöhner oder als Vagabunden, gab es in großer Zahl, die sich teilweise in kommuneähnlichen Wohnformen organisierten (Segalen 1990). Stieffamilien waren die Regel (Barabas/Erler 2002). Bis weit in die zweite Hälfte des 19. Jahrhunderts war die eingeschränkte Eheschließungsfreiheit ein drängendes soziales Problem. Es bestand eine präzise Verknüpfung zwischen Armen-, Niederlassungs- und Heiratsrecht. Heiraten konnte nur, wer zuvor das Bürgerrecht einer Gemeinde erworben hatte. Das Bürgerrecht quasi als Eintrittskarte in den Stand der Ehe, dieses Vetorecht gegenüber der Freiheit der Eheschließung wurde lange verteidigt. Es ergab sich konsequent eine Verknüpfung zwischen Heiratserlaubnis, Niederlassungsrecht sowie Erwerbs- und Vermögensnachweisen.

1868 wurde in Preußen das „Gesetz über die Aufhebung der polizeilichen Beschränkung der Eheschließung" erlassen. Dieses Gesetz betraf die Heiratserlaubnis direkt und beseitigte ihre traditionelle Bindung an das Bürgerrecht, gekoppelt an Erwerbs- und Vermögensnachweise. Anders ausgedrückt: Es ist überhaupt erst seit 1871 in Deutschland grundsätzlich für *alle* Bevölkerungsgruppen möglich, uneingeschränkt zu heiraten. Also gerade einmal seit ca. 130 Jahren (Barabas/Erler 2002).

Der Bezugspunkt für die Vorstellung der „Normalfamilie", die sog. Kleinfamilie, ist auch nicht die vorindustrielle Zeit, sondern die höchst „unnormale" Zeit der 50er Jahre. Sie sind das „goldene" Zeitalter der Familie: Es wurde jung geheiratet, im Schnitt wurden zwei Kinder zur Welt gebracht und eine Ehescheidung kam nicht in Frage. Dieses Familienmodell war in der deutschen Nachkriegsgesellschaft bis weit in die 1960er Jahre als kulturelles Muster schier erdrückend. Dabei muss bedacht werden: zwei Generationen Frauen und Männer suchten nach zwei Weltkriegen mit den darauf folgenden sozialen Umwälzungen nach Sicherheit, Geborgenheit und „Normalität". Und diese Suche fiel auf das durch die Nazis beackerte, fruchtbare Feld „Familie". Natürlich schien es so, als könne man in der Ehe, in der Partnerschaft und in der Familie die Ruhe und den Frieden wiederfinden, die in den 1930er und 1940er Jahren auf teils dramatische und existentiell bedrohende Weise verlorengegangen waren.

Aber auch die Nachkriegszeit war, was das Familienleben betraf, bunt. Die vielen jungen Frauen und Mütter, deren Männer gefallen oder vermisst oder in Gefangenschaft waren, erzogen ganz selbstverständlich ihre Kinder al-

lein. Der Begriff der „Schlüsselkinder" bezeichnete ja nicht eine verwahr-
loste Kinderschar, sondern diejenigen, die sich selbst versorgen mussten,
während ihre Mütter arbeiten gingen. Die Alleinerziehenden sind beileibe
keine Erfindung emanzipierter Frauen des ausgehenden zwanzigsten Jahrhunderts, sondern aus der Not der Nachkriegsjahre geboren. Ebenso erlebten die sogenannten „wilden Ehen" nach dem zweiten Weltkrieg und in den
50er Jahren eine Renaissance als sogenannte „Onkelehen". Den Hintergrund bildeten Rentenversicherungsanwartschaften, also Kriegerrenten- oder
Versorgungsansprüche, die bei einer Wiederverheiratung verlorengegangen
wären. Sie wurden diskriminiert, die Amtssprache nannte sie „Rentenkon-
kubinat". In jedem Falle schienen sie die wiedererwachte Vorstellung von
der heilen Familie zu stören.

Hinweis

Die Familie war in allen Zeiten „bunt" und vielgestaltig. Die sogenannte „Nor-
mal-" oder „Kleinfamilie" war lediglich die Besonderheit der 1950er und z.T.
1960er Jahre!

Es war die Sehnsucht der „verlorenen" Generation, die im Nachkriegs-
deutschland in ihrem Bedürfnis nach Normalität die Familie wiederentdeck-
te wie einen neuen Kontinent, diesen besetzte und ihr Bild von der „Normalfamilie" zimmerte. Das Problem, von der Normalfamilie zu sprechen
oder gar von deren Krise, ohne genau zu wissen, was das denn nun ist,
drückt sich auch sprachlich aus. Denn eine allgemeingültige Abgrenzung
zwischen Ehe, Familie und Verwandtschaft (Stichworte: Singles, kinderlose
Paare, nicht-eheliche Lebensgemeinschaften, Alleinerziehende, Stieffamilien, homosexuelle Partnerschaften) gibt es heute weder im umgangssprach-
lichen Bereich noch im sozialwissenschaftlichen. Gemeint wird letztlich die
öffentlich anerkannte Lebensform, in der das Verhältnis zwischen Paaren,
Eltern und Kindern und den Generationen gestaltet wird. Und diese Lebensform ist eindeutig im Wandel begriffen.

Den Wandel der Familie machen die verschiedenen Familienkleider bzw.
Ehekostüme augenfällig. Heute sprechen wir deshalb von einer Pluralität
familialer Lebensformen (Nave-Herz 1996). Die folgenden nicht nur demo-
graphischen Sachverhalte können als Indikatoren der „modernen" familialen Lebensformen gelten.

Eheschließungen

Seit 1960 bis etwa 1985 nahm die Zahl der Eheschließungen in den alten
Ländern der Bundesrepublik ab von 521.000 auf 360.000 und stieg seitdem
auf ca. 377.000 im Jahr 2008 (Stat. BA 2010). Diese Entwicklung erklärt
sich u.a. daraus, dass in den 1960ern relativ schwach besetzte „Nachkriegs-
jahrgänge" ins Heiratsalter kamen, zum Teil machte sich jedoch schon eine
abnehmende Heiratsneigung bzw. eine „Verschiebung" der Eheschließung

in ein höheres Alter bemerkbar. Diese Verschiebung ist in den Jahren seit 1970 die hauptsächliche Ursache für den weiteren Rückgang der Eheschließungen (Engstler 2003). Der leichte Anstieg in den achtziger Jahren ist auf das Heranwachsen stark besetzter Jahrgänge aus der Zeit des sogenannten „Babybooms" (um 1965) zurückzuführen.

In der ehemaligen DDR stagnierten die Eheschließungen seit Beginn der 1970er Jahre bei ca. 132.000 pro Jahr. Von 1989 bis 1990 sank die Zahl auf ca. 102.000 ab und bis 1992 nochmals um 55 Prozent (Engstler 2003). Seit 2000 haben sie sich bei etwa 58.000 eingependelt. Das ist sicherlich z.T. dem nunmehr auch in den neuen Bundesländern geltenden Familienrecht der alten Bundesrepublik und den damit einher gehenden Unsicherheiten geschuldet. Vergleichbar ist dies mit seiner Einführung 1976 in den alten Bundesländern. Aber auch die unsichere soziale Situation spielt dabei eine große Rolle.

Als eine Erklärung für den Rückgang der Eheschließungen kann der gleichzeitige Anstieg des durchschnittlichen Erstheiratsalters dienen. Ledige Männer heirateten 1950 im Durchschnitt mit etwa 28 Jahren, ledige Frauen mit gut 25 Jahren (Stat. BA 2010). 1975, als die Heiratsneigung fast ihren tiefsten Punkt erreicht hatte, heirateten ledige Männer mit 25 und ledige Frauen mit 23 Jahren. Heute (2008) sieht es so aus: das Durchschnittsalter der Männer beträgt 33 Jahre und das der Frauen knapp 30 Jahre. Eine ähnliche Entwicklung zeigte sich in der ehemaligen DDR, obwohl man da in der Regel früher den Bund fürs Leben schloss. Dort betrug das durchschnittliche Heiratsalter lediger Männer 1955 gut 24 Jahre, 1975 23 Jahre und 1996 etwa 29 Jahre. Die ledigen Frauen heirateten 1955 mit durchschnittlich 23 Jahren, 1975 mit 21 und 1996 mit 26½ Jahren (Engstler 2003). Am Altersabstand zwischen den Geschlechtern hat sich dabei – sowohl in den alten wie in den neuen Bundesländern – in den fast fünf Jahrzehnten wenig geändert. Die jungen Männer sind im Schnitt zwei Jahre älter als ihre Bräute.

Wenn aus den gegenwärtigen altersspezifischen Heiratsziffern im Rahmen von Heiratstafeln die sogenannten „Heiratswahrscheinlichkeiten" lediger junger Menschen errechnet werden, so heiraten nach unserer heutigen Erkenntnis von den 1960 Geborenen nur etwa 64 Prozent der Männer und 68 Prozent der Frauen (Stat. BA 2010) jemals in ihrem Leben. Um 1960 lag diese Wahrscheinlichkeit bei 95 Prozent. Es wird mittlerweile davon ausgegangen, dass etwa 30 Prozent aller Männer und 20 Prozent der Frauen zeitlebens unverheiratet bleiben.

Einpersonenhaushalte

In der Debatte über die „Normalfamilie" wird mit großer Regelmäßigkeit auf den Anstieg der Einpersonenhaushalte hingewiesen. Diese stehen für Individualisierung und „Singularisierung" von ehemals „gesicherten Familienbanden" (Wingen 1986; Nuber 1993; Gardiner 1993). In den alten Bundesländern stieg der Anteil der Einpersonenhaushalte an allen Haushalten in den Jahren 1950 bis 2004 von 19,4 Prozent auf knapp 38 Prozent (Stat. BA 2008). In den neuen Bundesländern lag er 1998 bei 30 Prozent. 2004 beträgt der Anteil der Einpersonenhaushalte in der Bundesrepublik Deutschland etwa 37 Prozent.

Bei den Alleinlebenden muss bedacht werden, dass es sich um eine sehr heterogene Gruppe von Menschen handelt, die sich in ihrer Lebenssituation, ihrem Lebensstil und -zufriedenheit deutlich unterscheiden. In den alten Bundesländern können mindestens zwei Gruppen ausgemacht werden: die alleinstehenden über 65-jährigen und die „Singles". Mit „Singles" im Sinne eines neuen Lebensstils werden diejenigen unter den Alleinlebenden verstanden, die sich bewusst für ein unbefristetes Alleinleben als spezifischer Lebensform entschieden haben. Diese Gruppe ist in der Öffentlichkeit als Trendsetter beschrieben worden, als selbstbewusster und erfolgreicher „neuer" Typus. Geprägt wurde dieses Bild durch die sogenannten „Yuppies" (Young Urban Professionals; Pöschl 1990). Diese Gruppe der „Singles" findet man hauptsächlich in den Dienstleistungszentren, den Großstädten. Dennoch muss bei der Beurteilung dieser Gruppe Alleinlebender berücksichtigt werden, dass es sich dabei um jüngere, meist ledige Männer und Frauen handelt, die eine Eheschließung oder Familiengründung häufig aufschieben zugunsten ihrer Ausbildung oder beruflichen Karriere. Quantitativ kann diese Gruppe auf höchstens 10 Prozent aller Alleinlebenden begrenzt werden (Barabas/Erler 2002, S. 77 ff.). In den seltensten Fällen ist aber diese Form des Alleinlebens auf Dauer im Sinne einer ganzen Biografie gestellt. Vielmehr verbirgt sich hinter dieser Gruppe, wie bei vielen anderen Ledigen oder Geschiedenen, ein Alleinleben auf Zeit (temporäres Singletum; Peuckert 1991). Mit anderen Worten, Alleinleben stellt in den Altersgruppen bis unter 45 Jahren einen oder mehrere phasenweise Abschnitte in der jeweiligen Lebensplanung dar.

In den neuen Bundesländern hat mittlerweile eine Angleichung stattgefunden. Der Anteil der unter 25-Jährigen betrug dort 1995 ca. 7 Prozent und in den alten Ländern ca. 18 Prozent. (Engstler 2003). Erklärbar wurde dies, wenn man externe Faktoren, wie u. a. die Versorgung mit Wohnraum in der ehemaligen DDR heranzog. Des weiteren spielten sicherlich die Unterentwicklung des modernen Dienstleistungssektors eine Rolle, wie auch die Bedeutung der Familie. In der ehemaligen DDR hatte die Familie eine wichtige Funktion des Rückzugs und als Refugium trotz hoher Scheidungsraten. Dabei spielten beide Faktoren, Familie und Wohnraumversorgung, eine zentrale Rolle. Familien, zumal junge, wurden bei der Wohnraumversorgung bevorzugt. All diese Faktoren beeinträchtigten die Tendenz zum „Single"-Dasein und förderten die Entwicklung zu früher Familiengründung. 2006 leben in Deutschland 32 Prozent der Männer unter 25 Jahren allein und 23 Prozent der Frauen (Stat. BA Datenreport 2008).

Die über 65-Jährigen bilden die größte Gruppe der Einpersonenhaushalte. Knapp die Hälfte der Alleinlebenden gehören der Altersgruppe der über 65-Jährigen an und der Frauenanteil liegt bei über 51 Prozent. Es kann davon ausgegangen werden, dass die Einpersonenhaushalte hier nur zu einem kleinen Teil von den vielbeschworenen „Singles" gebildet werden. Im Wesentlichen sind es die über 65-Jährigen, die eher unfreiwillig aufgrund von Ehescheidungen und dem Tod des Ehepartners alleine leben. Wir können davon ausgehen, dass die Alleinlebenden auch in Partnerschaften lebten.

Rückgang der Geburtenziffern

Seit Mitte der 1960er Jahre ist in der Bundesrepublik Deutschland eine kontinuierliche Abnahme der Geburten festzustellen. Im Jahr 2008 lag die Geburtenziffer bei knapp 1,38. Dies bedeutet, dass in diesem Jahr 1.000 Frauen 1.380 Kinder zur Welt brachten (Stat. BA 2010). Um es deutlich zu machen: Zur Bestandserhaltung wären einiges über 2000 Geburten notwendig. Bevölkerungswissenschaftler gehen mittlerweile davon aus, dass in Zukunft etwa ein Drittel aller Frauen kinderlos bleiben werden (Höhn 1989, 201).

Während sich in den letzten Jahren die Geburtenrate in den alten Ländern leicht stabilisierte, sind die Geburten in den neuen Bundesländern dramatisch zurückgegangen. In der ehemaligen DDR lag die Geburtenrate bis 1989 bei 1,6 (Engstler 2001, S. 99). Während dort 1989 noch ca. 199.000 Kinder geboren wurden, halbierte sich diese Zahl innerhalb von zwei Jahren auf 88.000. Seit 2001 werden in den neuen Ländern ca. 100.000 Kinder pro Jahr geboren (Stat. BA 2007). Hier spielen mit großer Sicherheit die sozialen Verwerfungen im Zuge des deutschen Einigungsprozesses eine gewaltige Rolle.

Die Überlegungen zur Erklärung des Geburtenrückganges drehen sich im wesentlichen um die Fragen, inwiefern individuelle Lebensentwürfe und durch die anwachsende Frauenerwerbstätigkeit eine gestiegene Konsumorientierung in Konkurrenz zum Kinderkriegen stehen (Schumacher/Vollmer 1982; Wingen 1986; Nave-Herz 1997). Kinder, so wird argumentiert, würden immer mehr als ökonomische Belastung für ihre Eltern empfunden. Dabei zeigt sich, dass viele Paare aus beruflichen Gründen die Erfüllung ihres Kinderwunsches in die Zukunft verschieben (Nave-Herz 1997). In den neuen Bundesländern spielen der Wandel sozialpolitischer Anreize und die „Schockerfahrungen" im Zuge des deutsch-deutschen Einigungsprozesses eine Rolle (Bien 1996, S. 60 ff.). Im Rahmen interkulturell vergleichender Untersuchungen kamen Bevölkerungswissenschaftler jedoch zu dem Ergebnis, dass die absinkenden Geburtenzahlen weniger auf ökonomische Gründe oder alternative Lebensentwürfe seitens der potenziellen Eltern zurückzuführen sind. Vielmehr haben sich die Einstellungen zu Kindern und die Bedeutung der Realisierung des Kinderwunsches grundlegend geändert (Nauck 1989; Dt. Jugendinstitut 1993).

Mit Kindern haben Eltern schon immer entweder materielle und/oder affek-
tiv-emotionale und/oder sozial-normative Erwartungen verknüpft. Materielle Erwartungen bedeuteten, dass von den Kindern Mithilfe im elterlichen
Haushalt, Alters- und Krankenversorgung der Eltern im Alter erwartet wurde (Ariès 1975; Sieder 1987). Mit den sozial-normativen Erwartungen wurden vielfach Statusgewinn durch viele Kinder oder Vererbung von Besitz
und/oder Namen verbunden. Rosemarie Nave-Herz formuliert daraus die
These, je niedriger der Industrialisierungsgrad einer Gesellschaft ist, umso
eher werden materielle und sozial-normative Werte mit Kindern verbunden
(Nave-Herz 1997). Dies bedeutet in der Umkehrung, dass je höher der gesellschaftliche Industrialisierungsgrad ist, um so stärker werden mit Kindern immaterielle Werte verbunden, wie die Befriedigung emotional-affek-
tiver Bedürfnisse, die Freude am Aufwachsen von Kindern, der Austausch
von Zärtlichkeiten etc. Nur, für die Befriedigung immaterieller Bedürfnisse
reicht *ein* Kind aus!

In der Beziehung zum Kind -und diese Überlegung ist wichtig für die Einschätzung des Geburtenrückganges und des Rückganges der Geschwister-
kinder- können also Bedürfnisse nach Zärtlichkeit, Wärme und Spontaneität
realisiert werden, wie dies in der Partnerschaft nur eingeschränkt möglich
scheint (Beck-Gernsheim 1998). Kindern wird ein „Wert" zugeschrieben,
der „primär mit Lebenserfüllung, mit Sinnstiftung, mit persönlichen Glücks-
erwartungen, auch mit der symbolischen Verlängerung der eigenen Existenz" verknüpft wird (Nave-Herz 1997).

Interessant ist in diesem Zusammenhang die Betrachtung des durchschnittlichen Alters der Mütter bei der Geburt des ersten Kindes. Dabei zeigt sich
seit Mitte der 1960er Jahre eine ausgeprägte biographische Rückverlage-
rung der Geburten im Lebensverlauf von Frauen. So ist der Anteil von 30-
jährigen und älteren Müttern bei der Geburt ihres ersten Kindes 1998 auf 41
Prozent angestiegen (StaBa 1999). Gleichzeitig mit dem Anstieg des Alters
der Mütter bei Geburt des ersten Kindes ist ein Anstieg des Erstheiratsalters
zu verzeichnen. 2008 heirateten Frauen im Durchschnitt mit 30 Jahren und
Männer mit 33 Jahren (Stat. BA 2010). Es lässt sich nicht von der Hand
weisen, dass sich der Familienbildungsprozess biografisch in ein höheres
Alter verlagert hat. Die Thesen, die zu dem gewandelten Familienbildungsprozess diskutiert werden, gehen davon aus, dass soziale Herkunft, Anzahl
der Geschwister und Ausbildung eine wesentliche Rolle spielen dürften
(Huinink1992; Klein 1992; Klein/Lauterbach 1994). Das heißt, es wird davon ausgegangen, dass ein höherer sozialer Status der Herkunftsfamilie
nicht nur die Chancen zu einer längeren Bildungskarriere und ihrer ökonomischen Absicherung auch bei Frauen führt. Man kann annehmen, dass sie
auch mit einer größeren Planungskompetenz in bezug auf die Familienbildung einhergeht (kultureller Transfer). Ein weiterer wichtiger Aspekt ist
der, in welchem Alter Mütter von Frauen ihr erstes und gegebenenfalls Ge-
schwisterkind geboren haben. Hierbei wird angenommen, dass diese Erfah-

rungen ein Beitrag zur Entwicklung des Konzeptes zu einem eigenen Timing der Familienbildung ist. Nicht zuletzt spielt das Alter bei Ende der Ausbildung eine Rolle. Die Geburt eines Kindes während der Ausbildung führt dazu, dass häufig frühzeitig die individuellen Chancen auf dem Arbeitsmarkt eingeschränkt werden. Dies bedeutet, mit einem höheren Ausbildungsalter verschiebt sich auch das Alter bei der Geburt eines ersten Kindes (Huinink1992; Klein/Lauterbach 1994).

Bei diesen Überlegung wird davon ausgegangen, dass Biografie ein selbstreferentieller Prozess ist, das heißt – wenn man so will – ein Prozess mit Gedächtnis: Frühere Ereignisse und Erfahrungen, zum Beispiel im elterlichen Haushalt während der Sozialisationsphase, früher getroffene Entscheidungen und zuvor erreichte Zustände haben einen Einfluss auf zukünftige Entwicklungen im Lebensverlauf.

Wie die Modelle für die Familienbildung zeigen, scheinen sich diese Annahmen zu bestätigen. Deutlich wird, dass vielfach aufgrund der Berufsorientierung von Frauen die Entscheidung für ein Kind auf spätere Zeit „verschoben" wird. Je später aber das erste Kind geboren wird, umso weniger Zeit bleibt noch für ein weiteres Kind. Und ein Faktum scheint gewiss zu sein, ein hohes Bildungsniveau sowie ein (Fach-)Hochschulabschluss hat eine starke, vor allem aufschiebende Wirkung auf die Geburt des ersten Kindes, die sich wiederum mit arbeitsmarkttheoretischen Überlegungen erklären lässt (Klein 1992, 220). Und wie eben gesagt: Je später ein erstes Kind geboren wird, desto unwahrscheinlicher ist die Geburt von Geschwisterkindern.

Hinweis

Die Realisierung des Kinderwunsches wird in der Tendenz biografisch aufgeschoben. Die Frauen sind bei der Geburt ihres ersten Kindes um einiges älter als ihre Mütter. Je später aber das erste Kind geboren wird desto geringer wird die Wahrscheinlichkeit, dass weitere Kinder geboren werden.

Dies alles führt dazu, dass ungefähr 25 Prozent aller Haushalte Familien mit Kindern sind. In diesen Familien wuchsen 2006 ungefähr 26 Prozent der Kinder unter 18 Jahren (31 Prozent der Kinder unter 18 Jahren in 1999; FamRZ 2000, S. 1209) als Einzelkinder auf. Die Hälfte (47%) aller Kinder hat einen Bruder oder eine Schwester und ca. ein Viertel hat mindestens zwei Geschwister (Stat. BA Datenreport 2008).

Die Tendenz des Geburtenrückgangs ist ein Phänomen, dass seit Ende des zweiten Weltkrieges -in unterschiedlicher Ausprägung- in ganz Westeuropa zu konstatieren ist. In entscheidender Weise wird die Geburtenhäufigkeit heute in den modernen westlichen Gesellschaften von der Einstellung zu Kindern bestimmt. In vorindustrieller Zeit hatten Kinder vor allem ökonomische Bedeutung im Sinne der Mitarbeit und späteren Altersversorgung (Barabas/Erler 2002). Heute sind Überlegungen zur emotionalen Bedürfnisbefriedigung in den Vordergrund gerückt. Häufig wird bei der Beurteilung des Geburtenrückganges verkannt, dass nicht die modernen Mittel der Empfängnisverhütung die Ursache hierfür sind, vielmehr haben sie dazu beigetragen, die gewünschte Kinderzahl tatsächlich zu realisieren.

Der Anstieg der Ehescheidungen

Die Ehescheidungen haben sich seit 1960 ungefähr vervierfacht von 49.000 auf 198.000 im Jahr 2006 (Stat. BA 2008). In den neuen Bundesländern bzw. der ehemaligen DDR haben sie sich bis 1989 nahezu verdoppelt. Seit 1990 ist in den fünf neuen Bundesländern jedoch eine Abnahme der Scheidungen zu konstatieren, die alle historischen Vergleiche übertrifft. So gingen die Ehescheidungen von 1990 auf 1991 um 72 Prozent zurück. Diese Abnahme ist größer als die Anomalie zwischen 1976 und 1978 in der alten Bundesrepublik, als im Zusammenhang mit dem 1. Gesetz zur Reform des Ehe- und Familienrechts, die Anzahl der Scheidungen in diesen zwei Jahren um 69 Prozent sank (StaBa 1999, S. 77). Seitdem steigen die Ehescheidungen auch in den neuen Bundesländern wieder an. Die insgesamt relativ hohe Zahl der Ehescheidungen wird z. T. dadurch kompensiert, dass auch die Zahl der Wiederverheiratungen deutlich angestiegen sind. Während 1960 83 Prozent der die Ehe schließenden Männer und Frauen ledig waren, sind heute etwa 63 Prozent der Männer und Frauen ledig (Engstler 2003).

Die Diskussionen über das Thema Ehescheidungen sind immer noch überwiegend von Vorurteilen und moralischen Wertungen geprägt. In der Regel wird „Ur-Sachen"-Suche in dem Sinne betrieben, welches **die** zentrale Ursache für die Scheidung sei. Es kann jedoch durch eine Reihe von empirischen Untersuchungen (Schneider 1990; Nave-Herz 1991; Wagner 1997) als gesichert angenommen werden, dass niemals ein einziger Grund für eine Ehescheidung ausschlaggebend ist. Vielmehr sind es stets eine Reihe von Gründen, die zur Trennung der Ehepartner führen. Demzufolge ist auch der Trennungsverlauf vieler Ehen heute nicht gradlinig: nach einer Studie von Nave-Herz haben sich vor der endgültigen Ehescheidung 30 Prozent der Geschiedenen mehrmals getrennt und von diesen wiederum etwa 62 Prozent zweimal und 22 Prozent drei- und mehrmals (Nave-Herz 1991, S. 323). Aber auch von den Verheirateten gaben 10 Prozent eine Trennung an, d. h. der strikte Verweisungszusammenhang „wenn einmal Trennung, dann Scheidung", besitzt nicht unbedingt Geltung.

Ganz allgemein können wir von der Annahme ausgehen, dass an die Ehe gesteigerte psychische Anforderungen gestellt werden und hohe emotionale und affektive Ansprüche an die Partner. Dabei scheinen die Erwartungen an eine glückliche Ehe eher zu- und die Bereitschaft, nicht erfüllte Erwartungen zu tolerieren, eher abzunehmen (Schneider 1990). Es kann also nicht so ohne weiteres von einer gesunkenen Bedeutung der Ehe gesprochen werden, sondern wir müssen davon ausgehen, dass idealisierte Vorstellungen von der Ehe und Partnerschaft neben großen Ansprüchen an die Qualität der Partnerbeziehung, schnell zu unerfüllten Bedürfnissen und damit zu Spannungen in den ehelichen Beziehungen führen (Nave-Herz u.a. 1990). Das wird insofern bestätigt, als dass Scheidungsursachen heute immer mehr in affektiven und interpersonellen Problemen zu suchen sind (Schneider 1990). Mit anderen Worten, kommunikative Beziehungsaspekte stehen stärker im Vordergrund. Dabei werden vor allem Verhalten und Eigenschaften der Partner sowie Erwartungen an diese genannt, weniger dagegen außerhalb liegende Rahmenbedingungen wie ökonomische und/oder beruflich Gründe. Damit erhält aber das Argument Nahrung, dass die Zunahme der Ehescheidungen auf die hohe psychische und affektive Bedeutung der Partnerbeziehung zurückzuführen ist. Anders ausgedrückt: Die Zunahme der Ehescheidungen ist nicht die Folge einer tendenziellen Bedeutungslosigkeit der Ehe, wie häufig behauptet. Nicht die „Sinn"-losigkeit von Ehen hat das Ehescheidungsrisiko erhöht und lässt Ehepartner heute ihren Heiratsentschluss eher revidieren, sondern der Anstieg der Ehescheidungen ist Folge ihrer hohen psychischen Bedeutung und Wichtigkeit für den Einzelnen (Nave-Herz 1991, 321).

Hinweis

Der Anstieg der Ehescheidungen ist nicht die Folge eines Bedeutungsverlustes der Ehe bzw. Partnerschaft, sondern vielmehr die Folge ihrer gestiegenen affektiven und psychischen Bedeutung und Wichtigkeit für die Beziehungspartner sowie deren gesunkenen Bereitschaft, nicht erfüllte Erwartungen zu tolerieren.

Nun ist es keineswegs so, dass außereheliche Belastungen, sogenannte „Stressoren", keine Rolle spielten. Vor allem in der Literatur wird auf die Belastung hingewiesen, die die außerhäusliche Erwerbsarbeit von Frauen darstelle (Loidl 1985, Wingen 1986). Demgegenüber zeigen die Ergebnisse der Studie von Nave-Herz, dass der angenommene ursächliche Zusammenhang von Erwerbstätigkeit der Ehefrau und erhöhtem Scheidungsrisiko nicht aufrecht erhalten werden kann (Nave-Herz 1990). Ihren Ergebnissen zufolge ist die Erwerbstätigkeit von Ehefrauen zum Zeitpunkt der rechtlichformalen Eheauflösung nicht Ursache, sondern vielmehr Folge des Auflösungsprozesses der Ehe. Dies vor allem dann, wenn durch die instabile Ehe die Hausfrau sich gezwungen sieht, aus ökonomischen oder auch aus Gründen der sozialen Kontakte eine Erwerbstätigkeit wieder aufzunehmen. Jedoch können auch bei Ehen mit erwerbstätigen Frauen bestimmte Faktoren ausgeprägte Belastungen darstellen und zwar dann, wenn die innerfamiliale Arbeitsteilung ausgeprägt traditionelle Rollenmuster aufweist. Insgesamt widersprechen die Ergebnisse ihrer Studie dem z. T. behaupteten Kausalzusammenhang zwischen Erwerbstätigkeit der Frau und Scheidungsrisiko (Nave-Herz 1990).

Es zeigt sich, dass Ehe, Familie und Partnerschaft sich von den gesell-schaftlich gesetzten Normen und entsprechender Kontrolle immer mehr ent-fernen. Sie gelangen zunehmend in den Bereich individueller Gestaltungs-möglichkeiten. Dieser Gestaltungsfreiraum in gegenseitigem Einverneh-men, wird seit dem 1. Ehereformgesetz auch rechtlich garantiert. Individu-elle Werte und Dispositionen, persönliche Erwartungen und Perspektiven werden zunehmend wichtiger für die Gestaltung und für den Fortbestand der eigenen Ehe und Partnerschaft.

Die umfassenden Revisionsmöglichkeiten von individuellen Entscheidungen scheinen ein Charakteristikum der Moderne zu sein. Die Moderne war ja an-getreten, Macht und Herrschaft an Vertragsverhältnisse (Gesellschaftsvertrag) zu binden. Die Aufklärung hatte es sich zum Ziel gesetzt, das Individuum aus personalen Unterordnungs- und Treueverhältnissen herauszulösen und auf seine eigene Verantwortlichkeit zu verpflichten. Unter rechts- und sozialstaat-lichen Verhältnissen war es im wesentlichen ein Vorgang der Verrechtli-chung sozialer Beziehungen z. B. die Sozialgesetzgebung, die Gewaltentei-lung, die Tarifverträge etc. Die beiden anderen Seiten sind jedoch die Wahl und die Kündbarkeit von Beziehungen als Grundelemente von Freiheit auch im sozialen Zusammenleben. Dieser Logik folgt zwingend die Möglichkeit der Revision der individuellen Entscheidung am Hochzeitstag, in guten wie in schlechten Tagen Leben gemeinsam zu gestalten.

Der Scheidung folgt bei ca. 61 Prozent der geschiedenen Frauen und bei 55 Prozent der Männer die erneute Bindung durch Wiederheirat (Engstler 2003). Die sog. „Fortsetzungsehe" (sukzessive Ehe) mündet – werden die von den Ehescheidungen betroffenen Kinder berücksichtigt – in eine „pa-rallele Elternschaft". Gemeint ist die Parallelität von biologischer und so-zialer (erworbener) Elternschaft. Dies ist die komplizierte Form der Stief-familie, wobei einer der Elternteile außerdem Kinder aus einer geschiede-nen Ehe haben kann, die aber beim ehemaligen Ehepartner oder -partnerin leben. Die „Patchworkfamilie" wird denkbar als Familienform der Zukunft.

Insgesamt ist auf dem Hintergrund steigender Scheidungsraten die Zahl der Ein-Eltern-Familien (Alleinerziehende) angestiegen. 2009 gab es in der Bundesrepublik 1,6 Millionen Alleinerziehende, davon waren 90 Prozent sogenannte Mutterfamilien. Insgesamt lebten 2009 rund 2.4 Mio. minder-jährige Kinder bei Alleinerziehenden (Stat. BA 2010). Die Datenlage ist hierbei besonders schwierig. Nach Angaben des Statistischen Bundesamtes lebten 1996 86 Prozent aller minderjährigen Kinder (unter 18 Jahren) in der Bundesrepublik bei Ehepaaren (Engstler 1999, S. 33). Leider enthält der Mikrozensus keine differenzierten Angaben zum Elternstatus. Es ist nicht unterschieden zwischen leiblichen und Stiefeltern. Nach Schätzungen des Deutschen Jugendinstituts lebten 1994 im Westen etwa 80 Prozent und im Osten zwischen 53 Prozent und 70 Prozent aller Kinder bei ihren leiblichen Eltern (Bien 1996, S. 214 f.). Insgesamt waren 2006 in Deutschland 149.000

Kinder von der Scheidung ihrer Eltern betroffen. 125.000 im Westen und 24.000 im Osten (Stat. BA 2008); 2001 waren es 153.500 minderjährige Kinder (Stat. BA 2002). Es wird geschätzt, dass zukünftig 40 bis 50 Prozent aller Kinder, die gegenwärtig zur Welt kommen, nicht in der Familie aufwachsen, in die sie hineingeboren werden (Hoffman-Riem 1989, 408).

Nicht-eheliche Lebensgemeinschaften

In etwa 25 Jahren von 1972 bis 2006 sind die nicht-ehelichen Lebensgemeinschaften nach den Angaben des Statistischen Bundesamtes von 137.000 auf 2,4 Millionen Paare angewachsen (Stat. BA 2008). Das sind ca. 6 Prozent aller Haushalte der um die fünf neuen Länder erweiterten Bundesrepublik und etwa 10 Prozent aller Paare. Auch die nicht-ehelichen Lebensgemeinschaften mit Kindern sind in diesem Zeitraum angestiegen. Nach eigenen Berechnungen mit den Daten des Sozio-oekonomischen Panels (SOEP) hat sich zwischen 1984 und 1998 die Anzahl der nicht-ehelichen Lebensgemeinschaften vervierfacht auf knapp 2,7 Millionen Paare (Barabas/Erler 2002, S. 128).

Sicherlich ist diese Entwicklung eine Folge gesellschaftlicher Veränderungen. Emotionale und sexuelle Beziehungen bedürfen heute keiner Legitimation durch eine Eheschließung mehr. Des weiteren erlauben die materiellen Bedingungen häufig ein Zusammenleben, ohne verheiratet zu sein. Die Ehe hat an zwingender Notwendigkeit zur Erfüllung bestimmter elementarer Bedürfnisse ausgespielt. Es scheint sich immer mehr die Meinung durchzusetzen, dass der einzige Grund, der Paare noch zur Ehe zwingen kann, die Steuer ist. Damit hat die Ehe ihren Monopolanspruch, nämlich das einzige soziale System mit Spezialisierung auf emotionale Bedürfnislagen zu sein, verloren. Nunmehr erfüllt auch die nicht-eheliche Lebensgemeinschaft diese Ansprüche und Erwartungen. Man kann sagen, dass gerade sehr hoch gespannte Erwartungen an affektive Nähe und emotionale Verbindlichkeit für nicht-eheliche Lebensgemeinschaften kennzeichnend sind (Erler 1996; Vaskovics u. a. 1997).

Bei Betrachtung der nicht-ehelichen Lebensgemeinschaften, so scheint bei dieser familialen Lebensform – die ja häufig mit „Individualisierung" und schnellem Partnerwechsel identifiziert wurde – eine erstaunliche Stabilität vorhanden zu sein. So hat Charlotte Höhn schon 1990 in einer retrospektiven Untersuchung festgestellt, dass nach 14 Jahren (1972 bis 1986) 67 Prozent noch zusammenlebten, darunter knapp 30 Prozent als Verheiratete und etwa 37,2 Prozent als unverheiratete Paare (Höhn 1990). Bei dem Vergleich von 1984 bis 1998 mit den Datensätzen des Sozio-oekonomischen Panels habe ich herausgefunden, dass nach 15 Jahren noch knapp 17 Prozent der ursprünglichen nicht-ehelichen Lebensgemeinschaften noch als solche zusammenlebten. Knapp 36 Prozent hatten sich getrennt und 46 Prozent waren verheiratet (Barabas/Erler 2002, S. 131). Nicht-eheliche Lebensgemeinschaften scheinen vergleichbar stabil zu sein, wie vor dem Standesamt geschlossene Ehen.

These

Nicht-eheliche Lebensgemeinschaften sind insbesondere in den alten Bundesländern eine Lebensform gebildeter Mittelschichten. Sie erweisen sich als vergleichbar stabil, wie Ehen mit Trauschein.

Das Forschungsinteresse galt bislang in erster Linie den nicht-ehelichen Lebensgemeinschaften junger Erwachsener am Beginn ihrer Partnerschaftskarriere und damit auch einer Lebensform ohne Kinder (Schneider u. a. 1998; Vaskovics u. a. 1997). Doch diese Lebensform ist auch in anderen Altersgruppen und anderen biografischen Zusammenhängen verbreitet. Die Motive der Paare, die unverheiratet zusammen leben, sind weitaus vielfältiger als es die bisherige Diskussion vermuten lässt (Erler 1996, S. 97 ff.). Bei jungen Paaren wird das unverheiratete Zusammenleben häufig als Phase der Beziehungsklärung verstanden und als so selbstverständlich erlebt, dass jede spezifische Bedeutungszuweisung entfällt (Schneider u. a. 1998, S. 88). Auch ist diese Lebensform in anderen Lebensphasen verbreitet. Häufig dann, wenn bereits eine Ehe gescheitert ist, gewinnt sie an Attraktivität.

Mindestens drei soziale Gruppen prägen das Bild der nicht-ehelichen Lebensgemeinschaften in der Bundesrepublik (Barabas/Erler 2002, S. 131 f.). Das sind erstens die jungen Erwachsenen, für die die nicht-eheliche Lebensgemeinschaft eher ein Durchgangsstadium ist und die in eine Ehe überführt wird, wenn sich Nachwuchs anmeldet oder die, wie jede dritte Ehe auch, aufgelöst wird. Diese Gruppe finden wir am häufigsten in den neuen Bundesländern. Die zweite Gruppe sind die nicht-ehelichen Lebensgemeinschaften mit Kindern. Die Paare sind häufig geschieden und haben aus vorangegangenen Ehen oder Beziehungen Kinder in die neue Partnerschaft mitgebracht. Die Partner sind zu einem hohen Maße berufstätig. 1995 waren in den alten Ländern ca. 74 Prozent und in den neuen Ländern 64 Prozent der Frauen in nicht-ehelichen Lebensgemeinschaften erwerbstätig (Schneider 1998, S. 80). Auch diese Gruppe ist häufiger in den neuen als in den alten Bundesländern vorfindbar.

Die dritte Gruppe sind die 30- bis 50-Jährigen mit guter Ausbildung und qualifizierten Berufen. In den alten Bundesländern ist diese Gruppe am häufigsten vertreten. Sie stehen kurz vor oder auf dem Gipfel ihrer beruflichen Karriere und sind von dieser geprägt. Dem entspricht z. T. ein gutes Nettoeinkommen. Bei dieser Gruppe scheint es so, als ob mit steigendem Alter der Wunsch, ihre Beziehung durch eine Heirat zu legalisieren, abnimmt. Deutlich wird dies in der Gruppe der über 45jährigen. Man könnte auch die Berufsposition der Frauen als Erklärungsvariable heranziehen.

Und der Heiratswunsch qualifizierter, berufstätiger Frauen ist relativ gering ausgeprägt (Nave-Herz 1991).

Familienformen

Aus den bisherigen Darstellungen ergibt sich, dass lediglich knapp ein Drittel der Familien in der Bundesrepublik in der angeblich traditionellen Form der Kleinfamilie leben. Dabei sind aber noch nicht die sukzessiven Ehen bzw. Stieffamilien von der Kleinfamilie unterschieden.

Hinweis

Es kann nunmehr von einer Vielfalt familialer Lebensformen gesprochen werden, weil gegenüber der traditionellen vollständigen Kernfamilie die Einpersonenhaushalte, die kinderlosen Ehen, nicht-ehelichen Lebensgemeinschaften, Alleinerziehenden und Stieffamilien zahlreicher und sozial bedeutsamer werden. Vielfalt heißt also strukturelle Vielfalt und Zurückdrängung von unduldsamer kultureller Vorherrschaft einer Familienform.

Das Bild verschiebt sich um einiges, wenn die Familienformen unterschieden werden nach alten und neuen Bundesländern sowie den ausländische Familien in Deutschland. Dabei fällt ins Auge, dass 2001 die Familien mit Kindern in den alten Bundesländern bei nur 23 Prozent aller Haushalte vorzufinden ist. In den neuen Bundesländern leben über 25 Prozent aller Haushalte als Familien mit Kindern. Dagegen sind ausländische Familien zu etwa 49 Prozent Familien mit Kindern.

Abb. 12: Familienformen 2001 (Engstler 2003)

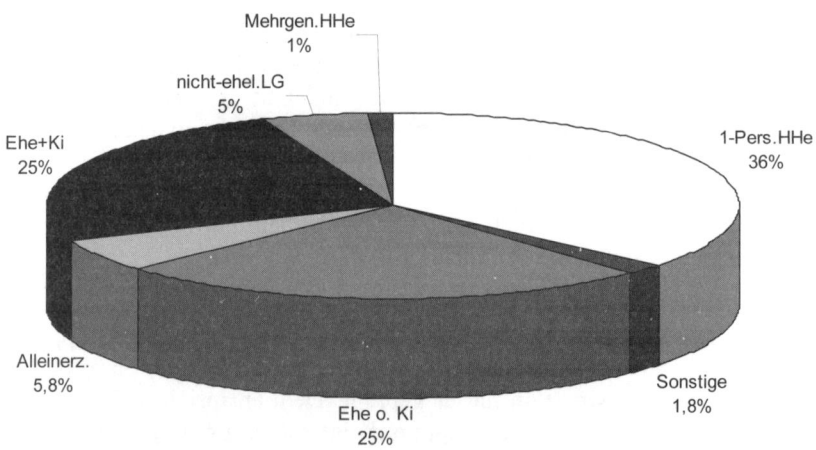

Komplettiert wird dieser Eindruck bei der Betrachtung der Entwicklung familialer Muster im Raum der Europäischen Union. So können wir feststellen, dass sowohl in Deutschland, wie in Österreich, in Frankreich, in Ita-

94

lien und Spanien die Geburtenraten z. T. recht drastisch gefallen sind. So setzte der Geburtenrückgang in Deutschland gegen Ende der 1960er Jahre ein und die Geburtenrate lag bereits 1985 bei 1,3 dem Stand auch von 2008. In Frankreich begann diese Entwicklung früher. Sie verlief aber dort stetiger und heute liegt die Geburtenrate in Frankreich bei 1,89. In den Mittelmeerländern Italien und Spanien begann dieser Prozess später. Er fiel aber um so deutlicher aus und dies in einem viel kürzeren Zeitraum. In Italien sank die Geburtenrate zwischen 1974 und 1987 von 2,4 auf 1,3 und liegt heute bei 1,25 (2001). In Spanien fiel die Geburtenrate zwischen 1976 und 2001 von 2,8 auf 1,2. Gleichzeitig stieg das durchschnittliche Alter der Mütter bei der Geburt ihres ersten Kindes in Spanien von knapp 28 Jahren (1980) auf etwa 30,7 Jahre. In Deutschland stieg hingegen das Durchschnittsalter der werdenden Mütter in den alten Bundesländern von 24,3 (1970) auf 28,7 Jahren (Engstler 2003).

Ebenso ist die Zahl der Eheschließungen nicht nur in Deutschland, sondern in ganz Westeuropa rückläufig. Die Anzahl der Hochzeiten ist in Frankreich zwischen 1970 und 2000 um etwa ein Drittel auf ca. 260.000 zurückgegangen (Eurostat 2006). In Spanien fielen die Eheschließungen zwischen 1970 und 2000 um 17 Prozent auf 215.000.

Auch ist in den genannten Ländern der Europäischen Union ein Anstieg der Ehescheidungen zu verzeichnen. Die Ehescheidungszahlen in Deutschland haben sich seit 1970 nahezu verdreifacht. In Frankreich sind die Ehescheidungen zwischen 1970 und 1993 um das dreifache angestiegen. Auf 259.000 Eheschließungen kommen 2004 125.000 Ehescheidungen (Eurostat 2006). In Spanien ist die Ehescheidung seit 1981 wieder möglich. Seitdem hat sich hier die Anzahl von Trennungen und Scheidungen bis 2004 vervierfacht. 2004 kommen in Spanien auf 215.000 Eheschließungen 86.000 Ehescheidungen und Trennungen. Lediglich in Italien sind die Ehescheidungsraten relativ moderat. So wurden 2004 251.000 Ehen geschlossen und 44.000 geschieden (Eurostat 2006).

Dementsprechend haben sich die Familienformen gewandelt: Der Anteil von Paaren mit Kindern im Verhältnis zu anderen Familienformen ist überall rückläufig. Gleichzeitig steigt der Anteil der Alleinstehenden und Einpersonenhaushalte. So beträgt der Anteil dieser Gruppe in Deutschland 2000 ca. 37 Prozent, in Frankreich 32 Prozent, in Spanien 15 Prozent und in Italien 24 Prozent (Eurostat 2006). Auch hier gilt, die höchsten Anteile der Alleinstehenden finden wir in den Städten mit mehr als 500.000 Einwohner. Weiterhin hat die geschilderte Entwicklung einen Anstieg des Anteils der nicht-ehelichen Lebensgemeinschaften zur Folge. In Deutschland leben etwa 10 Prozent aller Paare unverheiratet zusammen. In Frankreich sind es 12 Prozent, in Spanien 4 Prozent und in Italien 2 Prozent (Eurostat 2003).

Für die Ausprägung von Familienmodellen ist diese Entwicklung folgenreich. Denn es wird das traditionelle Familienmodell, in dem der Ehemann der alleinige Ernährer der Familie und die Ehefrau für den häuslichen Rahmen zuständig ist, bei gleichzeitig auf den Ehemann zentrierten autoritären Mustern, ergänzt durch andere Modelle in alternativen Formen des Zusammenlebens wie zeitlebens kinderlose Ehepaare, nicht-eheliche Lebensgemeinschaften, Alleinerziehende und dauerhaft Alleinlebende. Zum Teil ist das traditionelle Familienmodell sogar in der Auflösung begriffen. Nach einer Untersuchung von Eurobaromètre (Mermet 1993) geben 1987 nur noch ca. 25 Prozent aller Europäer diesem Modell den Vorzug. Hingegen genießt das Modell in dem Mann und Frau in gleicher Weise berufstätig sind und die häusliche Arbeit verteilt wird, den Vorzug. 48 Prozent der Spanierinnen ziehen dieses Modell dem traditionellen vor, ebenso 47 Prozent der Italienerinnen und 47 Prozent der Französinnen präferieren dieses Modell. Bei den Spaniern sind es 46 Prozent, bei den Franzosen 43 Prozent und immer noch 36 Prozent der Italiener geben diesem Modell als dem meist genannten den Vorzug. Lediglich in Deutschland ist das traditionelle Modell für die Frauen mit 34 Prozent der Nennungen die erste Wahl!

Für diese Entwicklung ist sicherlich die teilweise außerordentlich hohe Frauenerwerbstätigkeit sowie die unterschiedliche Ausstattung mit einer kinderfreundlichen Infrastruktur in den europäischen Ländern verantwortlich. Insgesamt stehen wir also in ganz Europa vor der Tendenz der Pluralisierung familialer Lebensformen bei gleichzeitiger Differenzierung. Mit anderen Worten, die traditionelle Familie wird ergänzt bzw. ersetzt durch eine Vielfalt unterschiedlicher Familienformen und -muster. Gleichzeitig findet eine immer größere Differenzierung statt. Wie sich moderne Gesellschaften immer weiter in Teilbereiche mit hochspezialisierten Funktionen ausdifferenzieren, so sind familiale Lebensformen immer häufiger auf spezifische Funktionen ausgerichtet; wenn auch nicht unbedingt auf Dauer, so doch im Verlauf der Familienbiografie. Sie leben auf das/die Kind/er zentriert, paarzentriert, berufszentriert, pflegezentriert etc. etc. Andere Bereiche werden an außerfamiliale Institutionen oder Einrichtungen abgegeben. Dies ist aber tatsächlich folgenreich für die Paarbiografie oder das gelebte Familienmodell: Mit Fug und Recht können wir heute behaupten, dass überall in Europa die Auflösung des traditionellen Familienmodells zugunsten eines modernen Zweckverbandes zu beobachten ist.

These

Das traditionelle Modell der Familie wird sukzessive abgelöst durch das Konzept eines modernen Zweckverbandes.

Mit der Vielfalt der familialen Lebensformen wächst auch deren Unbeständigkeit, d.h. der Übergang von einer familialen Lebensform in die andere scheint relativ problemlos möglich. Die Entwicklung der „nicht-ehelichen" Lebensgemeinschaften und der „Alleinerziehenden" ist nur eine der Ausdrucksformen. Andere sind die Wiederkehr der Ehelosigkeit, die Trennung von Sexualität und Ehe, Entwicklung der Ehescheidungen und Wiederverheiratung. Dies wiederum bedeutet „Fortsetzungsfamilie" sowie parallele Elternschaft, d. h. die Trennung von biologischer und sozialer Eltern- und Kindschaft – eben „Patchworkfamilien".

Hier wird zugleich die Janusköpfigkeit der Familie deutlich: Sie ist sowohl Lebensgemeinschaft bzw. soziale Gruppe und gleichzeitig aber auch eine gesellschaftliche Institution. Als gesellschaftliche Institution stellt sie ein Geflecht von kulturellen Leitbildern, sozialen Normen und damit verbundenen sozialen Kontrollmechanismen dar. Als soziale Gruppe regelt sie das Verhältnis ihrer Mitglieder in einem besonderen Binnenklima unter Ausschluss der Öffentlichkeit (Nave-Herz 2006). Systemtheoretisch ausgedrückt: Familien regeln und organisieren heute ihr gemeinsames Wohnen und Haushalten, die Kindererziehung und die Ausbildung, ihre Erwerbstätigkeit und ihre Freizeit etc. in relativer Unabhängigkeit von anderen gesellschaftlichen Teilbereichen. Mit anderen Worten, die Familienmitglieder koordinieren und synchronisieren ihre durchaus nicht immer gleichartigen Bedürfnisse, Aufgaben und Wünsche und sie versuchen gleichzeitig, unvorhergesehene Ereignisse in den Familienalltag zu integrieren.

Das neue „Schnittmuster" des Familienkleides

Die altvertraute Formel „Vater, Mutter, Kind(er)", reicht für die Beschreibung des Kleides der Familien in der Bundesrepublik nicht mehr aus. Lediglich ein knappes Drittel aller Haushalte leben heute in der traditionellen Form der „Normalfamilie". Neben diesem herkömmlichen Familienmodell existiert noch eine bunte Vielfalt familialer Lebensformen: Ein-Elternfamilien, kinderlose Ehepaare, nicht-eheliche Lebensgemeinschaften mit und ohne Kinder, gemischtkulturelle Familien und nicht zuletzt homosexuelle Partnerschaften und Alleinlebende, die jedoch in den verschiedensten Beziehungsformen leben.

Der Bezugspunkt für die sogenannte „Normalfamilie" bildet das historisch bislang ziemlich einmalige Phänomen der 50er Jahre. Etwa 90 Prozent eines Altersjahrganges heirateten und über 90 Prozent aller Kinder unter sechs Jahren lebten zusammen mit ihren leiblichen Eltern. Es wurde jung geheiratet, in aller Regel die erste „große" Liebe bzw. bei Ankündigung einer Schwangerschaft. All das getreu dem Motto: „Verliebt – Verlobt – Verheiratet". In diesem familialen Lebenslauf war es üblich, dass sowohl die Frauen wie auch die Männer nahtlos von der Herkunftsfamilie in die neu gegründete eigene Familie übergingen. Im Schnitt wurden zwei Kinder zur Welt gebracht und eben in der „Normalfamilie" gelebt. Im Wesentlichen zeigt dieses Modell drei Zyklen: 1. die Phase vor der Eheschließung, die in der Regel in der Herkunftsfamilie erlebt wurde; 2. die Familienphase, also der Zyklus, der mit der seinerzeit relativ frühen Eheschließung und dementsprechend früh einsetzenden Elternschaft beginnt und mit Auszug der Kinder in die 3., die nachelterliche Phase, einmündet. Die folgende Grafik soll diese drei Phasen veranschaulichen:

Abb. 13: Modell der Familienphasen (ca. 1955; Nave-Herz 1997, S. 17)

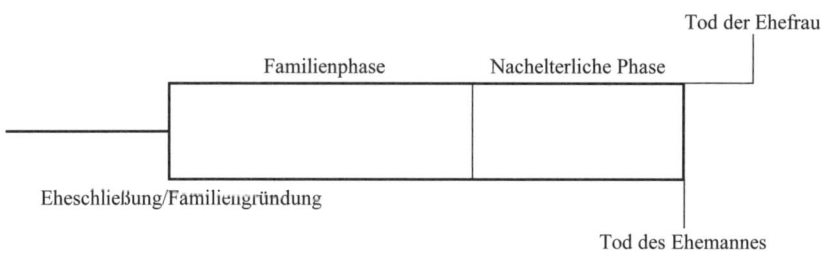

Zu dieser damals üblichen Familienbiografie haben sich heute erhebliche Differenzierungen herausgebildet. Ich habe versucht, diese Differenzierungen schematisch abzubilden (Abb. 14):

1. Die Eheschließung verschiebt sich in Richtung auf ein höheres Alter. Das Bildungssystem und die längeren Ausbildungszeiten fördern den Trend zum Aufschub von Heirat und Familiengründung. Der Einfluss der schulischen Bildung ist bei der Tendenz des Aufschubs der Eheschließung unverkennbar. Mit anderen Worten: Es kann davon ausgegangen werden, dass eine höhere Bildung und die damit einhergehende Berufsorientierung von Frauen, die Entscheidung für eine Eheschließung und natürlich auch die Entscheidung für ein Kind beeinflussen. So sind insbesondere Abiturientinnen bei den Frauen Vorreiterinnen beim Trend zum Aufschub der Heirat. Der Aufschub wird aber auch von den Männern getragen. Dies bedeutet jedoch nichts anderes, als dass das Bildungsniveau eine strukturierende Kraft beim Familienbildungsprozess ist. Gleichzeitig geht die Neigung eine Ehe einzugehen, drastisch zurück. So zeigen die zusammengefassten Heiratsziffern, dass von 100 ledigen Männern 2008 nur noch 70 heiraten, bei den Frauen sind es 80 (Stat. BA 1999).
Die vorehelichen Erfahrungen junger Menschen haben sich grundsätzlich verändert. Damit hat sich das Verhaltens- und Altersspektrum, was Partnerschaftsbeziehungen betrifft, für Männer und Frauen erweitert. Die insgesamt längeren Ausbildungszeiten und Veränderungen von Wertepräferenzen im Verhältnis von Eltern und Kindern/Jugendlichen stellen immer mehr Jugendliche von der Erwerbsarbeit frei, bzw. sie nehmen sie erst relativ spät auf. Für sie hat häufig das tradierte Familienbild seine Attraktivität verloren. Dabei sind die Erfahrungen in der Herkunftsfamilie, d.h. innerfamiliale Rollenteilung und Kommunikationsmuster bedeutsam. Ich hatte im ersten Kapitel angedeutet, Familie ist ein Prozess mit Gedächtnis. Daraus resultieren bei den jungen Erwachsenen häufig Konzepte zur Formulierung neuer und „eigener" Lebensentwürfe. In der

Konsequenz heißt das aber, es werden in aller Regel länger andauernde Beziehungen in früheren Jahren aufgenommen, ohne dass diese in eine Ehe einmünden müssen. Gleichzeitig werden mehr Partnerschaftserfahrungen gemacht und diese eröffnen Verhaltens- und Kommunikationsoptionen, die als Vorerfahrungen in der Lebensgestaltung von Männern und Frauen eine nicht zu unterschätzende Rolle spielen. Insofern bilden die nicht-ehelichen Lebensgemeinschaften, als ein Zusammenleben auf Probe vor allem junger Menschen, ein wichtiges Erfahrungsspektrum für das Verhalten in Beziehungen, gleichgültig wie diese Erfahrungen bewertet werden. Dies ist sicherlich Teil des Individualisierungsprozesses, der dem einzelnen Individuum einen größeren Entscheidungsspielraum erlaubt, also ein Mehr an Freiheit, aber auch weniger Orientierung durch normative Vorgaben.

2. Die elterliche Phase hat sich entschieden verkürzt. Dazu trägt zum einen die Entscheidung bei, Nachwuchs eher später zu planen. Zumindest für Frauen der Altersjahrgänge 1950 und jünger, spielt die Ausbildungszeit und eine ausgeprägtere Berufsorientierung, als sie ihre Mütter hatten, eine wesentliche Rolle. Des weiteren ist die Tendenz zum Einzelkind ausschlaggebend. Ich hatte gezeigt, dass einerseits der Anteil der Einzelkinder sowohl in den alten wie auch in den neuen Bundesländern bei ca. 25 Prozent liegt. Andererseits wird die Geburt des ersten Kindes deutlich in ein höheres Alter der Frauen verschoben. Das bedeutet, die Elternphase liegt im Alter zwischen Ende 20 und Anfang 50. Die biografische Verschiebung der Elternphase und die Abnahme der Kinderzahl wirken sich deutlich auf den Familienzyklus und den binnenfamiliären Erfahrungsraum aus. Zumal eine Ehescheidung zu einem relativ „normalen" Lebensrisiko geworden ist. Demzufolge sind auch Wiederverheiratungen, d.h. alle möglichen Formen der Stieffamilie zu einer durchaus geläufigen Erfahrung sowohl während der Elternphase als auch in der nach-elterlichen Phase geworden.

Insbesondere für Frauen, denen traditionell die Familien- und Erziehungsarbeit oblag und die heute noch im Wesentlichen Erziehungsarbeit und Berufsorientierung koordinieren müssen, bringt dies Veränderungen in ihrer Lebensplanung mit sich. Die Zeit, in der der familiale Sozialisations- und Erziehungsprozess abläuft, hat sich deutlich verkürzt. Die Elternphase, also der Zeitraum währenddessen Eltern und Kinder zusammenleben, beschränkt sich auf etwa 20 Jahre. Dies ist ein Viertel des gesamten Lebens einer Frau. Ihre Lebensplanung wird sie künftig kaum auf diese Zeit reduzieren, denn im „Dasein für andere" (Beck-Gernsheim 1983) lauert die Rollenfalle sozialer Isolation, materieller Abhängigkeit und eingeschränkter Autonomie.

Abb. 14: Modell familialer Lebensläufe (2000)

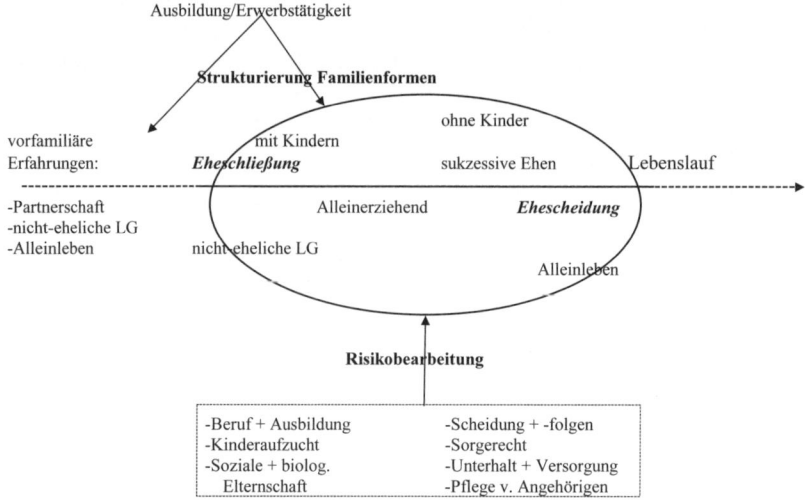

3. Gleichzeitig hat sich die nachelterliche Phase deutlich verlängert. Wenn die Eltern Anfang bis Mitte 50 sind, verlässt in aller Regel das erwachsene Kind sein Elternhaus. Mit dem Ausscheiden der Kinder aus dem Familienzusammenhang, wird die zurückbleibende Elterngeneration aber wieder auf ihre Partnerbeziehung verwiesen und die relativ lange nachelterliche Phase beginnt. Die Mutter hat nach dem Weggang des Kindes noch eine durchschnittliche Lebenserwartung von ca. 30 Jahren, der Vater von etwa 25 Jahren. Folglich ist Elternschaft eine begrenzte Phase im Leben von Männern und Frauen geworden und erfordert insbesondere von Frauen eine Neudefinition der Rolle, die sich traditionell über das Muttersein definierte. Dies hat Auswirkung auf den gesamten Lebensentwurf, denn das Einzelkind, das sich im mittleren Alter der Mutter emotional und faktisch ablöst, lässt eine Orientierung an anderen Rollenmustern nicht nur zu, sondern erzwingt sie nachgerade. Ansonsten müsste sich Frau damit arrangieren, ca. 25 Jahre ihres künftigen Lebens in dem Bewusstsein zu verbringen, dass das eigentliche Leben „vorbei" sei! Das heißt aber, dass in Zukunft die Erwerbstätigkeit, deren Unterbrechung und Wiederaufnahme, einen stärkeren Raum in der Lebensplanung von Frauen einnehmen wird.

4. Die nicht-ehelichen Lebensgemeinschaften sind in den alten wie auch in den neuen Bundesländern – wenn auch aus unterschiedlichen Gründen – zu einer durchaus akzeptierten Lebensform geworden. Sie sind, wenn man die „Verwandlung" von besagten Lebensgemeinschaften durch Eheschließungen mit einbezieht, vergleichbar stabil, wie die von Anfang an mit Trauschein versehenen Partnerschaften. Auch von der einstmals heftig betriebenen juristischen und moralischen Diskriminierung, scheint nicht

mehr viel übrig geblieben zu sein. Die „Maitresse" hat sich zu einer respektablen Lebensgefährtin gemausert und der „Galan" zu einem durchaus seriösen Lebenspartner.

Eheschließung und Familiengründung gehen für viele junge Menschen nicht mehr parallel. Dies zeigt die Entwicklung der nicht-ehelichen Lebensgemeinschaften. Für viele ist sie ein Durchgangsstadium und wird dann in eine Ehe umgewandelt, wenn sich Nachwuchs anmeldet. In den neuen Bundesländern haben vor allem geschiedene Beziehungspartner mit Kindern, die nicht-ehelichen Lebensgemeinschaften als Alternative zur herkömmlichen Wiederheirat und Stieffamilie entdeckt. Insbesondere für die meistens erwerbstätigen Frauen und Mütter, bietet diese Lebensform nach Trennungs- und Scheidungskosten – sowohl materieller wie auch immaterieller Art – größere Möglichkeiten der Selbstentfaltung und Autonomie.

Für viele hat das tradierte Kostüm der Kleinfamilie seine Attraktivität verloren. Die Abkehr von der Kleinfamilie ist häufig bestimmt vom vorgelebten Familienmodell der Elterngeneration. Wie gesagt, Familie ist ein Prozess mit Gedächtnis. Starre innerfamiliäre Rollenteilungen und Autoritätsmuster sind in aller Regel ausreichende Negativbeispiele, um neue Lebensentwürfe zu formulieren. Die Absage der 68er-Generation an die „repressive Struktur" der Kleinfamilie und die Kritik der Frauenbewegung an der Geschlechterhierarchie der klassischen Familie, bezog aus dieser Struktur ihre Argumente. Daraus resultiert, dass häufig die Ehe und die damit vermuteten strukturellen Muster abgelehnt und die nicht-eheliche Lebensgemeinschaft vorgezogen werden. In den alten Bundesländern trifft das besonders auf die mittlere Generation mit relativ guter Ausbildung und qualifizierten Berufen zu.

5. Das Alleinleben ist heute eine wesentliche Phase des nichtfamilialen Lebens. Längere Zeiträume des Alleinlebens gehen den Eheschließungen voraus, wie sie sich auch durchaus unfreiwillig aufgrund von Trennungen und Scheidungen während der familialen Phase ergeben. Vor allem aber ist das Alleinleben eine wichtige Phase im nachelterlichen Leben aufgrund von Verwitwung und Scheidung. Außerdem sagt das Alleinleben nichts darüber aus, ob und welche Art von Partnerschaftsbeziehungen gelebt werden. Die „Singles" als neuer Typ sozialen Lebens, die ihr Alleinleben auf Dauer ohne Beziehung stellen, bilden eher die Ausnahme. Die Jüngeren gehen in aller Regel – wenn auch später – letztlich eine Ehe ein, bzw. gründen eine nicht-eheliche Lebensgemeinschaft. Für die älteren ist der „Heiratsmarkt" meist so eng, dass sich als Alternative zum Alleinleben lediglich die Form von Wohngemeinschaften anbietet. Ob und wie solche Lebensformen genutzt werden, wird sich weisen.

Insgesamt zeigt sich, dass im Vergleich zu den 1950er Jahren die Familienbiografien deutliche Differenzierungen erfahren haben. Wir können eine Wandlung des vorehelichen Erfahrungsraumes feststellen. Die Elternphase hat sich in ein höheres Lebensalter verlagert und ist erheblich kürzer geworden. Die nachelterliche Phase hat sich um einiges ausgedehnt und diese Verschiebung ist folgenreich für die Lebensplanung und Berufsorientierung insbesondere von Frauen. Die nicht-ehelichen Lebensgemeinschaften sind im Wesentlichen zu einem Normalzustand sozialen Lebens geworden. Die Phasen nicht-familialen Lebens, das Alleinleben, hat an Umfang zugenommen und ist auf verschiedene Lebensphasen verteilt.

Hinweis

Familiale Lebensläufe haben eine deutliche Differenzierung erfahren. Der ursprünglich „normale" Übergang von der Ursprungsfamilie in eine neue eigene Familie ist einer Vielfalt von Optionen gewichen.

Ein geradezu klassisches Beispiel für den Entwurf eines eigenen Lebenskonzeptes und die darin liegenden Abhängigkeiten von Entscheidungen, ist der dargestellte Prozess der Familiengründung und die Abwägung ihrer Opportunitätskosten. Für eine richtige, sprich verantwortliche Entscheidung für ihr erstes Kind, muss eine Frau heutzutage vieles berücksichtigen: z. B. die Stabilität und Qualität der Partnerbeziehung, Stadium der eigenen Ausbildungs- und Berufsbiografie, finanzielle Lage, Wohnsituation, medizinische Ratschläge und Risiken. Aber nur in den seltensten Fällen passen irgendwann alle Faktoren ohne wenn und aber zusammen. Die typische Erfahrung scheint nun die zu sein, dass Frauen mit widersprüchlichen Erwartungen und Anforderungen konfrontiert werden, je nach Lebensbereich und sozialer Bezugsgruppe. Insbesondere ihre eigenen Wünsche kollidieren mit den Vorgaben der Berufswelt und der Norm einer möglichst gradlinigen Berufsbiografie derart, dass sie in ein Dilemma geraten. Der optimale Zeitpunkt ist nämlich nie zu erwischen, jedenfalls nie im voraus genau zu planen, aber immer sind erhebliche Langzeitfolgen an die jeweilige Entscheidung geknüpft. Jede Entscheidung, wie auch immer sie ausfällt, enthält biografische Risiken eigener Art.

Probleme bei der Anprobe des „neuen Familienkleides"

Aus der Betrachtung des Bildes der modernen Familie wird deutlich, dass „die Familie" als Institution zweifellos Konkurrenz bekommen hat, wenn man an diese Form des Zusammenlebens von Mann, Frau und Kindern als Maßstab die bislang traditionellen Kriterien wie Legalität (Eheschließung), Monogamie (sexuelle Treue), Kontinuität (Ehescheidung als Sonderfall) und biologische Elternschaft (Formen sozialer Elternschaft sind Ausnahmen) anlegt. In allen diesen Bereichen sind Wandlungen eingetreten und findet ein ständiger Austausch statt. Dieser normative Wandel des institutionellen Komplexes Ehe und Elternschaft läuft auf dem Hintergrund von Individualisierungsprozessen, vor allem des weiblichen Lebenszusammenhanges, ab. Die traditionellen Bilder familialen Lebens geraten um so mehr unter Druck, wie auch Frauen eigene Bedürfnisse und ihr privates Glück versuchen durchzusetzen. Das bedeutet aber auch, dass die Ehe, Partnerschaft, Beziehung etc. sich immer häufiger auf das Konzept zweier gleichwertiger und eigenverantwortlicher Personen begründet.

Wenn heute häufig Kritik an der Instabilität der Familien geübt und gleichzeitig insistiert wird auf die traditionelle Rolle der Familie, muss das Folgende bedacht werden: In einer Gesellschaft, in der sich Konsens und die Legitimation von Macht in Verfahren und Kommunikation begründen müssen, kann das Konzept einer auf Tradition und Werte beruhenden Familie nicht mehr als allgemein verbindlich vorausgesetzt werden. Außerdem wird dieses Konzept natürlich mit den „Wirren" privater Empfindungen und den nicht immer lebenspraktischen Fantasien seiner Mitglieder konfrontiert. Aber letztlich sind dies nichts anderes, als die Folgen der Moderne, vor allem ihrer sozialen Konsequenzen für die Beziehungspartner. Hier ein Zitat aus der Frankfurter Allgemeinen Zeitung:

> „Immer mehr Frauen erreichen mindestens die gleiche berufliche Qualifikation wie die Männer. Immer weniger aber wollen hinter der Karriere des männlichen Partners zurückstecken. Sich jahrelang durch eine anstrengende und interessante Ausbildung zu beißen, um dann zu Hause die Kinder zu erziehen oder die Gesellschaftsdame des erfolgreichen Gatten zu spielen – diese Zeiten sind vorbei. Die Konsequenz: Die Interessen der Lebenspartner prallen aufeinander." (FAZ v. 27.08.1994, S. 41)

Wenn aber Selbstbestimmung und Legitimation – die Grundlagen der Moderne – auch Eingang in Ehe, Familie und Partnerschaft finden, dann sind Geburten, Kindererziehung und Pflege von Kranken und Alten in der Familie eben keine Selbstverständlichkeiten mehr. Vielmehr müssen sich die Partner und Partnerinnen im Beziehungsalltag in einer komplizierten Prozedur Rede und Antwort stehen und im Zweifel die Partnerschaftsbeziehung neu gestalten.

Hinweis

Dies alles ist kein Abschied oder gar Tod von der Ehe und Familie, denn es gibt Alternativen dazu: nämlich Partnerschaft und Patchworkfamilie. Und: Partnerschaften als soziale Beziehungen, die alltäglich neu begründet werden müssen in ihrer Emotionalität und auch Sozialität, schließen sich neu zusammen als moderner Zweckverband.

Was bedeutet der Modernisierungsprozess nun für die moderne Familie? Männer verlassen das Haus, die Wohnung, um einer Erwerbsarbeit nachzugehen und immer mehr Frauen tun das ebenfalls. Die Kinder gehen in den Kindergarten, in die Schule, verbringen immer mehr Freizeit im Rahmen organisierter, wiederum außerhäuslicher Aktivitäten (z.B. Spielgruppe, Sportverein, Tanzunterricht, Musikgruppe), in den neuen Formen der quer über die Stadt verteilten „verinselten Kindheit" (Zeiher 1994). Der Alltag der Familienmitglieder findet also nicht mehr an einem gemeinsamen Ort statt, sondern ist auf ganz unterschiedliche geographische Punkte verteilt. Das heißt aber nichts anderes, als dass Familienalltag mehr und mehr zum Puzzle wird. Immer wieder von neuem müssen die einzelnen Bestandteile, die zeitlichen und räumlichen Arrangements gesammelt, verglichen und koordiniert werden. Daraus ergeben sich Unstimmigkeiten und in der Folge viele Versuche des Ausgleichens und Ausbalancierens und nicht zuletzt Konflikte. Elisabeth Beck-Gernsheim spricht in diesem Zusammenhang von einer „*Inszenierung des Alltags*" (Beck-Gernsheim 1998): Um die auseinanderstrebenden Einzelbiografien nämlich zusammenzuhalten, wird immer mehr Abstimmung nötig. Familie wird so auf vielen Ebenen zum alltäglichen „Balanceakt", zum dauernden „Bastel"-Projekt. Die Folge davon ist, dass sich der Charakter des Familienalltags sukzessive verändert. Während früher eingespielte Regeln und Muster das Feld beherrschten, werden jetzt immer häufiger Entscheidungen fällig. Immer mehr muss ausgehandelt, geplant und in „eigener Regie" hergestellt werden. Nicht zuletzt rücken auch Fragen der Ressourcenverteilung, der Gerechtigkeit zwischen den Familienmitgliedern ins Zentrum: Welche Belastungen sind wem zuzumuten? Wer hat welche Kosten zu tragen? Welche Ansprüche haben Vorrang, wessen Wünsche müssen zurückgestellt werden?

Im Verlaufe dieser Darstellung ist es vielleicht deutlich geworden, dass eine ausgeprägte Vielfalt der familialen Lebensformen und Dynamik zwischen diesen möglich ist. Es scheint so, als könnten diese Lebensformen relativ problemlos gewechselt werden. Die vorhandene Formenvielfalt, ihre rechtliche Zulässigkeit erlaubt auch ihre Wahl! Freiheit der Wahl heißt aber auch, kündigen zu können. Ebenso spielt der Wandel im Geschlechterverhältnis und die grundsätzliche Planbarkeit von Lebenszusammenhängen eine nicht zu unterschätzenden Rolle. Dieser Wandel wird recht gut an der Entwicklung der Ursachen und Gründe, die zu Ehescheidungen führen, deutlich. Seit den 50er Jahren ist ein kontinuierlichen Anstieg der Ehescheidungen sowohl in den alten Bundesländern als auch in den neuen bzw. der ehemaligen DDR, zu verzeichnen. Diese Veränderungen scheinen auf eine Verhaltensänderung der Bevölkerung hinzuweisen. Die leicht zurückgehenden Zahlen der letzten Jahre können nicht als Trendwende begriffen werden. Eher müssen eine Reihe von Faktoren dahingehend interpretiert werden, dass die Zahlen künftig weiter steigen. Hier spielt vor allem ein gewandeltes Verständnis von Ehe und Partnerschaft hinein.

Es ist offensichtlich, dass Ehe, Familie und Partnerschaft sich von den gesellschaftlich gesetzten Normen und entsprechenden Kontrollen immer mehr entfernen. Sie gelangen zunehmend in den Bereich individueller Gestaltungsmöglichkeiten. Dieser Gestaltungsfreiraum in gegenseitigem Einvernehmen ist rechtlich garantiert (Barabas/Erler 2002). Individuelle Dispositionen und Vorgaben der Berufswelt, persönliche Erwartungen und Lebensplanungen werden zunehmend wichtiger für die Gestaltung und für den Fortbestand der eigenen Ehe und Partnerschaft.

Eine deutliche Auswirkung hat die Frauenerwerbstätigkeit und die Verbesserung der Bildungschancen von Mädchen auf weibliche Lebensplanungen. Damit hat der seit den 1960ern stattfindende neue Modernisierungsschub auch Auswirkungen auf die Biografien von Frauen. Die Lebensgestaltung von Frauen wurde faktisch und normativ von Ansprüchen erfasst, die in ideeller Hinsicht auf die Aufklärung (*The Pursuit of Happiness*), in faktischer Hinsicht auf gesellschaftliche Interessen an besser ausgebildeten, jungen weiblichen Arbeitskräften zurückzuführen sind.

Elisabeth Beck-Gernsheim hat herausgearbeitet (Beck-Gernsheim 1983), wie die technische Perfektionierung der Empfängnisverhütung gleichzeitig die immer selbstverständlicher werdende Trennung von Sexualität und Fortpflanzung verstärkt hat und vor allem jungen Frauen eine bis dato unerhörte Verfügung über ihren eigenen Körper erlaubte. Die Widersprüchlichkeiten, die die Möglichkeiten der Empfängnisverhütung und ein traditionelles weibliches Rollenkonzept mit sich bringen, sind evident. Dies alles hat nachhaltige Wirkungen auf die Gestaltung von Partnerschaftsbeziehungen innerhalb und außerhalb der Ehe. Es hat aber auch Auswirkungen auf ein neu entstehendes Selbstverständnis, nämlich aktives Vorgehen statt Abwarten und Eigenverantwortung statt Abhängigkeit vom Mann. Damit werden den Frauen Optionen und Legitimationen für biografische Entwürfe eröffnet, in denen eine Familienkarriere keine oder nur eine untergeordnete Funktion zukommt. Gleichzeitig müssen sie sich in dem Konflikt zwischen ihren „egoistischen" Zielen und der Aufopferung aus Verpflichtung anderen gegenüber entscheiden.

Außerdem, wo Entscheidungen immer in einem Dilemma enden, sind auch die Versuche vorhanden, in der privaten Lebensorganisation Verbindlichkeit, Sicherheit und Verlässlichkeit zu schaffen, kurz: die Zukunft berechenbar zu machen. Hierzu gehören auch die nicht-ehelichen Lebensgemeinschaften, zumindest die sog. Ehen auf Probe. Offensichtlich wollen die Paare zunächst einmal versuchen, wie sie zusammen passen bzw. zusammen auskommen können, bevor sie heiraten. Oder aber, die Frauen sind aus dem Zwiespalt, Kind und Berufstätigkeit bei gleichzeitiger Nichtbewältigung des Familienalltags, ausgestiegen und haben sich scheiden lassen. Mit anderen Worten: Aufgrund der institutionellen Anforderungen, Abhängigkeiten und Zwänge lässt sich das gewünschte Lebensmodell nicht herstellen. Auch wenn die Verbindung von Partnerbeziehung, Kindern und Beruf gewünscht wird, kommen doch vielfach nur „unvollständige Kombinationen" zustande bzw. das gewünschte Modell „scheitert". Etwa zwei Drittel der Geschiedenen heiratet wieder. Ein weiterer Teil versucht für die Zukunft eine gewisse Sicherheit einzubauen und geht die nicht-eheliche Lebensgemeinschaft ein, wobei der neue Partner womöglich aus vorausgegangener Ehe oder Partnerschaft auch eigene Kinder mitbringt. In der Folge wachsen immer mehr Kinder mit einem nicht-biologischen Elternteil auf. In diesen Konstellationen sind es nicht mehr die traditionellen Zuordnungen (Abstammung bzw. Heirat), die Verwandtschaft konstituieren. Entscheidend ist vielmehr, ob die sozialen Beziehungen, die ursprünglich aus den Verbindungen entstanden, auch nach der Trennungs- bzw. Scheidungssituation fortgesetzt werden. Wenn diese sozialen Beziehungen abgebrochen werden oder allmählich versickern, dann ist es am Ende auch mit der lieben Verwandtschaft aus. Was in anderen Familienkonstellationen der Moderne sich ansatzweise zeigt, tritt hier deutlich hervor: Das Aufrechterhalten der Beziehung ist kein selbstverständlicher Akt mehr, sondern eine freiwillige Handlung. Nach der Scheidung sortieren sich die Familienverhältnisse neu, den Gesetzen der Auswahl, der persönlichen Zuneigung folgend nehmen sie den Charakter von „Wahlverwandtschaften" an.

Hinweis

Moderner Zweckverband heißt Partnerschaft von potentiell – auch ökonomisch – gleichberechtigten Partnern; heißt aber auch Wahl der Lebensform. Freiheit der Wahl impliziert das Prinzip der Kündigung und neue Wahl!

So verschiebt die geschilderte Erweiterung des weiblichen Handlungsspielraumes natürlich auch die „Machtbalance" zwischen den Geschlechtern zugunsten der Frauen. Sie sind nun nicht mehr auf eine Heirat angewiesen und können sich im Falle eines Scheiterns der Ehe bzw. Partnerschaft, eine Scheidung oder Trennung eher als ihre Mütter erlauben. Wenn heute also Gewicht und Dauer einer Familienkarriere eine Angelegenheit freier Wahl für beide Geschlechter geworden sind, so entspricht dies grundsätzlich dem Gesetz der Gleichheit, unter dem die Moderne angetreten ist. Anders, die Beteiligten sind heute prinzipiell ökonomisch und sozial gleichberechtigte Beziehungspartner auf Zeit. Es tritt immer deutlicher die Logik individueller Lebensentwürfe hervor. Die Familie wird eher zur Wahlgemeinschaft, zum Verbund von Einzelpersonen, die ihre eigenen Interessen, Erfahrungen und Lebenspläne einbringen und jeweils eigenen Kontrollen, Risiken und Zwängen ausgesetzt sind.

Lesehinweise

Bertram, Hans (Hrsg.) (1995): Das Individuum und seine Familie. Lebensformen, Familienbeziehungen und Lebensereignisse im Erwachsenenalter. Opladen.

Erler, Michael (1996): Die Dynamik der modernen Familie. Empirische Untersuchung zum Wandel der Familienformen in Deutschland. Weinheim.

Nave-Herz, Rosemarie (2006): Ehe- und Familiensoziologie. Weinheim. 2. Aufl.

Schneider, Norbert F./Rosenkranz, Doris/Limmer, Ruth (1998): Nichtkonventionelle Lebensformen. Opladen.

3. Das System Gesellschaft

Als **Gunnar** bei **Miriam** einzog, machten sich beide keine großen Gedanken. Gunnar war froh, endlich nicht mehr mit seiner Ehefrau Anja zusammenleben zu müssen. Das Zusammenziehen war auch kein Problem, denn Miriam lebte im Hause ihrer Eltern, die wiederum im Hause ihrer Großmutter lebten, da diese pflegebedürftig war. Miriams Wohnung bzw. das kleine Haus „bot" sich nachgerade an für ein gemeinsames Zusammenleben. Über Hochzeit und dergleichen wurde nicht geredet. Es stand ja auch erst einmal Gunnars Scheidung an. Die Haushaltsorganisation war anfangs gar kein Problem. Beide arbeiteten und Miriam hatte ihre Routine in Haushaltssachen. Gunnar ordnete sich gern dieser Routine unter, war er doch dadurch von viel Kleinkram entlastet, der ihn sowieso nicht interessierte.

Circa ein Jahr nach Gunnars Scheidung begann Miriam laut über das Heiraten nachzudenken. Gunnar reagierte nicht, allenfalls verhalten. Als sich jedoch Miriam eine Hochzeit in „weiß" anfing auszumalen, reagierte er genervt. Er machte aber nie seine Position in dieser Angelegenheit klar. Nicht, dass ihm seine vorherige Ehe ein Problem gewesen wäre. Die Trennung und Scheidung von Anja hatte er wie ein Naturereignis hingenommen. Und außerdem gab es ja dann auch Miriam. Kurz darauf war Miriam schwanger. Ihr war das bereits in der dritten Woche klar. „Wenn man sich wirklich liebt, dann heiratet man ...", waren ihre Worte. Und Gunnar sei nun mal ihre große Liebe. Sie bestand auf einer Hochzeit nicht nur auf dem Standesamt, sondern auch in der Kirche. Gunnar war baff, hatte Miriam doch solange er sie kannte, nie irgendwelche religiösen Ambitionen gezeigt. „Eine Hochzeit ist nur in der Kirche eine richtige Hochzeit", war ihre Position und sie ließ nicht mit sich handeln. Gunnar war zwar genervt aber letztlich war es ihm gleichgültig. Er scheute nur den „Aufwand". Miriams Mutter war selig und übernahm die Hochzeitsvorbereitungen. Auch die im Rollstuhl sitzende Großmutter musste mit. Gunnars Mutter machte Ausflüchte, sie müsse allein kommen, was Gunnar sehr peinlich war. Seine Eltern hatten sich nämlich, als er zehn Jahre alt war, getrennt. Sein Vater lebte seitdem mit einer anderen Frau zusammen. Die Trennung hatte seine Mutter nie verkraftet, sie hatte sich auch nicht scheiden lassen. Das kam für sie nicht in Frage.

Nach der Geburt von Sandra gab Miriam ihren Beruf auf und versorgte nun ausschließlich ihre kleine Tochter, die sie vergötterte und ihren Mann. Gunnar ließ dies geschehen, blieb er doch so von lästigen Haushaltspflichten verschont. Sein Baby war ihm fremd und er war immer ängstlich, wenn er es hielt. Er beobachtete irritiert und verstimmt, wie Miriam und Sandra zu einer Einheit wurden. Aber auch das machte ihm nicht viel aus, war er doch beruflich sehr eingespannt und außerdem hatte er einige kleine zusätzliche Aufträge, die gut dotiert wurden. So konnte er Miriam hin und wieder ein Geschenk machen, dass er sich sonst nicht hätte leisten können.

Karin und **Günther** hatten eigentlich nicht die Absicht zu heiraten. Gleich als sie zusammenzogen, sprachen sie darüber. „Heiraten ist was für Pfarrer und Mütter", meinte Karin abschätzig. Diese Einstellung änderte sich auch nicht, als Karin schwanger wurde. Karins Mutter machte zwar immer wieder Vorhaltungen, hatte aber keine Resonanz bei den beiden. Karin erzählte dann kichernd, dass ihre Mutter mit ihr hochschwanger gewesen sei, als sie heiratete. „Das Brautkleid musste zweimal geändert werden, damit der Bauch reinpasste!", prustete Karin jedes Mal los, wenn das Thema wieder einmal aufs Tapet kam. Ihre Mutter wurde dann immer noch rot. Günthers Mutter war verwitwet und hätte es gerne gesehen, wenn ihr Sohn sich hätte kirchlich trauen lassen. Günther wusste das, reagierte aber nicht.

Patrick war dann der Sonnenschein von allen. Karin arbeitete nach der Geburt weiter und der Junge war bei den jeweiligen Großmüttern, die sich um ihn rissen. Nach einiger Zeit waren beide, Karin und Günther, unzufrieden mit der Situation, dass die Großmütter mehr mit ihrem Sohn zu tun hatten und besser über seine Bedürfnisse und Entwicklung Bescheid wussten, als sie selbst. So entschloss sich Karin schweren Herzens, ihren Job zu kündigen. Sie versorgte von da an Kind und Mann. Erstaunlicherweise bekam das allen recht gut. Der Haushalt machte Karin auf einmal Spaß. Zusammen mit Patrick ging sie einkaufen und machte den Haushalt. Günther half vor allem am Wochenende bei allem was anfiel. Er fühlte sich als Vater sichtlich wohl. Und so kam es, dass die beiden über das Heiraten nachdachten, da sie doch nun schon seit fast seit zwei Jahren zusammenlebten. Außerdem wäre es doch besser, wenn das Kind auch seinen Namen hätte. „Aber bloß nicht in der Kirche!", meinte Günther und war sich darin mit Karin einig. So kam es, dass die beiden in einer kleinen Gesellschaft standesamtlich heirateten und Patrick zum Ergötzen aller mit dem Brautstrauß den Teppich im Trauungszimmer fegte.

3.1 Der Systemgedanke

Wir haben uns angewöhnt, viele Zusammenhänge, zumal wenn sie kompliziert sind, als „Systeme" zu bezeichnen. So wird unsere Welt auch „System" genannt. Diese Umwelt besteht wiederum aus Teilsystemen, die wiederum miteinander in Beziehung stehen. Innerhalb dieses Verbundes von Systemen gibt es eine Reihe von „Untersystemen" (Subsystemen) sowie Ober- und Nebensysteme. Dementsprechend unterteilen wir unsere Umwelt in ein Politik-„system", in ein Wirtschafts-„system", in ein Bildungs-„system", in ein Gesundheits-„system", in die „Systeme" sozialer Sicherung, in ein ökologisches „System" etc., etc. Was aber erklärt uns der Begriff System?

Wie ich in der Einleitung bereits sagte, der Systembegriff ist alt. Auch in den Naturwissenschaften benutzte man den Systembegriff frühzeitig. So sind die ältesten Versuche, Ordnung in das den Menschen umgebende Universum zu schaffen, mit Hilfe von Systematisierungen gemacht worden, z. B. das Modell des Kosmos in der Antike. Vergleichbares geschah in der Chemie mit dem periodischen System der Elemente oder in der Biologie mit dem System von Arten, Gattungen und Klassen. Mit anderen Worten: ein System ist der Versuch, ein aus vielen Einzelteilen mit seinen Wechselwirkungen bestehendes Ganzes zu ordnen. Seit den 70er Jahren des letzten Jahrhunderts hielt der Systemgedanke Einzug in die Sozialwissenschaften.

Für die Soziologen waren die Vorstellungen der Selbststeuerung von Systemen aus der Kybernetik ein Denkanstoß. Und aus der Biologie waren die Konzepte der beiden chilenischen Biologen Humberto Maturana und Francisco Varela von Bedeutung. Von den beiden stammte die Idee, dass Systeme autopoietische[9] sind, dass sich ihre Elemente, aus denen sie bestehen, selbst reproduzieren.

Exkurs

In Deutschland wurde der systemtheoretische Diskurs 1968 durch Niklas Luhmann mit einer Auseinandersetzung um das Konzept der strukturell-funktionalen Theorie Talcott Parsons eröffnet (Luhmann 1969). Mittlerweile haben sich eine Reihe interdisziplinäre systemtheoretische Ansätze herausgebildet, die sich sowohl in den Analyseebenen als auch in den theoretischen Konzepten unterscheiden lassen. Luhmann spricht selbst von einem „Paradigmenwechsel" innerhalb der allgemeinen Systemtheorie (Luhmann 1991, S. 15 ff.).[10]

Von Anfang an war die Kritik vehement und grundsätzlich. Sie begann bereits auf dem Soziologenkongress in Frankfurt am Main im Anschluss an das Referat von Luhmann. Vor allem von Seiten der sich auf Marx berufenden Diskutanten geriet die Systemtheorie und Luhmann selbst unter Ideologieverdacht. Ihm wurde vorgehalten, er liefere mit der Theorie sozialer Systeme die Legitimation für die bürgerlich-kapitalistische Gesellschaftsordnung, sie sei unhistorisch und impliziere eine statische Orientierung (Protokoll 1969). Aus den Reihen der „Kritischen Theorie" bestimmte Habermas den Tenor. Zum einem ging es Habermas um theorieimmanente Momente, insbesondere war ihm Luhmanns Grundbegriff „Sinn" nicht einheitlich. Er warf jenem vor, die Sinnkonstitution ins Erleben zu verlagern und zugleich zu behaupten, dass Erleben und Handeln aus zugrundeliegender Sinnkompetenz resultiere (Habermas/Luhmann 1971). Schwer wiegender war Habermas' Kritik, das Luhmannsche Konzept neige zur Sozialtechnologie, da es keine präzisen Aussagen über das Zustandekommen von Macht, Gewalt, Ausgrenzung und Kontrolle im System gäbe.

Diese Positionen bestimmten bis in die 1980er Jahre den systemtheoretischen Diskurs. Mittlerweile gibt es eine differenziertere Auseinandersetzung mit der Luhmannschen Systemtheorie und deren Ausdifferenzierung (Baecker u. a. 1987; Willke 1991; Krawietz/Welker 1992). Seither bietet die Systemtheorie eine Plattform, auf der eine bereichsspezifische Weiterentwicklung folgen konnte, so z. B. für die Soziale Arbeit und die Familienarbeit (Hollstein-Brinkmann 1993; Miller 2001; Ritscher 2002; Osswald 1988; von Schlippe/Schweitzer 1999).

Wenn wir an unsere Umwelt denken, so ergeben sich die Eigenschaften eines Systems nicht aus den Merkmalen der isolierten Subsysteme gleichsam als deren Summe. Die Umwelt, in der wir leben, würde nur unzureichend beschrieben, wenn wir sie entsprechend den Merkmalen ihres Wirtschafts-

---

9 *Autopoiesis* (griech.) heißt Selbst-Erzeugung; Maturana 1982; Varela 1994
10 Tilly Miller gibt in ihrem Buch „Systemtheorie und soziale Arbeit", Stuttgart 2001, einen kurzgefassten aber informativen Überblick über die verschiedenen Ansätze.

„systems" oder ausschließlich nach den Merkmalen ihres Bildungs-„systems" darstellen würden.

> „Man konnte dann zwar sagen, das Ganze *sei* die Gesamtheit der Teile oder *sei mehr* als die bloße Summe der Teile; aber damit war nicht geklärt, wie das Ganze, wenn es nur aus Teilen plus Surplus bestehe, auf der Ebene der Teile als Einheit zur Geltung gebracht werden könne." (Luhmann 1991, S. 20; Markierung M. E.)

Diese Komplexität (Interdependenzen) wird in der Theorie sozialer Systeme thematisiert. Wir können heute davon ausgehen, dass die Wirklichkeit um uns herum zunehmend komplexer und unübersichtlicher wird. Durch die Prozesse der Globalisierung wird der Aktionsradius hinsichtlich Information, Kommunikation und Wissen noch weiter gespannt (Miller 2001, S. 44). Eine Antwort auf Komplexität ist Systemdifferenzierung. Diese verläuft nach funktionalen Sinnkriterien.

> „Systemdifferenzierung ist nichts anderes als die Wiederholung der Differenz von System und Umwelt innerhalb von Systemen. ... Danach besteht ein differenziertes System nicht mehr einfach aus einer gewissen Zahl von Teilen und Beziehungen zwischen Teilen; es besteht vielmehr aus einer mehr oder weniger großen Zahl von operativ verwendbaren System/Umwelt-Differenzen, die jeweils an verschiedenen Schnittlinien das Gesamtsystem als Einheit von Teilsystem und Umwelt rekonstruieren." (Luhmann 1991, S. 22)

Diese Überlegungen werde ich im Folgenden erläutern.

3.2 Differenzierungsprozesse als funktionale Spezialisierung

Die Theorie sozialer Systeme befasst sich mit der funktionalen Spezialisierung gesellschaftlicher Teilbereiche. Für die Untersuchung eines systematischen Zusammenhanges zwischen spezialisierten Teilbereichen der Gesellschaft und der dort stattfindenden Problemerzeugung, bietet sich das Konzept der *gesellschaftlichen Differenzierung* an (Schimank 1996). Dieser Ansatz ist seit den soziologischen Klassikern (Herbert Spencer, Emile Durkheim, Max Weber und Norbert Elias) Kernstück einer besonderen soziologischen Evolutions- oder Gesellschaftstheorie. Emile Durkheim entwickelte sein Konzept gesellschaftlicher Differenzierung u. a. an der gesellschaftlichen Arbeitsteilung und konzentrierte seine Aufmerksamkeit auf die Vervielfältigung von Berufen und produktiven Tätigkeiten (Durkheim 1977). Er konstatierte einen geradlinigen Entwicklungsprozess von segmentären, d. h. aus vielen gleichartigen Elementen zusammengesetzten einfachen Gesellschaften zu hochgradig arbeitsteiligen modernen Gesellschaften.

Die zentrale Hypothese des Differenzierungskonzeptes ist die Annahme einer *Entflechtung* traditioneller Strukturen, in denen sehr vielfältige und unterschiedliche Funktionen zusammengebunden waren.

Hinweis

Die Theorie der gesellschaftlichen Differenzierung geht davon aus, dass im Prozess gesellschaftlicher Entwicklung traditionelle Strukturen, in denen ursprünglich eine Vielfalt von Funktionen verknüpft waren, in Teilbereiche mit jeweils besonderen Aufgaben und thematischen Eigengesetzlichkeiten aufgelöst wurden.

Mit dieser Hypothese ist die Annahme verknüpft, dass im gesellschaftlichen Entwicklungsprozess Teilbereiche, wie etwa die Wirtschaft, die Politik, das Recht, die Wissenschaft und nicht zuletzt die Familie aus ursprünglich ganzheitlichen Strukturen ausdifferenziert und auf Dauer gestellt wurden (Tyrell 1978). Gleichzeitig werden diese Teilbereiche mit einer besonderen Thematik und eigenen Logik hinsichtlich ihrer Funktionen versehen.

Ich möchte hier ein historisches Beispiel für einen zentralen Differenzierungsprozess zwischen frühem Staat und Kirche anführen: den berühmten Gang des jungen Heinrich IV. nach Canossa. Worum ging es? Es ging um die förmliche Einweisung in ein Kirchenamt, die mit der Übergabe der Insignien verbunden war, um die sogenannte Investitur. Von daher hat dieser Konflikt von den Historikern den Namen Investiturstreit bekommen. Das Recht zur Investitur war stets dem Höherstehenden vorbehalten. In der Lehnsordnung war nun der Bischof (oder der Abt) nicht nur geistlicher Würdenträger, er hatte auch eine wichtige Funktion in der Verwaltung des Reiches. Der König und Kaiser, der als „Gesalbter des Herrn" seine Macht von Gott selbst bezog, bestand darauf, dass es sein ausschließliches Recht sei, geistliche Würdenträger zu ernennen, wenn es auch dem Klerus vorbehalten blieb, sie anschließend zu ordinieren.

Der Papst nun behauptete, nur er als Stellvertreter Christi auf Erden sei die Quelle aller irdischen Macht, vor allem aber der kaiserlichen Macht. Wenn der Papst den deutschen König zum Kaiser „mache", indem er ihn feierlich salbe, dann habe er auch das Recht, ihn wieder abzusetzen. Dasselbe Recht stehe ihm auch im Hinblick auf die höchsten weltlichen Fürsten zu. Heinrich IV. blieb dagegen bei seinem Anspruch, allein das Investiturrecht zu besitzen und ging zum Frontalangriff über (Rovan 1995, S. 102). Der Konflikt eskalierte schon bald. Es begann mit etwas Unerhörtem: 1076 sprach der Papst den Kirchenbann gegen den König aus und entband die geistlichen und weltlichen Großen von ihrer Gehorsamspflicht als Vasallen. Doch der junge Heinrich wusste sich zu helfen. Als er sah, dass seine Stellung wankte, machte er sich allein und ohne Heer auf den Weg nach Italien. Er wanderte über die Alpen bis zur Burg Canossa in der Toskana und bat dort den Papst um Vergebung. Papst Gregor VII. war von diesem ungewöhnlichen Schritt so überrascht, dass er sich zur Aufhebung des Banns genötigt sah.

Das Bild des Königs Heinrich IV., der im weißen Büßergewandt barfuß im Schnee steht und drei Tage lang um Einlass und Vergebung fleht, bis ihn der Papst schließlich erhört, wurde nicht nur in der deutschen Geschichtsschreibung als ein Symbol für die Erniedrigung des Königtums in Deutschlands interpretiert. In Wirklichkeit war der Gang nach Canossa ein voller Erfolg für den König und Heinrich hat ihn auch als einen solchen begriffen (Rovan 1995, S. 103 ff.). Liegt es doch seitdem in der Hand des Königs, Personen, die auch weltliche Funktionen in der Verwaltung des Reiches haben, ausschließlich selbst, nach ihm eigenen Kriterien und Maßgaben zu ernennen. Dies ist nunmehr ausschließliche Staatsangelegenheit!

Im Jahr 1122 wurde in Worms ein Konkordat unterzeichnet: Der Kaiser verzichtete auf die geistliche Investitur, der Papst duldete, dass der Monarch weiterhin die weltliche Investitur vornahm. Was Deutschland betraf, so erreichte der Kaiser sogar, dass die Bischofswahl durch das Domkapitel in seiner oder in Gegenwart seines Stellvertreters stattfinden musste, vor allem aber, dass der Bischof erst nach der weltlichen Investitur ordiniert werden konnte. Auf diese Weise behielt der Kaiser seinen ausschlaggebenden Einfluss auf die Wahl der Kirchenfürsten (Rovan 1995, S. 107). Der Investiturstreit war sicherlich einer der sehr frühen Differenzierungsprozesse, in dessen Verlauf sich ein eigenes und neues Staatsverständnis ausbildete. Frei nach dem Motto: dem Papst was dem Papste ist, aber dem Kaiser was des Kaisers ist!

Systemtheoretisch gedeutet, hatte der Investiturstreit die Funktion Umweltkomplexität zu reduzieren. Die komplexere Umwelt für Heinrich war zum einen die Expansion und Verteidigung des Reiches nach außen. Aber eben auch Befriedung nach innen gegenüber den anderen Feudalherrn und Einführung einer effektiven Verwaltung in diesem Sinne. Von daher musste Heinrich, wollte er erfolgreich sein, die staatliche Verwaltung frei machen vom Imperativ religiöser Herrschaft. Anders ausgedrückt, ein System kann immer nur einen Teil der Umweltkomplexität verarbeiten und blendet damit andere Teile aus. Dies ist das Grundprinzip von Systemen: Sie bearbeiten jeweils nur den Teil, der als bedeutsam erachtet wird. Die Verarbeitung von Komplexität wird demzufolge reduziert auf bestimmte Erfordernisse, während andere Erfordernisse anderswo erfüllt werden (Luhmann 1991, S. 262 f.; s. Kap. 4.2).

Noch ein Beispiel, diesmal aus der Wissenschaftsgeschichte: Der Prozess des Galileo Galilei. Worum ging es diesmal? Am Ende des Prozesses des Heiligen Offiziums gegen Galileo Galilei musste dieser am 22. Juni 1633 seinen kopernikanischen Überzeugungen, also dass sich die Erde um sich selbst und um die Sonne als Zentralgestirn dreht, abschwören (Fölsing 1983). Danach soll er jedoch gesagt haben, wohl in seinen Bart: „Und sie dreht sich doch!" Aber das war es nicht, worum es eigentlich ging. Das heliozentrische Weltbild war durchaus akzeptiert, wenn auch nur von einigen wenigen Eingeweihten, zu denen auch der nachmalige Papst Urban VIII. gehörte.

Galilei war der Advokat eines neuen wissenschaftlichen Selbstverständnisses, er stand mitten in einer wissenschaftlichen Revolution. Deren Beginn kann auf das Jahr 1543 datiert werden, in dem die astronomisch-kosmologische Wende durch das Erscheinen des Buches „De revolutionibus" von Nikolaus Kopernikus eingeläutet wurde. Ihren Abschluss findet sie im Jahr 1687, in dem Isaac Newton in seinen „Mathematischen Prinzipien der Naturphilosophie", die Entwicklung einer mechanischen Physik zur Vollendung gebracht hatte. Galilei wurde 1564 geboren, als das Werk des Kopernikus schon zwei Jahrzehnte alt war und er starb 1642, im Geburtsjahr Newtons. Damit stand er schon in zeitlicher Sicht im Zentrum dieser wissenschaftlichen Revolution, vor allem aber auch intellektuell. Das System des Kopernikus, als mathematische Hypothese zur „Rettung der Erscheinungen" eine kaum beachtete, auch von der katholischen Kirche tolerierte Angelegenheit für einige Spezialisten, wurde von ihm in den Rang einer Wahrheit erhoben. Um diese aller gängigen Naturphilosophie und Theologie widersprechende Wahrheit plausibel zu machen, holte er die nur in der Astronomie als Erkenntnismittel angewandte Mathematik auf die Erde herab, schuf eine mathematische Theorie der Bewegung und wandte diese Theorie auf die Bewegung der Planeten am Himmel an.

Das war es: Galileo Galilei formulierte die spezifischen Gesetzmäßigkeiten einer neuen Wissenschaft, die sich frei machte von dem Erklärungsmonopol der katholischen Kirche. Er formte die moderne Naturwissenschaft, mit dem ihr eigenen Erkenntnisinteresse, ihrer eigenen Logik und den ihr eigenen Methoden und Verfahren! Mit diesem Credo ließ sich aber auch die Autonomie der neuen Wissenschaft gegenüber der Theologie behaupten. In einem Brief an die Großherzogin Christine beschreibt er dies so:

„Nichts Physisches, das die Sinneserfahrung vor unsere Augen stellt oder das notwendige Beweisführungen uns deutlich machen, sollte daher in Frage gestellt – und viel weniger noch verboten – werden auf Grund des Zeugnisses von Textstellen aus der Bibel, hinter deren Worten ein ganz anderer Sinn verborgen sein kann, denn die Bibel ist nicht in jedem ihrer Ausdrücke an Bedingungen gebunden, die so strikte sind wie jene, die das Wirken der Natur beherrschen; noch offenbart sich Gott in der Natur in weniger ausgezeichneter Weise als in den geheiligten Sätzen der Bibel." (Fölsing 1983, S. 17)

Es ist also die Erkenntnis der Bewegungsgesetze einfacher mechanischer Systeme, die wohl als die größte Leistung Galileis angesehen werden kann. In exemplarischer Weise verkörpern sie die Erfindung und theoretische Begründung jenes Verfahrens, mit dem man seither zu immer neuen Entdeckungen gelangte: die moderne Naturwissenschaft.

Für die gesellschaftlichen Differenzierungsprozesse der Neuzeit bedeutet dieser Differenzierungsprozess: Trennung von Religion und Politik im Prozess der „Säkularisierung", Trennung von Ökonomie (Betrieb) und Familie

(Familienhaushalt), von Religion und Wissenschaft, von Politik und Wirtschaft und nicht zuletzt Trennung von Religion und Erziehung. Die so entstandenen „neuen" gesellschaftlichen Teilbereiche entwickelten jeweils eigene Funktionen und eigene unabhängige „Logiken", so z. B. in den verselbständigten modernen Naturwissenschaften und den Religionen. Galileo Galilei wurde noch von der „Logik" seiner Religion, die auch in der Astronomie und Physik Gesetz bleiben sollte, schier zerrissen.

Hinweis

Systeme reduzieren die Komplexität ihrer Umwelt, indem sie nur diejenigen Ereignisse verarbeiten, die im System für relevant gehalten werden.

Systemdifferenzierung ist ein evolutionärer Prozess, der, wenn er gelingt, „... Systeme auf einem höheren Niveau der Komplexität stabilisiert(en)" (Luhmann 1991, S. 38). Systeme reagieren somit auf die Komplexität ihrer Umwelt, indem sie ihre eigene Komplexität steigern. Dies erreichen sie mittels Binnendifferenzierung und Schließung nach außen hin.[11]

Danach konnte Galilei als gläubiger Katholik behaupten, dass innerhalb der Gesetze der von ihm neu formulierten Naturwissenschaften die geheiligten Sätze der Bibel nur von nachrangiger Bedeutung sind (Systemdifferenzierung). Die vielfältigen mathematischen und astronomischen Erkenntnisse und deren Anwendung (z. B. Fernrohr), d. h. die gestiegene Komplexität, konnte Galilei nur in den Griff bekommen, durch Komplexitätssteigerung des Wissenschaftssystems (neue Gesetze der Naturwissenschaften z. B. Fallgesetze) und gleichzeitiger Reduktion der Komplexität der Umwelt. Um die Umweltkomplexität, beispielsweise Reformation und Gegenreformation, Weltumsegelung und Dreißigjähriger Krieg in Europa zu reduzieren, wurde das „neue" System Naturwissenschaften mit einer eigenen Logik und eigenen Methoden geschaffen (Selbstreferenz) und von den Imperativen der sie umgebenden politischen, religiösen und herrschaftlichen Systemen abgelöst.

„Systemdifferenzierung ist nichts weiter als Wiederholung der Systembildung in Systemen." (Luhmann 1991, S. 37)

Ich will die Überlegungen zur Ausdifferenzierung und Entwicklung einer spezifischen Logik am Beispiel des historischen Wandels, den Liebe und Ehe erfahren haben, hier nochmals umreißen: Es war eine der zentralen Entwicklungen, die sich erst gegen Ende des 18. Jahrhunderts kulturell durchgesetzt hatte, Intimbeziehungen zwischen Mann und Frau grundsätzlich auf Liebe und nur auf Liebe zu begründen. Die Intimbeziehung wurde ausschließlich auf das Gefühl und die Form der Liebessemantik, also auf

---

11 Hier ist auf das Paradoxon hinzuweisen, dass Systeme Komplexität reduzieren, indem sie sich ausdifferenzieren. Sie reagieren damit auf Umweltkomplexität so, dass sie ihre Binnenkomplexität erhöhen. Dies führt aber wiederum zu einer Steigerung der Gesamtkomplexität (Miller 2001, S. 44).

die Sprache und Zeichen der Liebe gebaut. Der Bestand einer solchen Beziehung hing nunmehr von ihrer Befrachtung bzw. von den aus ihr selbst resultierenden Problemen ab (Luhmann 1982). Im so gewandelten Beziehungsverständnis bedeutet dies, reine Liebe ist maßlos, muss maßlos sein und damit ist sie aber vergänglich. Mit der auf Liebe begründeten Intimbeziehung war nun freilich auch die Hoffnung verbunden, die Maßlosigkeit auch zeitlos werden zu lassen, ein schwieriges Unterfangen, wie wir wissen. Durch diesen Prozess wurde auch Sexualität aufgewertet und als „Eigenlogik" zu einem integralen Bestandteil einer auf Selbsterfüllung ausgerichteten Partnerbeziehung.

Etwa seit der Romantik, also seit dem ausgehenden 18. Jahrhundert rührte der Versuch her, der Instabilität der Liebe den institutionellen Schutz der Ehe zu geben. Sinnstiftendes Moment der Ehe ist seitdem Liebe und Zuneigung. Ökonomische, generative oder dynastische Aspekte verloren ihren Einfluss. Damit wurde der Anspruch einer individuellen Selbstverwirklichung formuliert. Wir sehen, die Angelegenheit wurde immer komplizierter und zwar innerhalb und außerhalb der Beziehungen: es differenzierte sich eine zunehmend individuelle und private Intimität aus (Burgière u. a. 1997).

Die Gesellschaft entwickelte und setzte nun ihrerseits Zeichen und Codes (Luhmann 1982), damit die Individuen ihre Affekte, Gefühle und Sexualität ausbilden konnten und lernten, darüber zu kommunizieren. Indem jedermann die Ehe schließen konnte, wurden die Zeichen und Codes, also die Liebessemantik allgemein. Dies geschah im letzten Drittel des 19. Jahrhunderts und Hedwig Courths-Mahlers Romane wurden Bestseller. Aber, in jedem Fall musste die Sprache der Liebe, das Flirten und Kokettieren gelernt und die Gefühle für das private Leben kultiviert werden.

Gleichzeitig machte die Diskrepanz zwischen dem persönlichen Leben und den neuen komplexen gesellschaftlichen Strukturen die Sinnhaftigkeit von Intimbeziehungen und den Rückzug ins Private, in die Familie, plausibel. Um auf die vorige Überlegung zurückzukommen, die Entwicklung des Systems Familie ist nicht nur der Komplexitätssteigerung seiner Umwelt geschuldet, sondern eben auch seiner inneren Ausdifferenzierung. Gemeint ist die Ausbildung eines emotionalen Intimraumes, die Ausbildung von Codes, die es ermöglichen über Gefühle, Bedürfnisse und Sexualität zu kommunizieren und nicht zuletzt die Ausbildung von spezifischen Beziehungsräumen zwischen den Geschlechtspartnern sowie die Ausbildung eines besonderen Eltern-Kind-Verhältnisses und zwischen den Geschwistern.

Das Problem, wie Differenzierungsprozesse mit funktionaler Spezialisierung und Abschließung nach außen (operative Schließung; s. Kap. 4.2) interpretiert werden, soll an vier Aspekten verdeutlicht werden (Tyrell 1978, 183 ff.). Dabei können diese Aspekte als eine Art Katalysatoren für den Prozess der Ausdifferenzierung gesellschaftlicher Teilsysteme verstanden werden.

1. Im Differenzierungsprozess legen sich zwischen die gesellschaftlichen Teilbereiche Schwellen der *legitimen Indifferenz*. Der Komplexitätszuwachs, den die gelungene Ausdifferenzierung ermöglicht, resultiert ja wesentlich daraus, dass das Handeln in Teilsystemen wie etwa in der Wissenschaft vom traditionellen Zwang zur Mitberücksichtigung sinn- und systemfremder (z. B. religiöser) Gesichtspunkte freigesetzt und entlastet wird. So ist es für die Ausdifferenzierung des Wissenschaftssystems notwendig, dass es gegenüber dem „Innenleben" und den „Imperativen" ehemals nahestehender Systeme keine Rücksicht nimmt (vgl. Galileo Galilei). Das ausdifferenziertc Teilsystem kann nur so seiner funktionsspezifischen Eigenrationalität folgen.

2. Relative Autonomie verlangt die rechtliche Markierung und Abschirmung der „Grenzen" der ausdifferenzierten Teilsysteme gegenüber Kontrollen von außerhalb. Die Sicherstellung einer *relativen Autonomie* der jeweiligen Teilsysteme ist Funktion der Grundrechte und auch das zentrale Thema moderner Individualisierungs- und Privatisierungsprozesse, beispielsweise in der Wirtschaft.

3. Gesellschaftlich institutionalisierte funktionale Spezialisierung meint immer auch tendenziell *exklusive Zuständigkeit*. Solche ausschließliche Zuständigkeit kann – wie im Falle des staatlichen Gewaltmonopols – explizit institutionalisiert und rechtlich verbürgt sein. Sie kann aber auch mehr auf der Ebene des Normalverhaltens, der Faktizität sichergestellt sein.

4. Im Zuge funktionaler Spezialisierung bilden die heterogenen gesellschaftlichen Teilsysteme eigene Handlungslogiken, Rationalitätsmuster und Motivlagen aus. Dies ermöglicht zugleich die Freisetzung und Kultivierung *spezifischer Verhaltenssstile* in den Teilsystemen. So hat sich entsprechend der Spezialisierung der Familie auf sozial-emotionale Funktionen und auf die Erziehung der Kinder für das Zustandekommen von Paarbeziehungen eine eigene „Logik" ausgebildet: Die Partnerwahl ist ein komplizierter Akt individueller Entscheidung geworden, in dem Liebe und Zuneigung, Dispositionen und Einstellungen, Wünsche und Zukunftsperspektiven, Berufsarbeit und Lebensart und nicht zuletzt die Sexualität der künftigen Beziehungspartner in eine Balance zu bringen sind.

Hinweis

Gesellschaftliche Differenzierungen sind in ihrem Kern Prozesse der Trennung, in deren Verlauf zuvor strukturell zusammenhängende Funktionskomplexe auf jeweils stärkere Spezialisierung und „relative Autonomie" hin auseinander treten.

Nun sollte nicht der Eindruck entstehen, dass der Prozess der Ausdifferenzierung zu einem beziehungslosen Nebeneinander der unterschiedlichen Systeme führt und z. B. die Teilbereiche Wirtschaft, Kultur und Politik jeweils abgeschottet voneinander ihre Aufgaben erfüllen würden. Vielmehr ist es zum Bestandserhalt des Ganzen notwendig, dass *die Teilsysteme kommunizieren.*

3.3 Gesellschaft als Vernetzung von Handlungssträngen

Wenn wir uns in unserer Umwelt umsehen und die uns umgebenden Systeme Wirtschaft, Politik, Kultur, Bildung etc. dann sind wir schier überwältigt von der Vielfalt der Institutionen und deren Funktionen. Es hat den Anschein, als ob in Wirklichkeit Politik und Wirtschaft – um nur diese beiden Bereiche zu nennen – zwei neben vielen anderen blinden, rücksichtslosen und auf sich selbst bezogenen gesellschaftlichen Aktionszentren wären, die offensichtlich nicht oder nur ungenügend in der Lage sind, die an sie gestellten Leistungserwartungen zu erbringen. Um es anders auszudrücken, die funktionale Differenzierung, Komplexität und strukturelle Variabilität des Gesellschaftssystems hat ein Ausmaß erreicht, zumindest in den am weitesten fortgeschrittenen Regionen des Erdballs, das historisch ohne Beispiel ist. In gleichem Maße steigt die Unwahrscheinlichkeit gesellschaftlicher Ordnung und damit die Risikobehaftung hochkomplexer Gesellschaften (Beck 1986). Vor allem die Vorstellungen von der „Machbarkeit" der Welt, wie sie seit der französischen Revolution und in ihrem Gefolge seit der technisch-industriellen Revolution für selbstverständlich gehalten wurde, geraten heute ins Zwielicht. Ökonomische Krisen wie die Verarmung der dritten Welt, Szenarien ökologischer Desaster und weltweit operierende Terroristengruppen zeigen, scheinbar hinter dem Rücken der Akteure der modernen Welt, wie deren Machbarkeit zerbröselt. Rationalität und Planbarkeit werden deutlich entzaubert.

Von solchen Überlegungen ausgehend, wird in der soziologischen Systemtheorie die These formuliert, dass Gesellschaften nicht bloße Aggregation, also Zusammenwürfelung von Menschen sei (Willke 1993, S. 21). Vielmehr scheint sie in einer spezifischen Form überindividueller sozialer Realität verankert, die jenseits von individuellem Handeln steht. Was bedeutet dies, was ist mit dieser „überindividuellen sozialen Realität" gemeint? Nehmen wir das Beispiel Familie, um die es uns ja hier geht. Sicherlich wird eine Familie von den einzelnen Familienmitgliedern gebildet. Sie machen das soziale „System" Familie, wie wir hier sagen, aus. Sie bilden also die soziale Realität. Betrachten wir diese Realität oder das System Familie genauer, so werden wir feststellen, dass das, was in einer Familie abläuft, sich in einem erstaunlichen Maße unabhängig von den Individuen abspielt. Diese Abläufe oder Interaktionen gehorchen Gesetzmäßigkeiten, denen die Familienmitglieder ausgeliefert sind und die sich gegen jede Modifikation sperren. Erwerbsarbeit und Familienleben sind institutionell voneinander getrennt, ebenso ist der Bereich Ausbildung aus dem System Familie ausgegliedert und sind eigene Ausbildungsinstitutionen geschaffen worden, genauso wie die Betreuung von Kranken und Alten. Die Lebensläufe von

Männern und Frauen sind heute aber um die Erwerbsarbeit zentriert und die Freizeit ist der Gegenpart zur Erwerbsarbeit. Die Organisation des Familienlebens wird ganz automatisch von dem zeitlichen Beginn der Erwerbsarbeit, dem morgendlichen Schulbeginn, den Öffnungszeiten von Kindergarten und Hort und nicht zuletzt von den Ladenschlusszeiten bestimmt.

Hinweis

Gesellschaft ist nicht bloße Aggregation von Menschen, sondern sie scheint in einer spezifischen Form überindividueller sozialer Realität verankert, die jenseits vom individuellen Handeln steht.

Wenn wir uns das Beispiel Organisation vornehmen, wird das Ganze noch deutlicher. Jede und jeder, die einmal im Krankenhaus waren oder die Hochschule besucht haben, werden bestätigen, dass das, was sich dort abspielt eher den Eigengesetzlichkeiten und formalen Ablaufschemata der Einrichtung geschuldet ist, als dem je individuellen Handeln. Eher ist das individuelle Handeln Ergebnis der Formalstruktur der Organisation. Mit ihren Regeln, Anweisungen, Studien- und Prüfungsordnungen haben sie die entscheidenden Faktoren geschaffen, die für ihr Funktionieren offenbar die Grundlage bilden. Macht man sich nun noch klar, in welchem Ausmaße moderne Gesellschaften heute organisiert sind, dann wird vielleicht deutlich, welchem Regelwerk und welchen Abhängigkeiten überindividueller Art wir heute ausgesetzt sind. Moderne hochkomplexe Gesellschaften stellen ein Regularium kompliziert miteinander verflochtener Organisationen dar: Exekutive, Legislative, Unternehmen, Gewerkschaften, Parteien, Versicherungen, Kirchen, Wirtschaftsverbände, Börsen, Krankenhäuser, Schulen, Hochschulen etc. etc. All diese Organisationen, die beileibe nicht vollständig aufgezählt sind, haben sich bürokratisch organisiert und bestimmen die Abläufe in der Gesellschaft. Der Platz individuellen Handelns scheint in der Tat sehr klein.

Ich hatte oben gesagt, dass sich moderne Gesellschaften mit ihren funktionalen Teilbereichen in historischen Prozessen ausdifferenziert haben. Das Problem besteht natürlich darin, wie funktionieren moderne Gesellschaften als soziale Systeme? Und das Problem ist ja mit der These, Gesellschaft sei in einer spezifischen Form überindividueller sozialer Realität verankert, nicht kleiner geworden. Aber vielleicht kann die Überlegung weiterhelfen, wenn wir davon ausgehen, das Gesellschaft der umfassende Zusammenhang des aufeinander bezogenen und füreinander relevanten sozialen Handelns ist (Willke 2005, S. 23). In vorindustriellen Gesellschaften ist das aufeinander bezogene und füreinander relevante Handeln gut nachvollziehbar am Beispiel der Nachbarschaftshilfe. Probleme konnten nur und erst dann geregelt werden, wenn die beteiligten Personen anwesend waren und das Problem gemeinsam erkannten. Bei einem Brand ist das relativ einfach: es qualmt gar mächtig! Der Regelungsmechanismus gegenseitiger Hilfe war aufeinander bezogen und füreinander relevant. Denn: half man sich nicht, brannte gegebenenfalls das Haus ab und bei der nächsten Gelegenheit verweigerte der abgebrannte Nachbar seinerseits die Hilfe. Somit war allen Beteiligten klar, nicht theoretisch aber immer praktisch, was soziales Handeln ist.

> **Hinweis**
>
> Gesellschaft ist der umfassende Zusammenhang des aufeinander bezogenen und füreinander relevanten sozialen Handelns.

Heute ist dieses füreinander relevante Handeln weltweit ausgedehnt, wenn wir uns z. B. den Tourismus betrachten, den Sport oder aber die Ökonomie und Wissenschaft und die Akteure sind sich in den seltensten Fällen persönlich bekannt. Aber jedem ist trotzdem klar, dass die morgendliche Tasse Kaffe oder Tee gefährdet sind, wenn *El Niño* zuschlägt und die Ernten vernichtet oder die Transportarbeiter das Löschen der Kaffeesäcke oder Teekisten verweigern. Die Kaffeeröstereien und die Teeaufbereitung sollten ebenfalls reibungslos funktionieren, ganz zu schweigen von der Logistik und der Sahneproduktion für den Morgenkaffee. Mithin sprengen diese Abläufe des füreinander relevanten Handelns die klassischen Gesellschaften in ihren nationalen Grenzen. Wir sprechen deshalb von der „Informationsgesellschaft", der „Wissensgesellschaft", sprechen gar von „Globalisierung". Da wir wissen, dass in fast allen Bereichen, die uns umgeben, das aufeinander bezogene Handeln mit den unterschiedlichsten Risiken behaftet ist, sprechen wir auch von der „Risikogesellschaft" (Beck 1986).

Was uns hier entgegentritt ist, ist das Problem, dass in entwickelten Gesellschaften nicht so sehr die einzelne abgrenzbare Handlung von Bedeutung ist, sondern die Vernetzung und das Zusammenwirken von Handlungen in Ketten. Norbert Elias war einer der ersten, der das Problem von langen Handlungsketten unter dem Aspekt der Langsicht im „Prozess der Zivilisation" beschrieb:

> „Das Verhalten von immer mehr Menschen muss aufeinander abgestimmt, das Gewebe der Aktionen immer genauer und straffer durchorganisiert sein, damit die einzelne Handlung darin ihre gesellschaftliche Funktion erfüllt." (Elias 1976, Bd. II, S. 317)

Es ist diese Verflechtungsordnung, die den Gang gesellschaftlichen Wandels bestimmt und die dem Prozess der Zivilisation zugrunde liegt.

> **Hinweis**
>
> In entwickelten Gesellschaften ist nicht so sehr die einzelne abgrenzbare Handlung von Bedeutung, sondern vielmehr die Vernetzung und das Zusammenwirken der unterschiedlichsten Handlungen in Ketten oder Strängen.

3.4 Symbolische Kommunikation

Zu Beginn der 1990er Jahre lebte ein hoffnungsvoller junger Mann in Singapur namens Nick Leesam. Er war Angestellter in der Niederlassung der Baring-Bank in London und hatte Handlungsvollmacht im Bereich Warentermingeschäfte. Dabei tätigte er flott und forsch Puts und Calls auf Futures. Dies dermaßen flott und forsch, dass, als er an einem Tag das letzte Mal auf seinem Computer die Enter-Taste drückte, zeitgleich die Investmentabteilung der Baring-Bank zahlungsunfähig war. Es hätte fast die gesamte Bank mitgerissen und auch die englische Königin, die bei dieser Bank den größten Teil ihres Vermögens in Verwaltung hat. Wie leicht zu erkennen ist, wird heute unter den Bedingungen gesellschaftlicher Komplexität die Bedeutung langer Handlungsketten überlagert durch die Wirkung von Netzwerken symbolischer Kommunikation, welche sich von Subjekten oder Akteuren unabhängig gemacht haben (Willke 1993, S. 24).

Dies leuchtet gewiss ein, wenn man sich vergegenwärtigt wie Sprache funktioniert. Es treten sich in aller Regel mindestens zwei Personen gegenüber und kommunizieren in der ihnen gewohnten Sprache oder Dialekt. Solange die Sprache an die Anwesenheit der Personen gebunden ist, ist Kommunikation zugleich Sozialität, da nur von Angesicht zu Angesicht kommuniziert werden kann. Ist einer der Beteiligten abwesend, bricht nicht nur die Kommunikation zusammen, sondern auch der soziale Kontakt. Nun passierte Folgendes: etwa um 1454 entwickelte Gutenberg den Buchdruck mit beweglichen Lettern. Von nun an zirkulierten nicht nur Bücher, sondern auch Flugblätter und Zeitungen und sonst allerlei Gedrucktes. Mit anderen Worten, mit der Erfindung der Schrift – lange vor Gutenberg – ist es möglich zu kommunizieren, ohne sich von Angesicht zu Angesicht gegenüber zu stehen. Am Beispiel des Briefe Schreibens wird deutlich, wie Sozialität über Kommunikation auch über die räumliche Trennung hinweg möglich wird. Aber seit Gutenberg kann sich Kommunikation *massenhaft* mittels des Mediums der Schrift als symbolische Kommunikation ausbreiten. Ohne Gutenbergs Erfindung hätte übrigens kein Hahn nach Martin Luthers 95 Thesen gekräht.

Ähnlich verhält es sich mit dem Geld. In dem Moment, wo es ein Medium gibt, mittels dessen die geronnene Arbeit allgemein akzeptiert ausgetauscht werden kann, wird die Zirkulation abstrakt und löst sich von dem schwerfälligen Tauschgeschäft. Es ist dann eben nicht mehr nötig, die selbst produzierte Ware z.B. ein Paar Schuhe gegen einen Sack Kartoffeln einzutauschen, für die dann das ersehnte Kleid getauscht werden kann. Wenn dann Geld in seinen Derivaten Scheck, Wechsel, Überweisung und nicht zuletzt Aktien, Obligationen, Zertifikate aller Art etc. zirkuliert, wird vielleicht deutlich, was gemeint ist, wenn von Netzwerken symbolischer Kommunikation gesprochen wird. Oder wenn wir uns die Möglichkeiten moderner Kommunikation, SMS und Internet vor Augen halten. Spätestens am „Neuen Markt", über den wir alle etwas wissen, den aber noch niemand gesehen hat und auf dem wir uns auch niemals an irgendeinem Stand treffen werden, ist Kommunikation eine völlig abstrakte: Es werden nur noch Namen und Werte in € oder $ gehandelt.

Hinweis

Heute wird unter den Bedingungen gesellschaftlicher Komplexität die Bedeutung langer Handlungsketten überlagert durch die Wirkung von Netzwerken symbolischer Kommunikation, welche sich von Subjekten oder Akteuren unabhängig gemacht haben.

Unter Kommunikation wird in diesem Zusammenhang die Übertragung verstehbarer Information verstanden. Kommunikation ist aber nicht nur Sprache, sondern auch Non-Verbales, Kleidung etc. und das Nicht-Anwesend-Sein (Luhmann 1991, S. 192 ff.). Dies ist nicht nach dem simplen Schema: Sender – Empfänger, zu verstehen. Vielmehr wählt der Sender selektiv aus, was er übermitteln möchte. Dazu wählt er eine Form der Übermittlung aus und der Empfänger wählt selektiv aus, was er davon aufnimmt und wie er es versteht (Miller 2001, S. 56). Zwischen Sender und Empfänger liegt eine Differenz. Zwar kann über Verstehen und Nicht-Verstehen kommuniziert werden, jedoch bleibt die Differenz bestehen. Kommunikation ist also immer auch Selektion (Luhmann 1991, S. 194). Und es geht um Verstehen, nicht um Konsens. Am Beispiel Geld wird das klar. Ein Euro ist ein Euro, mit dem kann ich mir eine Ware oder eine Dienstleistung kaufen. Anders ausgedrückt, der Euro bedeutet eine bestimmte Information über einen Wert, den wir alle kennen. Dabei müssen wir noch lange nicht eine bestimmte Wirtschaftsordnung und deren Produktionsweise oder Einkommensverteilung etc. akzeptieren. Ein wichtiger Aspekte des Verstehens ist somit auch Klarheit über Dissens (Willke 1993, S. 25). Daraus folgt, „… dass Kommunikation nur als selbstreferentieller Prozess möglich ist." (Luhmann 1991, S. 198)

Wenn wir uns die Entwicklung von Gesellschaften betrachten, dann scheint es so, als ob sie es immer wieder zu einer relativ robusten Ordnung bringen. Betrachten wir Gesellschaft als soziales System, dann wird deutlich, das die Ordnung von Teilsystemen oder ganzer Systeme ohne Vorwarnung zusammenbrechen, also auch einen instabilen Aspekt haben. Familien brechen auseinander, große Firmen müssen Insolvenz beantragen, einzelne terrorisieren eine Gesellschaft, ganze Gesellschaften sind bereit und in der Lage sich zum Mord an Minderheiten zu ermächtigen. Es scheint so, als ob gesellschaftliche Ordnung immer ein Balanceakt ist. Sie ist instabil in dem Sinne, als dass die Bedingung ihrer Stabilisierung zugleich die Bedingung ihrer Gefährdung ist: nämlich ein Grad an Komplexität, der Ordnung erzwingt, aber diese zugleich unterminiert (Luhmann 1991; Willke 1993).

Dies lässt sich gut am Beispiel des Bargeldumlaufs und des Kreditvolumens verdeutlichen. Vielfältige Voraussetzung für Investitionen, Erweiterung der Produktion, Zukauf von Grund und Boden bzw. Immobilien für die Verlagerung von Standorten, für die Kreation neuer Produkte oder -linien und die dazugehörigen Werbemaßnahmen sind Kredite. Sie erweitern fraglos den ökonomischen Handlungsspielraum. Gleichzeitig ist mit dem Kredit immer das Risiko der Insolvenz verbunden.

Tab. 4: Bargeldumlauf und Kreditvolumen

	1985	1990	1998
Bargeldumlauf	114.719	227.000	271.000
Kreditvolumen	3.283.828	5.243.829	9.109.858

Quelle: Datenreport 1999; jeweils in Millionen DM[12]

Ende der 1980er Jahre saß der Freiherr von Bethmann in seinem Frankfurter Bankhaus und betrachtete sich sinnend diese Entwicklung (s. Tab. 4). Seine Befürchtung wuchs, dass irgend jemand irgendwann das Buchgeld (Kreditvolumen) fordern würde zu realisieren. So viel Geld gibt es überhaupt nicht! Was dann? Die Folge wäre eine finanzielle Katastrophe, wie etwa der „schwarze Freitag" von 1929. Seufzend erhob sich der Freiherr von seinem Schreibtisch, verkaufte flugs seine Bank bzw. die Anteile, die er hielt. Seitdem führt er ein angenehmes Leben als Mäzen.

Ein weiteres Beispiel ist die Entwicklung des Sozialbudgets in der Bundesrepublik (s. Tab. 5). Fraglos hat das System der sozialen Sicherung einen ökonomischen, politischen, kulturellen und sozialen Nutzen (Kaufmann 1997, S. 34 ff.). Dieser Nutzen ist aber mit Kosten verbunden. Heute stehen wir vor dem Problem, dass zum einen der Nutzen bezweifelt wird, weil er sich z. B. auf der Dimension des Humankapitals nicht so ohne weiteres in Cent und Euro beziffern lässt. Andererseits werden die Kosten ins Feld geführt, die zweifellos immens sind und die Grenzen finanzieller Belastung erreicht haben, wenn wir davon ausgehen, dass im Jahr 2000 das Sozialbudget fast ein Drittel des Bruttoinlandproduktes ausmacht. Hier sind dann schnell die Lösungsvorschläge bei der Hand: Nämlich entweder das Ganze zusammen zu streichen oder nach amerikanischem Vorbild die Verweigerung der Annahme einer Erwerbsarbeit mit der strikten Kürzung von Leistungen des Sozialsystems zu ahnden. Nur dass in der Folge das ausbalancierte System von ökonomischem (Humankapital), politischem (Integration und Befriedung), kulturellem (Wertekanon) und sozialem (Reproduktion) Nutzen zusammenbräche.

---

12 Seit 2001 werden die Werte auf EU-Basis fortgeschrieben. Insofern stehen sie so nicht mehr für Deutschland zur Verfügung, die Umrechnung wäre umständlich und fehlerbehaftet. Das Problem bleibt bestehen, wie die Finanzkrise 2008/09 gezeigt hat!

Tab. 5: Sozialbudget und Sozialleistungsquote

	1960	1970	1980	1990	2000	2009
Sozialbudget in Milliarden Euro	32,3	84,2	222,9	338,3	643,2	753,9
Sozialleistungsquote in Prozent	21,1	25,1	30,6	27,8	31,8	31,3

Quelle: BM für Arbeit und Soziales. Bonn, Mai 2010; Sozialleistungsquote ist der Quotient aus dem BIP und dem Sozialbudget

Die Beispiele lassen deutlich werden, dass moderne funktional ausdifferenzierte Gesellschaften, um ihre Abläufe zu garantieren, ein Ausmaß an Komplexität erreicht haben, das ihrerseits wieder hochgradig riskant ist, indem die erreichte Komplexität zu kollabieren droht.

3.5 Kommunikation und Erwartungen

Ich hatte schon gesagt, dass das aufeinander bezogene und füreinander relevante soziale Handeln als konstituierendes Moment für Gesellschaft sukzessive ersetzt wird durch das Zusammenwirken von Handlungen in langen Ketten oder Strängen. Heute wird dieser Prozess ersetzt durch die Wirkung von Netzwerken symbolischer Kommunikation. Nun besteht in unseren modernen hoch differenzierten Gesellschaften das Problem, dass die ausdifferenzierten Teilbereiche (Subsysteme) miteinander kommunizieren müssen, um zu existieren. Wenn wir uns Organisationen, Behörden, Institutionen, Unternehmen oder aber Subsysteme wie die Wirtschaft, das Bildungssystem, das Gesundheits- und Sozialsystem, das kulturelle System oder das politische System betrachten, so erhalten wir leicht den Eindruck, dass es sich dabei um blinde, rücksichtslose und auf sich selbst bezogene Bereiche handelt. Wir verstehen eine Vielzahl von Entscheidungen nicht und beschreiben dies sehr bildhaft mit den Worten: „Da weiß wieder die linke Hand nicht, was die rechte tut!". Dabei meinen wir einen ganz empfindlichen Punkt in diesem Zusammenhang: Das Problem nicht gelingender Kommunikation, oder wie ein Systemtheoretiker es ausdrückt: „Die Unwahrscheinlichkeit gelingender Kommunikation." (Willke 1993, S. 29 f.)

Das grundsätzliche Problem von Kommunikation ist ja ihre momentane Dauer. Wenn nicht weitere Kommunikation folgt ist eben Schluss. Das Problem wird augenscheinlich, wenn bei TV-Nachrichten der angekündigte Beitrag ausfällt und die Moderatorin oder der Moderator kein Material zur Verfügung haben, die so entstandene Pause zu überbrücken. Das Schweigen, die Pause, die Leere auf dem Bildschirm wird schnell unerträglich auf beiden Seiten, bei Sender und Empfänger der Nachricht. Dasselbe erleben wir, wenn ein Redner seinen „Faden" verloren hat, uns wird es regelrecht „peinlich" den armen Menschen zu sehen, wie er versucht seinen Faden

wieder zu finden. Oder im Gespräch, wenn wir wieder einmal nicht zugehört haben, von uns aber eine Antwort gefordert wird – peinlich das Ganze.

Nun haben Gesellschaften, um die Kommunikation und damit auch die
immer wieder erfolgende Wiederherstellung sozialer Zusammenhänge zu
erleichtern, Vorkehrungen getroffen. Es muss nicht immer wieder am Punkt
Null angefangen werden, dies wäre überaus müßig. Dafür haben wir als Individuen aber auch die Gesellschaft Möglichkeiten entwickelt, um Ereignisse als Erfahrungen im Gedächtnis zu speichern und in vergleichbaren Situationen nach Belieben abzurufen. Als Individuen nennen wir diese An-
schlussmöglichkeiten „Erwartungen". Wir „wissen" aus Erfahrung, was
von uns in einer bestimmten Situation „erwartet" wird. Sei es in einem Be-
werbungsgespräch, dass uns an Prüfungen erinnert, sei es beim Kartenspiel
oder aber bei der Hochzeit unseres besten Freundes oder Freundin. Es sind
„Erwartungen", die unsere Kommunikation strukturieren, sei es im alltäglichen Umgang, im Konflikt oder beim Flirten.

Gesellschaften haben ähnliche Muster von Erwartungen herausgebildet, die
das Aufeinanderfolgen von Kommunikation erleichtern helfen und in bestimmte Bahnen lenken. Diese symbolischen Erwartungsmuster reichen von
Sitten und Bräuchen in vormodernen Gesellschaften hin zu Rollen und Normen und von Wertvorstellung bis zu Ideologien in unseren hochmodernen
Gesellschaften. So ist z.B. die Höflichkeit ein Muster, das Kommunikation
lenkt. Wer, wann und in welcher Form gegrüßt wird ist wichtig zu wissen,
denn nur dann ist sowohl dem Grüßenden wie dem Gegrüßten klar, was als
nächstes kommt. Ein kurzes Gespräch, Smalltalk oder das Nachfragen nach
dem Befinden einzelner Familienmitglieder. So ist auch das sogenannte „gute
Benehmen" nichts anderes, als die Strukturierung von Kommunikation zwischen Fremden, zwischen den Geschlechtern, zwischen lediglich Bekannten
oder zwischen Freunden. Und es bildet die Anschlussstellen der Kommunikation zwischen Vorgesetzten und Untergebenen. Letztlich ist die Höflichkeit
oder das Benehmen die Regelung des Umgangs und der Kommunikation
zwischen Menschen unterschiedlicher sozialer Herkunft (Elias 1977). Dabei
werden diese Erwartungsmuster immer abstrakter und reichen in Organisationen zu den manchmal nicht mehr nachvollziehbaren Verfahrensregeln. In
jedem Fall aber regeln die Erwartungsmuster, was „normalerweise" als
nächsten kommen müsste (Willke 1993, S. 30).

Hinweis

Die symbolischen Muster der Strukturierung von Erwartungen sind nichts anderes als Regeln, die klären helfen, in welchen Situationen und unter welchen Bedingungen welche kommunikativen Anschlüsse möglich sind und welche nicht.

Daraus resultiert, dass soziale Ordnung zu verstehen ist als der Versuch, der Zeitlichkeit von Kommunikation einen Rahmen zu geben, damit die Momenthaftigkeit von Kommunikation das soziale System nicht kollabieren lässt. Anders ausgedrückt, es werden relativ stabile Erwartungsmuster ausgebildet, um sicher zu stellen, dass in der Vielfalt möglicher sozialer Situationen der erwartbare und wahrscheinliche nächste Schritt der Kommunikation erfolgt. Wie müssen wir uns das vorstellen? Nun – vielleicht wird es an einem Beispiel deutlich: Wir sind regelmäßig geschockt, wenn die Hilflosigkeit von Menschen, also von Alten, Kranken, Behinderten etc. ausgenutzt wird, oder wenn an unsere Hilfsbereitschaft beispielsweise bei einer vorgetäuschten Panne oder Verletzung appelliert wird und diese dann zu einer kriminellen Handlung genutzt wird.

Am Rollenspiel kann leicht nachvollzogen werden, wie Kinder Kommunikationssequenzen als Muster für die Regeln von Kommunikation lernen. So werden die Rollen Vater, Mutter, Räuber und Polizist, Schüler und Student einfach als Erwartungsmuster in Kommunikation erlernt (wie dieser Prozess funktioniert s. Kap. 5). Genauso „lernen" wir, was gerade „in" oder „out" ist, oder was in welchen Situationen und unter welchen Bedingungen „kommen" muss. Diese Erwartungsmuster sind also nichts anderes als das Ergebnis der Einsicht in die Instabilität kommunikativer Ereignisse. Im Folgenden werden wir uns mit den Konsequenzen dieser Überlegungen für das soziale System Familie befassen.[13]

Lesehinweise

Luhmann, Niklas (1991): Soziale Systeme. Frankfurt/M. 4. Aufl.

Schimank, Uwe (1996): Theorien gesellschaftlicher Differenzierung. Opladen.

Willke, Helmut (1993): Systemtheorie entwickelter Gesellschaften. Weinheim und München.

Willke, Helmut (2005): Systemtheorie II: Interventionstheorie. Stuttgart, Jena.

---

13 Der Aspekt der Steuerung sozialer Systeme wird hier nicht verfolgt (Willke 2006, 2005, 1993).

4. Das Sozialsystem Familie

Gunnar gesteht **Miriam** eines Abends, es ist kurz vor Weihnachten, dass er ein „Verhältnis" hat. Dies sei eine Kollegin (die o. g. Freundin), die er am Theater kennen gelernt habe, „Dich und Sandra habe ich aber immer noch lieb". Miriam schmeißt Gunnar kurzerhand raus. Er zieht vorübergehend, bis er in der Landeshauptstadt eine neue Wohnung hat, zu seiner Mutter. Miriam tut ihre Reaktion schon nach kurzer Zeit leid: „Ich will ihn doch wieder haben". Als Gunnar regelmäßig jedes zweite Wochenende bei seiner neuen Freundin verbringt, wird Miriam langsam klar, dass die Angelegenheit sich nicht so ohne weiteres wieder „einrenkt". Die beiden regeln, wann und wie oft Sandra ihren Vater besuchen kann und vorläufige Unterhaltsregelungen. Miriam versucht sich mit der Situation zu arrangieren. Sie arbeitet jetzt halbtags die ganze Woche und macht eine betriebsinterne Weiterbildung mit. Wenn Gunnar Sandra abholt bzw. bringt, dann hat er immer sehr viel Zeit. Er erzählt Miriam ausführlich die gemeinsamen Erlebnisse und Erfahrungen mit seiner Freundin. Miriam ist hin und her gerissen: Einerseits möchte sie ihn anschreien: „Halt doch endlich den Mund und geh'!", andererseits hofft sie durch ihr Zuhören und auf ihn Eingehen, ihn wieder zurückzugewinnen. Nach jedem Besuch ist sie fix und fertig und schläft schlecht. Abgenommen hat sie in vier Wochen zwölf Kilo. Seit der Trennung besucht sie regelmäßig einmal die Woche einen Psychotherapeuten. Wie sie sagt, geht es ihr um ihre eigene Stabilität und Sicherheit. Nach jedem Besuch von Gunnar ist sie aber wieder am „Punkt Null". Sandra reagiert ebenfalls widersprüchlich auf die Trennung ihrer Eltern. Sie ist zwar nicht mehr aufmüpfig und störrisch in der Schule. Dafür aber noch verträumter und unaufmerksamer als früher. Von ihren Freundinnen hält sie sich fern. Ihrer Mutter gegenüber ist sie sehr aggressiv, hingegen hilft sie, ohne wie früher Aufstände zu machen, im Haushalt mit.

Günther und **Karin** haben sich mehrmals getroffen und miteinander geredet. Karin möchte klare Regelungen, bevor sie nach Hause zurückkommt. Günther muss sich mehr um die Kinder kümmern und im Haushalt mithelfen, sie will auch wieder zumindest stundenweise arbeiten gehen. Im Zweifel könne er nicht mehr auf Montage fahren und wochenlang weg sein und Überstunden müssten eingeschränkt werden. Sie müssten sich dann in finanziellen Dingen halt einschränken. Günther ist zuerst fassungslos und versteht seine Frau nicht. Als er merkt, dass es Karin absolut ernst ist, stimmt er zu, dass er in der Firma sich um andere Arbeitsbedingungen kümmern würde. Langsam bekommt er Geschmack an der Vorstellung, nicht mehr auf Montage zu fahren und regelmäßig jeden Abend zu Hause zu sein. Er vermisst seine beiden Kinder sehr. Karin traut dem Frieden nicht so recht, weil Günther zu wenig durchdachten Entschlüssen neigt. Andererseits ist die Wohnsituation bei der Freundin nicht so, als dass sie noch einige Monate dauern könnte. Außerdem fehlt ihr Günther schon, zumal er seit seiner Entgleisung überaus lieb zu ihr ist. Die Kinder wollen auch zu ihrem Vater und der Junge scheint sich nun auch in der Schule besser zurechtzufinden obwohl er sich von seiner Mutter gar nichts sagen lässt.

Es ist relativ leicht auszumachen, dass die Kinder unterschiedlich auf die Trennungserfahrung reagieren. Das eine zieht sich was die Außenkontakte betrifft noch mehr in sich zurück, der Mutter gegenüber wird es immer aggressiver. Das andere arrangiert sich, findet ein angemessenes Verhältnis zur Schule und ihren Anforderungen, hingegen interessieren ihn die Anforderungen in seiner Familie nicht im geringsten mehr. Deutlich wird dabei aber auch, dass ein Ansatz, der sich ausschließlich auf Förderungsmaßnahmen und andere Angebote an die Kinder konzentriert, um bei ihnen Entwicklungsbehinderungen und Rückstände aufzufangen, zu kurz greift. Auch reicht es nicht, wie Miriam es seit dem Trennungsprozess versucht, mit therapeutischer Hilfe ihre individuelle Stabilität aufzubauen.

Die Beteiligten beider Familien müssen, um so etwas wie Sicherheit oder langfristige Orientierung für sich zu schaffen, Routine in ihren Alltag bringen. Dabei sind sie an die Bedingungen gebunden, die ihr jeweiliger Arbeitsplatz setzt. Gemeint sind hier die Arbeitszeiten, die Arbeitsbedingungen und die Wegzeiten. In diesen Rahmen müssen dann die je spezifischen eigenen (Weiter- bzw. Zusatz-)Qualifikationsmöglichkeiten eingebettet werden. Die Kindergarten- und Schulprobleme der Kinder sind in aller Regel zumindest zeitweise belastend für die gesamte Familie. Wer erinnert sich nicht an die quälenden Nachmittage, an denen die Hausaufgaben und die elterlichen „Hilfen" kein Ende nahmen. Hier können Routinen, d.h. Gewohnheiten hilfreich sein. Auch das Beziehungsleben des Paares braucht Routinen und Sicherheiten. Denn keine Beziehung eines Paares kann immer wieder morgens aufs neue in all ihren Verästelungen begründet werden. Das kann aber auch zur furchtbarsten aller Fragen im Beziehungsalltag führen: „Ist das etwa alles gewesen?". Vor dem Hintergrund der bisherigen Darstellungen wird die Problematik von Einzelhilfen oder Interventionen in Familien deutlich: Menschen sind heutzutage gezwungen sich immer mobiler und flexibler zu verhalten, um ihre Lebensorganisation, ihren Alltag auf die Vorgaben von Arbeitsstelle und Arbeitsbedingungen, auf den Wohnort samt seiner Infrastruktur, Bildungs- und Qualifikationsanforderungen und nicht zuletzt auf eigene Interessen und Bedürfnisse abzustimmen. Eine Vielfalt von Handlungsabläufen und -ketten bestimmen ihren Alltag. Hier gibt es keine vorgefertigten sozialen Muster mehr, die den Beteiligten verbindlich sagen, was in der jeweiligen Situation zu tun und zu lassen sei. Anders, das Familienkleid muss geändert werden. Klar wird spätestens hier, dass und wie Familie im „Sozialen" bzw. in „Kommunikation" verankert ist.

4.1 Die Familie als System

Der systemische Fokus ist – wie ich eingangs dargestellt habe (s. S. 8 ff.; 84 ff.) – nicht so sehr darauf zentriert zu erkennen, wie die einzelnen Teile eines Systems funktionieren, sondern darauf, wie das System als Ganzes funktioniert. Der Blick richtet sich somit auf das Zusammenspiel der einzelnen Teile und auf die Organisation des Ganzen. Insofern stehen die Personen und ihre Handlungen nicht im Mittelpunkt der Betrachtung. Vielmehr geht es darum, die unter oder hinter den Handlungen liegenden Erwartungen, Muster und Regeln der Kommunikation zu verstehen (s. Kap. 1.3). Es wird also nicht Ursachensuche betrieben, was das Handeln einzelner Akteure betrifft, sondern es geht darum, die Muster der Kommunikation zu verstehen nach dem systemischen Grundprinzip: Wenn man wissen will, wie ein System funktioniert, dann muss man beobachten, wie im System kommuniziert wird (Miller 2001, S. 57).

Auch in der Sozialen Arbeit wird die Familie als soziales System bezeichnet. Die Programme der sozialpädagogischen Familienhilfe bis zur systemischen Familientherapie sprechen selbstverständlich vom „System" Familie. Es wirkt sicherlich sehr unpersönlich und auch abstrakt, wenn eine Familie als System bezeichnet wird. Das erinnert uns daran, wie wenig konkret es klingt, wenn wir vom politischen System sprechen und politische Prozesse und die Volksvertretung meinen. Man ist irritiert und hat das Gefühl, mit dem Begriff System wird das Leben aus der Angelegenheit heraus genommen. Genauso geht es uns, wenn wir Familienmitglieder als Subsysteme verstehen sollen. Ich habe versucht deutlich zu machen, welche Rolle Kommunikation und Erwartungen in der modernen Gesellschaft spielen und dass es nicht die Handlungen sind, die Vergesellschaftung ausmachen, sondern Kommunikation und die Regeln der Kommunikation (s. Kap. 3.5). Für soziale Systeme bedeutet das, dass Handlungen von konkreten Personen die Oberflächenerscheinungen sind von darunter liegenden Erwartungen und Kommunikation darüber. Vielleicht wird hier klar, warum wir im systemischen Denkansatz nicht von Personen sprechen. Wir wollen ja versuchen zu verstehen, was sich in einer Familie „abspielt". Wir meinen damit aber nicht die Handlungen. Vielmehr konzentrieren wir uns auf die Art und Weise, wie kommuniziert wird. Denn über die Regeln der Kommunikation und die darunter liegenden Erwartungen (s. Kap. 1.3; 5) in einem System werden bestimmte Muster hervorgebracht, an denen Störungen und Irritationen der Kohäsion des Familiensystems sichtbar werden. Deshalb lassen wir die einzelnen Personen (Familienmitglieder) zugunsten der kommunikativen Muster in den Hintergrund treten.

Hinweis

Aus der Beobachtung der Kommunikationsmuster eines Systems ist zu verstehen, wie das System funktioniert.

Die soziologische Systemtheorie begreift dem zufolge die Familie als ein auf sich zentriertes soziales System, das eingebettet ist in das übergreifende System Gesellschaft. Und trotzdem ist das Familiensystem relativ autonom in der Ausgestaltung seiner Binnenwelt, seines Selbst. Daraus resultieren einige Fragen, die uns im Folgenden beschäftigen werden. Zum einen geht es um die interne Komplexität und das Funktionieren des Familiensystems, d. h. es geht um die Frage des inneren Gleichgewichts. Zum anderen geht es um das Verhältnis des Familiensystem zu seiner Umwelt im weitesten Sinne und um die Grenzziehung nach außen hin.

4.2 Systembildung

Ich hatte eben geschrieben, dass soziale Systeme als relativ autonom begriffen werden. Autonomie ist hier insofern relativ gemeint, als dabei nicht Unabhängigkeit im Sinne absoluter Selbständigkeit assoziiert wird. Vielmehr sind es die Überlegungen über wechselseitige Abhängigkeiten, die hier von Maturana und Varela übernommen werden (Maturana 1982; Varela 1994). Die beiden haben die Momente der Selbstreferenz[14] und Selbstreproduktion (Autopoiesis) in der Biologie formuliert. Man kann sich diese Überlegungen an folgenden Beispielen vor Augen führen: Die einzelnen Zellen in einem Blatt leiten autonom die Photosynthese (Licht- versus Dunkelreaktion) ein, je nach Lichteinfall. Ebenso reproduzieren sich die einzelnen Blattzellen aufgrund der ihnen immanenten Informationen immer wieder neu. Weder das Blatt, noch der Baum gibt einen Befehl dazu. Dennoch sind sie, Zelle und Blatt, Blatt und Baum, von einander abhängig. Dem Seeigel fehlt ein zentrales Nervensystem; jeder Stachel hat ein eigenes Nervenzentrum, doch alle Zentren müssen sich untereinander abstimmen, um das Tier fortzubewegen. Letztlich geht es also um den Beitrag eines Systemteils oder bestimmter Vorgänge im System für die Aufrechterhaltung des Gesamtzustandes des Systems bzw. dessen Überleben. Es geht also um die Betrachtung von Vorgängen, die das Ganze oder bestimmte Zustände erhalten.

Zur Verdeutlichung führe ich als Beispiel aus der Technik den Regelkreis einer Heizung (s. Abb. 15) ein: Ich stelle die Temperatur auf 20°C ein. Was passiert? Das Messglied (S_2) stellt den Wert des Ausstoßes der Regelstelle (S_1) fest. Auf Heizungsdeutsch: Der Temperaturfühler stellt die vom Heizkörper abgegebene Wärme im Raum fest; m. a. W. er bestimmt die Regelgröße. Der Ausstoß des Messgliedes (S_2) ist ein bestimmter „Ist"-Wert, die Feststellung der tatsächlichen, augenblicklich vorhandenen Zimmertemperatur. Dieser „Ist"-Wert geht als „input" in eine Vergleichsstelle (S_3). Um die Sollwerte angesichts von Veränderungen in der Umwelt (offenes Fenster) konstant zu halten, muss etwas geschehen.

Nachdem und nur wenn in der Vergleichsstelle eine Differenz zwischen „Ist" und „Soll" festgestellt wurde, gibt die Vergleichsstelle dies als Information, output, an ein Stellglied (S_4) weiter. Das Stellglied, bei unserer Heizung: der Brenner, passt durch Einfluss auf den „input" der Regelstrecke deren „output" an den Sollwert an. Der Kreislauf schließt sich.

---

14 Selbstreferenz bedeutet auf sich selbst bezogen, Selbstbezüglichkeit.

Abb. 15: Regelkreis einer Zentralheizung (Arbeitsgruppe 1988, S. 103)

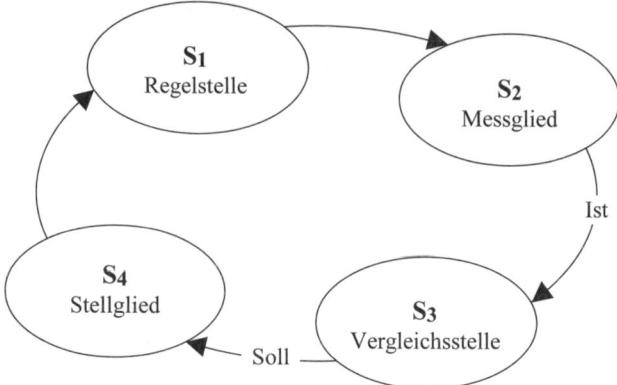

Die Heizung stellt einen sogenannten Regelkreis dar. Also ein System, das selbsttätig einen bestimmten Zustand aufrecht erhält. Das Heizungssystem reduziert die Fülle von denkbaren Temperaturmöglichkeiten auf einen Zustandswert und hält diesen automatisch konstant (20° C). Die Kybernetik als die Lehre von den sich selbst steuernden Regelungsvorgängen hat mit diesem Prinzip ein interessantes Modell zur Verfügung gestellt. Die Faszination für Soziologen rührt daher, dass es in der Gesellschaft durchaus vergleichbare Prozesse gibt, die dem Vorbild des sich selbst steuernden Regelkreises entsprechen. So geschieht die Preisbildung auf Märkten ähnlich, nämlich nach dem Mechanismus des Einpendelns von Informationen auf einen Wertebereich. Dagegen könnte Inflation als „feed-back" gesehen werden, indem das Geldsystem sich aufschaukelt und die Zustände nicht mehr in einem bestimmten Wertebereich gehalten werden.

Hinweis

Ein System ist jedes Gebilde, bei dem eine Menge von Elementen oder deren Merkmale durch Beziehungen – Relationen – miteinander verkoppelt sind.

Um nochmals auf die Ebene des Systembegriffs zurückzukommen, Relationen in sozialen Systemen sind nicht Beziehungen zwischen „ganzen Personen", sondern Interaktionen und die Muster der Kommunikation darüber. Soziale Systeme sind Kommunikationssysteme (s. Kap. 5).

Hinweis

Elemente *sozialer* Systeme sind nicht ganze Personen, sondern Interaktionen und Kommunikation.

Das Konzept der Selbststeuerung und Selbstreferenz, das in der Biologie konzipiert wurde, hat in die Soziologie den Gedanken eines Sollwerte aufrechterhaltendes, also bestimmte Zustände bewahrendes, sich selbst steuerndes *soziales* System gebracht. Der Grundgedanke, der aus der Biologie übernommen wurde, ist der, dass sich auch soziale Systeme selbst erhalten, selbst steuern und reproduzieren. Die Probleme sind sofort offenkundig: Der Heizungstechniker hat Ventile und Messgeräte zur Verfügung, um das Innenleben der Heizung zu kontrollieren und das Verhältnis ihres Innenlebens zur Außenwelt. Der Biologe hat die Haut der Lebewesen oder Zellen, um bestimmte Funktionen nach außen hin zu analysieren. Aber wie gestaltet sich in sozialen Systemen das Verhältnis von innen und außen? Und was ist bei sozialen Systemen deren Außenhaut, wie verläuft ihre Grenzziehung und wie konstituieren sich im Inneren sozialer Systeme Vorgänge, die das Gleichgewicht erhalten?

Luhmann spricht davon, dass die Familie ein geschlossenes System als eingeschlossenes System sei (Luhmann 1991, S. 75–91). Ihre Geschlossenheit versteht er aber nicht als „Ausstieg" aus der Gesellschaft. Wie haben wir uns das Problem der Schließung vorzustellen? Nun, in einer Gesellschaft laufen die verschiedenartigsten Handlungen ab: es gibt eine riesige Mannigfaltigkeit von Handlungen und Handlungszusammenhängen. Es liegt auf der Hand, dass sich in einer Familie nicht alle diese Handlungsvorgänge im Kleinen abspielen, die es in der Gesellschaft im Großen gibt. Handlungen zur Herstellung von Gütern sind z. B. nur noch selten Bestandteil der Aktivitäten in modernen Familien. Die Krankenversorgung ist auch lediglich reduziert auf die Betreuung des Erkälteten und auf die Verabreichung von Aspirin und einen gelegentlichen Wadenwickel. Die Bildung und Ausbildung in der Familie besteht in aller Regel lediglich aus dem guten Gespräch über ein gelesenes Buch oder einen gesehenen Film und gelegentlicher Hausaufgabenkontrolle. Aus guten Gründen sind sowohl das System der medizinischen Versorgung und das Bildungssystem aus der Familie ausgelagert. In einer Familie läuft nur ein kleiner Teil der Vorgänge ab, die in der Gesellschaft als ganzer stattfinden. Familie ist nicht das Abbild der Gesellschaft in Kleinstformat.

Man stelle sich vor, in einer Familie träten vor oder nach einer Handlung H alle möglichen Handlungen x bis ∞ auf, die in der Gesellschaft denkbar und möglich sind. Familie unterschiede sich dann nicht nur nicht von der Gesellschaft, sie wäre auch ein völlig chaotisches Gebilde. Es ermangelte ihr dann jeder inneren Ordnung. Dabei nehmen wir als Chaos einen Zustand an, bei dem x gegeben ist und alles und jedes möglich ist. Aber im Verhältnis zur Gesamtgesellschaft sind die Handlungsmöglichkeiten in der Familie eingeschränkt. Zusammen mit bzw. vor oder nach einer Handlung H tritt nicht x bis ∞ auf, sondern mit Regelmäßigkeit nur a bis N: Kindererziehung verbunden mit Hausarbeit, Spielen etc. Aus der unendlichen Vielfalt von Handlungsmöglichkeiten sind also eine ganze Reihe von Handlungsoptionen ausgeschlossen worden: das ist mit dem Begriff *operative Schließung* gemeint. Die Familie hat eine innere Ordnung, sie ist nicht Handlungschaos, sondern Organisation. „Organisation" bedeutet bei dieser formalen, abstrakten Betrachtungsweise eine Einschränkung (Reduktion) der Komplexität aller denkbaren Ereignisse. Mit „Ereignissen" sind hier Handlungen und Handlungsoptionen gemeint. Zur Komplexität gehören nicht nur die tatsächlichen Handlungsvollzüge und Elemente, die erkennbar sind, sondern dazu gehören auch die möglichen Handlungsalternativen der Akteure, die Handlungsoptionen (Miller 2001, S. 47).

Eine Organisation ist formal gesehen, dann gegeben, wenn aus der unendlichen Fülle möglicher Beziehungen zwischen Elementen, aus ihrer Komplexität eine begrenzte Menge ausgegliedert und dauerhaft verwirklicht wird. Organisation und damit Systembildung – geschieht durch Reduktion von Möglichkeiten oder – wie Niklas Luhmann zu sagen beliebt – durch „Reduktion von Komplexität" (Luhmann 1991, S. 49).

Hinweis

Systembildung geschieht durch Reduktion von Möglichkeiten: Reduktion von Komplexität.

Familie schließt sich ab durch die Reduktion der unendlichen Vielfalt der in der Gesellschaft möglichen Handlungsoptionen auf eine begrenze Anzahl von Handlungen, die auf Dauer gestellt werden. Man muss sich also, bei dieser abstrakten Betrachtungsweise, eine unendlich komplexe Fülle von Wechselbeziehungen zwischen Elementen vorstellen, von der nur bestimmte und *keine* anderen der möglichen in einem Zeitraum bestehen und dauerhaft gehalten werden. Diese operative Schließung der Familie gegenüber der Gesellschaft durch Reduktion von Komplexität bei gleichzeitigem Einschluss in die Gesellschaft kann man gut an vier Punkten nachvollziehen (Tyrell 1978, S. 189; s. auch Kap. 3.2). Wobei diese vier Aspekte auch jeweils eine historische Dimension haben, die hier nur angedeutet werden kann.

a) Im Prozess der Schließung werden zwischen die gesellschaftlichen Teilbereiche Schwellen der legitimen Indifferenz gelegt. Dies bedeutet, dass die ausdifferenzierten Teilbereiche entlastet sind vom Zwang zur Mitberücksichtigung sinn- und systemfremder (z. B. religiöser) Gesichtspunkte. So war es in diesem Sinne auch ein wichtiger Prozess, dass sich im 19. Jahrhundert in der Familie allmählich die Eigenlogik von Liebe und Zuneigung als Grundlage der Eheschließung im Gegensatz zur Durchrationalisierung und Rechenhaftigkeit der sie umgebenden kapitalistischen Gesellschaft durchsetzte. Die Familie konnte so ihrer funktionsspezifischen Eigenlogik folgen.
b) Relative Autonomie bedeutet Abschirmung und Sicherstellung der Eigenlogik des Familiensystems. Die relative Autonomie von Ehe und Familie ist durch Art. 6 GG verfassungsrechtlich verbürgt.
c) Familien bilden eine exklusive Zuständigkeit aus. Diese exklusive Zuständigkeit, wie das bei der Familie angesiedelte Monopol der frühkindlichen Sozialisation, ist auf der Ebene des Normalverhaltens, der Faktizi-

tät sichergestellt. Erziehung ist zu einer entscheidenden Lebensphase und Aufgabe der Eltern geworden. Es scheint, als sei die Familie aktuell mit dieser exklusiven Zuständigkeit überfordert. Nur so ist zu verstehen, dass der Gesetzgeber Leitlinien für die private Erziehung vorgegeben hat und das „Wohl des Kindes" zum Bezugspunkt gerichtlicher Entscheidungen wurde.

d) Auf der Grundlage der bisher genannten drei Aspekte kultivieren Familien spezifische Verhaltensstile. So hat sich, entsprechend der Spezialisierung der Familie auf sozial-emotionale Funktionen und auf die Erziehung der Kinder, eine eigene „Logik" ausgebildet. Hier hat das „My Home is my Castle" einen Ursprung. Letztlich wird der im Prozess der Paarbildung entwickelte Sinn, die „Eigenlogik" der Beziehung von den Partner zu etwas unverwechselbar Eigenem entwickelt.

Relative Autonomie bedeutet also im Verständnis der Systemtheorie „Handeln nach eigenen Gesetzen". Familien sind in diesem Sinne relativ autonom in der Gestaltung ihrer Eigenwelt nach eigenen, auf sich selbst bezogenen Gesichtspunkten. In der Organisation des familialen Binnenverhältnisses muss im Prinzip keine Rücksicht auf sinn- und systemfremde Faktoren genommen werden. Wie unsere Beispielfamilien zeigten, es wird zuallererst in dem Familiensystem entschieden, ob und wie eine Eheschließung organisiert wird. Die Imperative des religiösen Systems sind gegenüber dieser Entscheidung nachrangig. Eine Familie entscheidet für sich, welche Aspekte für ihre Lebensplanung und Haushaltsorganisation von Bedeutung sind. Die Art und Weise, wie beispielsweise die Familie Freizeit organisiert und regelt, wird nach intern bedeutsamen Kriterien entschieden. Das können Kriterien sein, die am ökologischen System orientiert sind (z. B. Naturschutz, Tierschutz), am Bildungssystem (z. B. Fort- und Weiterbildung), am kulturellen System (aktiv und passiv) oder am Wirtschaftssystem (z. B. Form der Erwerbstätigkeit, Konsum). Dabei sind meist eine Reihe Kriterien maßgebend mit entsprechenden Gewichtungen. Je nach Dynamik in dem System Familie und seiner Entwicklung gewinnen dabei variable und selektive Kriterien Bedeutung und Vorzug. Es wird deutlich, welches Gewicht in dieser Sichtweise der Kommunikation zugemessen wird.

Die Familie als gesellschaftliches Teilsystem ist abhängig von in der Gesellschaft erbrachten Leistungen, Angeboten (Bildung, Gesundheit, Erwerbsarbeit, Wohnung, Konsum etc.) und Umweltressourcen. Das Familiensystem reguliert die Art und Form der Versorgung, Unterbringung und Ausbildung des Subsystems Kinder, die Klärung von Gesundheitsvorsorge, in welches Verhältnis Erwerbarbeit/Ausbildung ihrer Subsysteme zu Art und Weise des Wohnens stehen soll und nach welchen Kriterien Konsum (Lebensmittel, Lebensart) ausgewählt wird. Es wird relativ autonom entschieden über die Art und Weise der Lebensorganisation, aber in Abhängigkeit von gesellschaftlich erbrachten Leistungen, also über die Auswahl von Optionen. Die Auswahl der für die Familie und ihre Subsysteme bedeutsamen Kriterien der Umweltaspekte, ihre Variabilität und Selektion findet ausschließlich über Kommunikation statt.

Wohlgemerkt: Kommunikation bedeutet in diesem Zusammenhang jede Art des Austauschs von Informationen zwischen Personen. Kommunikation ist – wie wir wissen – nicht nur Sprache, sondern auch Non-Verbales. Nicht zu verwechseln ist Kommunikation also mit einem rationalen Diskurs. Der Begriff Kommunikation bedeutet in der Soziologie nicht mehr und nicht weniger als Übertragung verstehbarer Information (Luhmann 1991, S. 193 ff.). Kommunikation ist somit ein basales Element des Sozialen. Zugleich ist Kommunikation immer auch Selektion und nur selbstreferentiell möglich (s. Kap. 3.3).

Hinweis

Kommunikation ist die Übertragung verstehbarer Information.

4.3 Systemgrenzen und Gleichgewicht

Wie sehen nun die „Grenzen" von Familien aus? Sie werden sicherlich nicht durch geschlossene Fenster oder die geschlossene Haustür gebildet. Wenn Günther auf Arbeit geht und Karin die Kinder in die Schule bzw. in den Kindergarten gebracht hat und beim Einkaufen ist, sprechen wir ja trotzdem von der „Familie" X, denn die Familie hört ja nicht auf zu bestehen. Auch wenn die Erwachsenen ihren Berufstätigkeiten nachgehen und die Kinder in der Schule sind, kann von dem System „Familie X" geredet werden. Irgendwie schafft man es im Alltag, die Familie X gegen die Firma A & B, aber auch gegen die Familien W, Y und Z abzugrenzen. Niemand wird Karin und Herrn N, die beide in der gleichen Abteilung im Kaufhaus zusammen arbeiten, oder Gunnar und seine Sekretärin Frau S, als Familie bezeichnen. Es reicht offensichtlich nicht aus, nur die Elemente aufzuzählen, die zum System „Familie X" gehören. Diese alltäglichen Abgrenzungen, die man zwischen der einen Familie und einer anderen als einem vergleichbaren sozialen Gebilde vornimmt, beweisen jedenfalls, dass es in der sozialen Wirklichkeit Prozesse der Grenzziehung zwischen den sozialen Systemen gibt.

Ich habe oben gezeigt, dass Familien sich abschließen durch Reduktion der unendlichen Vielfalt der in der Gesellschaft möglichen Handlungen auf eine begrenze Anzahl von Handlungen, die auf Dauer gestellt werden. Die Familie X entscheidet sich beispielsweise für vegetarische Kost, damit findet eine bestimmte Festlegung der Haushaltsorganisation und darauf folgender Speiseplanung statt. Diese Entscheidung basiert möglicherweise auf Erwartungen gegenüber einer gesunden Lebensweise oder auf Vorstellungen von Leben und der Schöpfung und der Kommunikation darüber. Die Kriterien Gesundheit bzw. Schöpfung sind die Kriterien, an denen entlang die Selektion aus der Vielfalt gesellschaftlich möglicher Optionen vorgenommen wurde. Im kommunikativen Prozess kamen die Familienmitglieder zu ihrer Entscheidung, die nach außen hin mit dem zwingenden Argument begründet wird: „Wir machen das aber so!". Damit ist ausgeschlossen, dass auf einmal Schnitzel serviert werden.

Ein Weiteres muss bedacht werden: Soziale Systeme bestehen nicht aus „konkreten Personen", sondern aus Interaktionen und der Kommunikation darüber. Nur durch einzelne, ganz besondere, bestimmte Interaktions- und Kommunikationsmuster sind Personen in die jeweiligen Sozialsysteme einbezogen. Dies leuchtet erst einmal ein: Karin handelt auf bestimmte Weise in ihrer Familie, auf ganz andere im Kaufhaus, in dem sie wieder stundenweise arbeitet – und dennoch ist sie immer die eine Person. Konsequenterweise muss gesagt werden, dass Personen „Umwelt" für soziale Systeme darstellen. Nur über bestimmte Handlungen, etwa Kindererziehung, kommt das „personale System Günther" mit dem „sozialen System Familie X" zusammen. Mit verschiedenen Handlungsvollzügen „hängt" man sozusagen in verschiedenen „sozialen Systemen".

Zurück zur Systemgrenze. Es ist also nicht so, dass Offenheit oder Isolation des Systems Familie über eine offene bzw. geschlossene Haus- oder Wohnungstür hergestellt wird. Menschen gehen durch die Türen ein und aus. Die Tür oder die Fenster können wir nur als Symbole für Grenzen nehmen. Wie aber findet nun ein Austausch über die Systemgrenze hinweg statt?

Wie wir gesehen haben, besteht im Verständnis der Systemtheorie das System Familie aus Kommunikation, Interaktion sowie einem gemeinsamen Selbst- und Zusammengehörigkeitsverständnis. Dies bedeutet, dass in dem sozialen System Familie die Grenzziehung über sinnhafte Kommunikation konstituiert wird. Mit anderen Worten, das Systemziel und seine Abgrenzung wird kommunikativ durch seine Subsysteme hergestellt: „Das haben wir noch nie gemacht, das kommt überhaupt nicht in Frage." Um die Systemgrenze deutlich zu machen und die Möglichkeit des Austauschs mit anderen Systemen, ohne die eigene Systemidentität aufzugeben, ist in die Systemtheorie das Konzept des *„re-entry"* eingeführt worden (Luhmann 1988). Der Begriff *re-entry* kommt aus der Sprache der Weltraumforschung und bedeutet Wiedereintritt eines künstlichen Weltraumkörpers in die Atmosphäre. Für soziale Systeme bedeutet das *re-entry* die Wiedereinführung der nach systeminternen Kriterien produzierten Differenz von Umwelt und System als Unterscheidung ins System. Das Problem ist ja, dass Systeme grundsätzlich nicht außerhalb der eigenen Grenzen operieren können. Aber – sie können sich intern am Unterschied System – Umwelt orientieren.

Wie regeln nun Familien das Problem? Im Prinzip ist der Sachverhalt ein relativ einfacher. Ich hatte eben gesagt, dass das System Familie aus Kommunikation und Interaktion besteht. Die Träger von Kommunikation und Interaktion sind aber Personen. Das *re-entry* wird also über Personen vollzogen. Frauen verlassen das Haus/die Wohnung um einer Erwerbstätigkeit nachzugehen oder für die Familie wichtige Funktionen auszuüben; Männer verlassen aus dem gleichen Grund das System Familie und die Kinder verlassen es, um zu spielen oder in die Schule zu gehen.

„Über Personen … kann die Umwelt, freilich nur in engen Ausschnitten, in das System wiedereingeführt werden, ohne damit ihre Unterschiedenheit einzubüßen …" (Luhmann 1988, 79),

so beschreibt Luhmann diesen Sachverhalt bezogen auf das System Familie. System-„Externes" Verhalten, sei es das Handeln in anderen sozialen Systemen (Erwerbsarbeit, Schule, Freizeit etc.) oder seien es psychische und physische Befindlichkeiten, können somit zum Inhalt familieninterner Kommunikation werden. Zum Einen geht es um externes Handeln, also Verhalten, das durch andere Systeme geprägt wird wie beispielsweise durch das Wirtschaftssystem. Dort sind es die Erfahrungen und Interaktionen am Arbeitsplatz, der Umgang mit Kollegen, die Arbeitsbedingungen bzw. -belastungen. Oder der Diskobesuch, sportliche Betätigungen oder Besuche von Lokalen bzw. Freunden die durch das System Freizeit geformt sind. Ein schönes Beispiel ist in diesem Zusammenhang das sogenannte „Tratschen" oder „Klatschen", also der Austausch und die Meinungen über Freunde und Verwandte als Angehörige eines anderen Familiensystems. „Unmöglich, wie Schwägerin Gerda die Geburtstagstafel dekoriert hat! Wir machen das … aber so." Dabei wird in das System ein Unterschied eingeführt, das sich über Unterscheidungen nach außen hin definiert.

Es ist aber auch das Handeln, dass durch psychische und affektive, wie auch physische Befindlichkeiten geprägt ist. Der Vater mag sich unverständig zum Musikgeschmack seiner jugendlichen Kinder äußern, die dies wiederum seltsam finden. Der Mann/die Frau kommt immer häufiger später von der Arbeit nach Hause und begründet dies mit Überstunden, Stress oder Auftragslage/Arbeitssituation. Die Frau beklagt sich über mangelnde Aufmerksamkeit/Zuneigung seitens des Mannes, der wiederum Arbeitsüberlastung bzw. körperliches Schlechtgehen als Erklärung anführt. Inwieweit externe Sachzwänge, also Kriterien anderer Systeme glaubwürdig gemacht werden können und als akzeptabel hingenommen werden, ist Angelegenheit familieninterner Kommunikation. Die Sachzwänge bleiben gleichwohl Sachverhalte anderer Systeme als die des Familiensystems. Hier müssen ständig anhand der systeminternen Kriterien des selbstdefinierten Systemzwecks der Familie kommunikativ Balancen austariert werden.

Wie erhalten aber nun die Interaktionen ihre Stabilität, wie kommt es zu einem inneren Gleichgewicht, das ein soziales System auszeichnet? In diesem Punkt geben die Systemtheoretiker die gleiche Antwort wie die Rollentheoretiker und die Interaktionisten: In einem sozialen System erhalten die aus der Fülle aller denkbaren Möglichkeiten ausgegrenzten Handlungsmuster Dauerhaftigkeit durch die *Erwartungen* und *Situationsdeutungen*, insgesamt also durch den *Sinn*, den die Handelnden mit ihrem Beziehungsmuster im jeweiligen sozialen System verbinden.

„Seine Invarianz [Beständigkeit, M. E.] erhält ein Handlungssystem durch die Ordnung der Verhaltenserwartungen, die den Systemzusammenhang definieren. Verhaltenserwartungen sind das ordnende Element in jedem Handlungssystem. Der gemeinte Sinn jeder Handlung projiziert einen Ablauf in die Zukunft, stellt eine künftige Situation vor und ist in diesem Sinn Erwartung. Immer wenn man Handlungen oder Handlungssysteme als problematisch ansieht …, muss man auf ihren Sinn, d. h. auf eine bestimmte Ordnung von Erwartungen zurückgreifen. Sowohl die innere Verbundenheit als auch die äußere Bestandsfähigkeit eines Systems hängen davon ab, wie die Systemerwartungen definiert und zueinander in Beziehung gesetzt sind. Alle Systemprobleme lassen sich letztlich auf Probleme der Erwartungsstabilisierung zurückführen." (Luhmann 1995, S. 26/27)

Sinn in diesem Verständnis erfährt eine funktionale Bedeutung für ein System. Sinn konstituiert sich im praktischen Vollzug, und zwar auf dem Hintergrund regulativer Systemprämissen. Dazu gehören Systemzwecke, Systemstrukturen, Funktionen, Regeln, Rollen und Rollenerwartungen, die Systeme ausbilden, aber auch die Austauschbedingungen zwischen System und Umwelt (Miller 2001, S. 49 f.). Komplexität wird durch Handlungen, die auf das System bezogen sind, sinnhaft reduziert. Sinn verweist drauf, welche Handlungsmöglichkeiten ausgewählt und welche nicht aktualisiert werden. Der Sinn einer Handlung ist auf das System und auf dessen „Eigen-Logik" bezogen. „Das bedeutet, dass die Differenz von Umwelt und System ausschließlich durch Sinngrenzen vermittelt wird." (Luhmann 1991, S. 265)

Hinweis

Systemgrenzen sind Sinn- (Erwartungs-)Grenzen.

So gesehen, ist Liebe Sinn für ein soziales System. Über Liebe findet und bildet sich schließlich ein Paar (s. Kap. 1.5; 2). Daraus resultieren Erwartungen, z. B. die der Treue, Verlässlichkeit und Sicherheit etc. Bildet das Paar einen gemeinsamen Haushalt, bedeutet das, es bilden sich auf der Basis ihrer Liebe (Sinn) Regeln der Haushaltsorganisation heraus, Rollenerwartungen und eine Zentrierung auf sich selbst, auf Kinder o. Ä. Über *ihre* Liebe, Zuneigung und Sexualität schließt sich ein Paar nach außen hin ab, da *seine* Liebe zur spezifischen Logik des Systems Paarbeziehung wird.

Die Dauerhaftigkeit und die Unterscheidbarkeit (Grenzziehung) eines bestimmten sozialen Systems liegt in eingespielten Erwartungskomplexen im Verhältnis zu Erwartungen und Sinnstrukturen, die andere Bereiche zugleich abgrenzen und es im Inneren stabilisieren. Weil man im Alltag im allgemeinen die Erwartungen kennt, die an den Vater (Gunnar, Günther), die Mutter (Miriam, Karin) die Kinder (Sandra, Patrick und Lisa) im Handlungssystem „Familie" gerichtet sind, kann man das Tun von Karin oder Miriam in ihren jeweiligen Familien von ihrem Tun in der Firma recht exakt unterscheiden.

Ich fasse nochmals unter formalen Aspekten zusammen, was für soziale Systeme kennzeichnend ist:

Zusammenfassung

1. Ein System besteht in dem Vorgang und durch den Vorgang der Ausgrenzung einer bestimmten Menge von Beziehungen zwischen Elementen aus einer Überfülle der in der Umwelt denkbaren und möglichen.

2. Diese ausgegliederte Menge von Beziehungen muss stabilisiert sein, also sich wenigsten über einen Zeitraum hinweg durchhalten.

3. 1 + 2 bedeuten, dass eine bestimmte Organisation eingetreten ist. Denn innere Ordnung – Organisation – ist Ausgrenzung und Stabilisierung einer bestimmten Menge von Beziehungen im Verhältnis zur Komplexität.

4. Mit der Ausbildung einer inneren Ordnung ist aber auch eine Grenze gegen die Umwelt gezogen. Es tritt ja ein bestimmtes, gegenüber breiteren Möglichkeiten begrenztes Beziehungsgeflecht in einem Zeitraum auf.

(Arbeitsgruppe 1988, S. 112)

4.4 Das Familiensystem

Die systemische Betrachtung der Familie ermöglicht es, Balanceprobleme präzise zu identifizieren. So die Balance zwischen Eltern- und Kindzentriertheit in einer Familie; die Balance zwischen Intimität und Distanz; weiterhin von Kohäsion und Konflikt, Umweltoffenheit und Isolation einer Familie; und nicht zuletzt die Balance zwischen Starrheit und Flexibilität interner Strukturen. Dabei wird es nicht darum gehen aus einer Theorie sozialer Systeme heraus verbindlich Sollwerte familialen Lebens festzulegen. Ich habe versucht, das Modell eines Familiensystems in der Abbildung deutlich zu machen (vgl. Abb. 16).

Wenn wir uns zuerst den Innenraum des Dreiecks Vater – Mutter – Kind (als eine der einfachsten familialen Lebensformen) betrachten, so sehen wir die vier Variablen (Relationen):

1. Strukturflexibilität;
2. Metakommunikation;
3. Systemtransparenz und
4. Umweltoffenheit, die im Wechselverhältnis zueinander stehen.

Abb. 16: Familiensystem

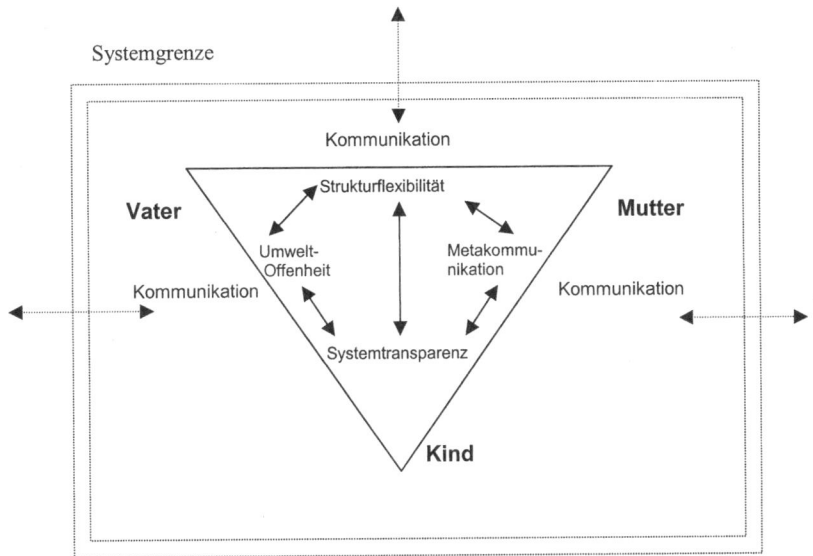

Die vier Relationen bilden die intervenierenden Variablen (einflussnehmende Veränderliche), die ihrerseits die Kohäsion einer Familie ausmachen. Mit Kohäsion ist die „... Gesamtheit aller Kräfte (gemeint), die das Familienmitglied veranlassen, in der Gruppe zu bleiben" (Neidhart 1975, S. 167). Dabei ist die Kohäsion einer Familie in hohem Maße davon abhängig, inwieweit ihre Mitglieder Probleme wahrnehmen können und diese zu bearbeiten in der Lage sind. Des weiteren, wie umfassend die Bedürfnisbefriedigung ihrer Mitglieder in der Familie gelingt bzw. wie der Rahmen gestaltet ist, Bedürfnisse außerhalb des Systems Familie zu befriedigen. Umgeben sind die vier Variablen von Kommunikation. Sie ist es, die diese Variablen verbindet und die Möglichkeit des Austauschs über die Systemgrenzen hinweg eröffnet.

1. Strukturflexibilität

Diese erste Variable bezeichnet das Balanceverhältnis von Starrheit versus Flexibilität interner Strukturen einer Familie. Gemeint sind die Anpassungsleistungen im Hinblick auf sich verändernde Bedürfnisse der Familienmitglieder und an sich wandelnde Umweltbedingungen. Ich hatte von der Variabilität und der Selektivität von Kriterien zur Gewichtung von Ereignissen und Umweltaspekten (s. S. 133) gesprochen, die selbstreferentiell wichtig werden. Die Balance von Starrheit versus Flexibilität bezieht sich demzufolge auf Rollendefinitionen, Positionsverteilungen, Interaktionsmustern, Verteilung von Rechten und Pflichten und auf die Veränderung von Wert- und Normorientierung des Systems. Man kann sich diese Anpas-

139

sungsleistungen deutlich machen beim Heranwachsen von Kindern. Aus Säuglingen werden Kleinkinder, die andere Bedürfnisse und soziale Einbindungen entwickeln als jene und natürlich ganz andere haben werden als Schulkinder bzw. Jugendliche. Strukturflexibilität erweist sich notwendig spätestens dann, wenn öffentliche Erziehungs- und Bildungsinstanzen auf das Kind und in das System Familie hineinwirken bzw. der soziale Kontakt des oder der Kinder nach außen an Bedeutung gewinnt. Die affektive Zuwendung, ihr Ausmaß und ihre Form verändern sich zwischen den familialen Subsystemen. Auch die Führungs- und Erziehungsansprüche des Elternsubsystems wandeln sich notwendigerweise. Veränderungen im sozialen Rollenzuschnitt spielen in jedes familiale System im Laufe seiner Entwicklung hinein.

2. Metakommunikation und 3. Systemtransparenz

beziehen sich auf das Gleichgewicht zwischen Kohäsion und Konflikt innerhalb des Systems Familie. Systemtransparenz repräsentiert die Kenntnis des Systems über sich selbst. Gemeint ist das Bewusstsein eines Familiensystems über sich selbst und seiner Subsysteme und die Fähigkeit, Wünsche und Frustrationen, Bedürfnisse und Bedürfniskonflikte wahrzunehmen. Die Kommunikation darüber[15] ermöglicht es, die anderen Subsysteme zu verstehen und in die jeweils eigene Handlungsorientierung diese Perspektive mit einzubeziehen. Das Gleichgewicht wird bestimmt von der Auswahl und Verarbeitung der Themen: Je geringer die Einschränkung der Anzahl der Themen in der Metakommunikation, desto größer sind die Möglichkeiten der Auseinandersetzung der Familienmitglieder. Wenn sich Kommunikation der Subsysteme ohne Konsensdruck entwickeln kann, dann kann sich Denken und Affektivität der Beteiligten um so offener entwickeln. Und je weniger über Machtstrukturen entschieden wird, desto größer kann sich der Handlungsspielraum der schwachen Familienmitglieder ausprägen.

4. Umweltoffenheit

dabei ist das Balanceverhältnis zwischen Offenheit versus Isolation gemeint. Für das Familiensystem ist die Durchlässigkeit der Systemgrenzen grundsätzlich notwendig. Findet kein Austausch über die Systemgrenzen statt, so bedeutet das für die familialen Subsysteme auch eine Begrenzung der Erfahrungen sozialen Lebens, mit all seinen affektiven, kulturellen und kognitiven Aspekten. Für das Familiensystem bedeutet die rigide Grenzziehung (Isolation), dass all das, was durch die Umwelt vermittelt ist, entweder in den Interaktionen der familialen Subsysteme enthalten ist oder es wird für diese relativ unbedeutend bleiben. Beides ist auf Dauer gleichermaßen unmöglich. Eine solche Isolation wäre ja nur über einen enormen Konsensdruck der Kommunikationsunterbrechung zu erzwingen und nur über

---

15 Kommunikation über Kommunikation = Metakommunikation.

Machtstrukturen erhaltbar. Damit wäre aber gleichzeitig die Balance gestört.

Zentral ist bei dieser Betrachtung, dass Kommunikation sozusagen das A und Ω des Bestandes des Familiensystems ist. Kommunikation verknüpft die Subsysteme der Familie (in unserer Graphik: Vater; Mutter; Kind; Vater – Mutter; Mutter – Kind; Vater – Kind) miteinander. Die Subsysteme sind demnach Träger von Kommunikation. Und die als Bausteine des Systems funktionierenden Variablen Strukturflexibilität, Metakommunikation und Systemtransparenz sowie die Umweltoffenheit sind über Kommunikation miteinander verknüpft.

Dabei kann man sich sogleich über eine Eigenart im Kommunikationsprozess sozialer Systeme klar werden. Die Kommunikation wird überaus wichtig für das *„Vorher"* und *„Nachher"* von Ereignissen. Ein Beispiel: Die Verabredung über einen Aspekt der Haushaltsregelung (Putzen, Einkaufen, Kochen etc.) und die darauffolgende Regelung bzw. Nicht-Einhaltung sind zugleich Voraussetzung für zukünftige Formen der Regelung dieses Aspekts und die Kommunikation darüber. Daraus resultieren dann Vorstellungen von „Verlässlichkeit" oder „Unzuverlässigkeit" von Partnern. Der kommunikative Prozess wird eine Abfolge von Reaktionserwartungen und Erwartungsreaktionen (s. Kap. 5.3).

„(Ein) Ereignis kommt nur im Prozess vor, weil es sein Zustandekommen der Selektivität früherer oder späterer Ereignisse verdankt" (Luhmann 1991, S. 610),

so drückt Niklas Luhmann diesen Zusammenhang aus. Kommunikation findet also auf der Grundlage bereits stattgefundener Kommunikation statt, d. h. Kommunikation ist immer auch selbstreferentiell (s. Kap. 3.5).

Hinweis
Kommunikation findet auf der Basis bereits stattgefundener Kommunikation statt, die somit Voraussetzung künftiger Kommunikation ist.

Der Problemzusammenhang ist deutlich: Familien als soziale Systeme bestehen aus Kommunikation und Interaktion sowie einem gemeinsamen Selbst- und Zusammengehörigkeitsverständnis. Die Kommunikation ist sozusagen ein Prozess mit Gedächtnis, d. h. Kommunikation bezieht sich immer auf vorangegangene Kommunikation und wird so zur Voraussetzung künftiger Kommunikation. Ein solches System wie die Familie löst besondere Belastungen aus, ist sie doch das einzige soziale System, das die gesamte Person zum Thema der Kommunikation macht und prinzipiell kein Thema ausschließt, wie das in anderen sozialen Systemen der Fall ist.

„Die Familie lebt von der Erwartung, dass man hier für alles, was einen angeht, ein Recht auf Gehör, aber auch eine Pflicht hat, Rede und Antwort zu stehen. Man kann erzählen, man darf auch fragen. Für das, was mit der Einzelperson zusammenhängt, gibt es keine anerkannten thematischen Beschränkungen." (Luhmann 1988, S. 83)

Die Worte „Ich liebe Dich und will mit Dir durch's Leben gehen", schließen jeden Versuch aus, irgendeinen Persönlichkeitsaspekt in der Beziehung aus der Kommunikation zu nehmen und machen zugleich das Anspruchsniveau klar (s. Kap. 1.5). Über einen Beziehungs- oder Persönlichkeitsaspekt die Rede zu verweigern macht auf der Basis dieses Satzes keinen Sinn und: Lügen haben bekanntlich allemal kurze Beine! Hier ist das für den familiären Alltag – manchmal unglaubliche – Konfliktpotential angelegt.

4.5 Historische Ausdifferenzierung des Familiensystems

Am Beispiel der Herausbildung der Emotionalität in der Familie und der Ausbildung der Emotionalität im Eltern-Kind-Verhältnis werde ich die historische Ausdifferenzierung des Familiensystems skizzieren.

Herausbildung von Emotionalität in der Familie

Für die Menschen hat in allen historischen Epochen Liebe und Emotionalität eine Rolle gespielt. Aus entsprechenden Einzelzeugnissen (Tristan und Isolde, Romeo und Julia etc.) lässt sich jedoch kaum auf ihre generelle Verbreitung in vorindustrieller Zeit schließen.

Die bedarfswirtschaftliche Produktionsweise des Mittelalters bis in die frühe Neuzeit (16. Jh.) hinein, machte eine außerordentlich arbeitsintensive Bewirtschaftung auf dem Lande bzw. im städtischen Handwerk sowie die Nutzung aller möglichen Nebenerwerbsquellen notwendig. Es ist naheliegend, dass unter diesen außerordentlich harten, häufig existenzbedrohenden Lebensbedingungen der vorindustriellen Zeit Liebesbeziehungen, wie wir sie heute kennen, unter den armen Leuten und die machten den größten Teil der Bevölkerung aus, eher selten waren. In der Regel blieb im Tagesablauf auch viel zu wenig Zeit, um sich auf die Wünsche und Bedürfnisse, also auf die Persönlichkeit des Partners oder der Partnerin überhaupt einzulassen. Ingeborg Weber-Kellermann sprach davon, dass die Familienbeziehungen in der traditionellen Gesellschaft durch eine heute kaum vorstellbare Kälte und Rohheit gekennzeichnet waren (Weber-Kellermann 1974, S. 26 ff.). Die Mehrzahl der sozialgeschichtlichen Belege spricht für die Annahme solcher Familienbeziehungen. Edward Shorter meint, dass eher dem erkrankten Vieh ärztliche Aufmerksamkeit zuteil wurde, als der Ehefrau oder den Kindern (Shorter 1977, S. 74 ff.).

Für die Emotionalisierung der Beziehungen im Familienverband müssen wenigstens die notdürftige Befriedigung elementarer Bedürfnisse gewährleistet sein. Der tägliche Existenzkampf musste also soweit erträglich sein, dass den Menschen Zeit, Energie und vor allem auch Interesse für eine Kultivierung des Gefühlslebens blieb. Die Tatsache, dass die Wohn- und Arbeitsstätten damals nicht räumlich getrennt waren, sollte nicht zu der Annahme verführen, dass Männer und Frauen den Alltag mit gemeinsamer Arbeit verbrachten. Nach der strengen geschlechtsspezifischen Arbeitsteilung fiel auf dem Land die schwerere Feldarbeit den Männern, die meisten häuslichen Arbeiten dagegen den Frauen zu. Eine Folge war, dass emotionale Nähe sich eher zwischen gleichgeschlechtlichen Freunden, Freundinnen und Nachbarn entwickelte als zwischen den Eheleuten (Schumacher/ Vollmer 1982, S. 245). Für engere emotionale Beziehungen in der Familie war eine Intimsphäre Voraussetzung, die sich erst mit der Abschließung der Familie gegenüber der Öffentlichkeit herausbilden konnte.

Die heutige Familie – vor allem das Verhältnis von Mann und Frau – hat in der Gestaltung ihrer Innenwelt eine „relative Autonomie" erreicht. Gemeint ist, dass die Ausgestaltung des Familienlebens weitgehend sich selbst bzw. den jeweils involvierten Personen überlassen ist. Dagegen wirkte auf die Binnenverhältnisse der Familie in vorindustrieller Zeit eine Vielzahl außerfamiliärer bzw. außerhäuslicher Faktoren. Religion, Rechtsordnung und insbesondere lokale und regionale Sitten und Bräuche bildeten einen umfassenden und für die einzelnen Familienmitglieder weitgehend verbindlichen Verhaltenskatalog. So bestimmte die traditionelle Ordnung der Machtverhältnisse zwischen den Geschlechtern den Mann zum alleinigen Vertreter des Hauses, der Familie nach außen. Die übrigen Familienmitglieder waren von ihm auch hausrechtlich abhängig, also seiner unmittelbaren Gewalt unterworfen. Die geschlechtsspezifische Arbeitsteilung, die in traditionalen Agrarwirtschaften durchaus zweckrational und bis zu einem gewissen Grade zwingend notwendig war, implizierte eine klare Abgrenzung weiblicher und männlicher Arbeitssphären, aber sie war auch bis ins kleinste Detail vorgeschrieben. Die Aufgaben der Frau wurden dabei häufig als zweitrangig angesehen. Eine Verletzung dieser Geschlechtsrollenteilung wurde von der Dorfgemeinschaft erbarmungslos bestraft (Shorter 1977; Sieder 1987).

Hinweis

Das familiäre Binnenverhältnis war nicht den beteiligten Individuen überlassen, vielmehr waren die Interaktionen sehr förmlich und ohne persönliche emotionale Gestaltungsmöglichkeiten.

Der Wandel der Arbeitsorganisation, also die Trennung von Wohn- und Arbeitsstätte im Zuge der sozio-ökonomischen Veränderungen der Neuzeit, war jener Prozess, der es ermöglicht hat, dass es in den Rollenbildern von Mann und Frau sowie in deren Bewertung zu Veränderungen gekommen ist.

Es ist wahrscheinlich, dass sich in einer Familie, einer Ehebeziehung um so eher eine emotional geprägte Privatsphäre entwickeln konnte, je stärker emotionale Aspekte, also Zuneigung und Liebe, bereits im Prozess der Partnerwahl berücksichtigt werden konnten. Eine „Liebesheirat" hat aber nicht nur mit Autonomie der Partnerwahl zu tun, sondern auch mit den Kriterien, nach denen sie erfolgt. Es muss ja ein selbstgewählter Partner nicht unbedingt aus Motiven der Zuneigung gewählt worden sein, wie auch elterliche Mitsprache emotionale Beziehungen nicht grundsätzlich ausschlossen (Burguière u. a. 1997, Bd. 3).

Je weiter der Blick zurück in die Geschichte gleitet, um so deutlicher wird, wie sehr sich die Partnerwahl an ökonomischen – im Adel zusätzlich an dynastischen Gesichtspunkten orientierte und wie stark der Einfluss dörflicher und verwandtschaftlicher Kollektive war. Beide Momente waren ineinander verquickt, denn in erster Linie waren es die Verwandten und die Eltern des Brautpaares, die eine Partnerwahl nach ökonomischen Aspekten durchsetzen wollten. Die wirtschaftlichen Fragen der Ehe wurden dementsprechend in erster Linie durch privatrechtlichen Vertrag geregelt, der von den Oberhäuptern der beteiligten Familien ausgehandelt wurde und auf den das Brautpaar selbst wahrscheinlich relativ geringen Einfluss hatte. Wurden doch im Ehevertrag auch die Regelungen über die Niederlassung des jungen Paares, das ökonomische Verhältnis zu den Eltern und das Erbe niedergelegt (Barabas/Erler 2002, S. 42). In vielen Fällen wurden Menschen miteinander verheiratet, die sich kaum kannten, vielleicht niemals ein Wort miteinander gewechselt hatten. Je stärker der Einfluss der Eltern auf die Partnerwahl war, desto eher hat es Liebesbeziehungen vor und neben als in der Ehe gegeben.

In Regionen, in denen die Besitzdifferenzierung wenig ausgeprägt war, sich also eine größere Anzahl potentiell ökonomisch gleichwertiger Partner gegenüberstand, konnten sich persönliche Neigungen eher durchsetzen. Vor allem in diesen Regionen bildete die Jugend Zusammenschlüsse, um ihren Interessen Geltung zu verschaffen, die stärker auf emotionale Bindung und persönliche Neigung hin orientiert waren. Diese jugendlichen „peergroups" versuchten die Partnerwahl immer stärker unter ihre Kontrolle zu bringen. Hier spielt der Wandel von der an Zeugung von Nachwuchs orientierten Sexualität hin zu einer an emotionale Erfüllung in der Partnerbeziehung ausgerichteten sexuellen Befriedigung eine enorme Rolle. Eine solche Bedeutungsverlagerung setzte voraus, dass Fortpflanzungssexualität und „soziale Sexualität" grundsätzlich trennbar geworden waren. In diesem Zusammenhang kann das sogenannte „Nachtfreien" oder „Bettfreien" in Skandinavien genannt werden. Demnach konnten sich solche von den jungen Männern und Frauen praktizierten Formen der Partnerwahl dort durchsetzen, wo aufgrund geringer Besitzdifferenzierung der Aspekt der ökonomisch besten „Partie" in den Hintergrund treten konnte (Schumacher/Vollmer 1982, S. 254 ff.). Solche Tendenzen der Partnerwahl setzten sich bis zum Ende des *ancien régime* in ganz Mitteleuropa durch.

Zusätzlich zu dem Prozess, in dem die dörflichen *peergroups* eine Emotionalisierung in der Partnerwahl erzwungen hatten, kam eine weitere Entwicklung hinzu, die deutlich die Partnerwahl beeinflusste: das Schwinden der dörflichen sozialen Kontrollmechanismen über das Verhalten einzelner Personen. Als Ursache ist der Zerfall der traditionellen dörflichen Gemeinschaften und ihrer Kontrollinstanzen und -möglichkeiten zu sehen. Im Zuge der Mobilisierungs- und Urbanisierungstendenzen der beginnenden frühen Industrialisierung und der sich herauskristallisierenden Erwerbswirtschaft begannen in Deutschland gegen Ende des 18. Jahrhunderts die wichtigsten Voraussetzungen patriarchalischer Verhältnisse zu schwinden. Der Hausvater als Leiter der familialen Arbeitsorganisation übte funktionale Autorität aus. Hingegen war in Familien von potentiellen Lohnempfängern die Autorität des Ehemanns nicht aus notwendigen Bedingungen des Arbeitsprozesses abgeleitet. Der Bedeutungsverlust familienwirtschaftlicher Formen und die Trennung von Wohn- und Arbeitsstätte, hat sicherlich Einfluss auf den Prozess der Partnerwahl gehabt.

Hinweis

In der Emotionalisierung und der Individualisierung sind die entscheidenden Entwicklungselemente zu sehen, die traditionelle von modernen Partnerschaften unterscheiden.

Die emotionale Entsprechung und persönliche Übereinstimmung als ausschließliche oder doch zumindest primäre Voraussetzung einer Ehe bedeutet sicherlich mehr Freiheit in der Umsetzung persönlicher Wunschvorstellungen. Sie bedeutet aber zugleich auch eine größere Anfälligkeit der Ehe, wie wir heute wissen.

Zusammenfassend kann gesagt werden: die vorindustriellen Lebensformen waren an eine bedarfswirtschaftliche Produktionsweise gebunden, die die Organisation des Tages- und Lebenslaufes maßgeblich bestimmte. Zumindest kann davon ausgegangen werden, dass die sozialen Verkehrsformen an den Bedürfnissen einer bedarfswirtschaftlich ausgerichteten Produktionsgemeinschaft orientiert waren. Die Familienformen (große Haushaltsfamilie, Kleinfamilien und dazu gehörige Alleinstehende) entsprachen in ihrer Binnenstruktur den Anforderungen dieses Produktionssystems. Die Autorität des Hausherrn war durch die funktionale Arbeitsteilung gegeben, die Beziehungsmuster der Familienmitglieder hatten eher formellen Charakter und Emotionalität zwischen den Beteiligten, wie wir sie kennen, war – aufgrund der nicht vorhandenen Zeit füreinander und des fehlenden Intimraumes Familie – die Ausnahme (Barabas/Erler 2002, S. 44).

Mit dem Entstehen des Handelskapitalismus und der Manufakturen im Europa des 16. Jahrhunderts, differenzierte sich systematisch ein eigenständiges Wirtschaftssystem heraus. Dieses spezialisierte sich immer mehr – spätestens in der Phase der Industrialisierung, in Deutschland gegen Ende des

18. und beginnenden 19. Jahrhunderts – auf die Produktion und die Vertei-
lung von Waren. Um das Wirtschaftssystem herum konstituierte sich ein
Arbeitsmarkt, auf dem sich die Verteilung von Arbeitskräften und deren
Qualifikation organisierte. Im Zuge dieses Prozesses differenzierte sich die
„Berufsarbeit" aus dem familialen Lebenszusammenhang heraus. Mit anderen Worten, es vollzog sich die Trennung von Wohnen und Arbeitsstätte,
die mit der Industrialisierung abgeschlossen war. Immer weiter entstehende
Institutionen spezialisierten sich auf immer mehr gesellschaftliche Aufgaben (Kranken-, Invaliditäts- und Alterssicherung, Ausbildung, Interessen-
vertretungen usw.).

Für das Familienleben war dieser Wandel folgenreich. Die Familie war
nicht mehr als Ganzheit in übergeordnete Zusammenhänge integriert. Es
war nunmehr jede einzelne Person, die sich in immer mehr außerfamiliale
Systeme integrieren musste. Am deutlichsten war dies am Beispiel der
Lohn- und Berufsarbeit, die um den Arbeitsmarkt organisiert wurde. Der
Vater, Bruder, Ehemann ging „zur Arbeit", d. h. er verließ das Haus, die
Wohnung, um an einem anderen Ort einer Lohn- bzw. Berufsarbeit nachzugehen. Aber genauso deutlich wurde dies an der Ausbildung. Dort, wo An-
gelerntes von Kindesbeinen obsolet und Minimalqualifikationen gefordert
wurden (Lesen, Schreiben und Rechnen), wurde ein allgemeinbildendes
Schulsystem erforderlich und damit die Schulpflicht zwingend notwendig.
Die Kinder konnten jedoch nicht unvorbereitet in die Schule kommen, sie
mussten „schulreif" sein. Dies Alles hatte Folgen für die Familie. Sie musste sich immer mehr auf relativ neue, eher diffuse sozialemotionalen Funktionen spezialisieren (Barabas/Erler 2002, S. 43 f.).

Durch die Trennung von Arbeits- und Wohnstätte kristallisierte sich ein
familiärer Intimraum heraus, der Platz für intensive emotionale Gestaltung
ließ. Ariès spricht von einer fortschreitenden Ausprägung eines „Familien-
sinns" (Ariès 1976, S. 517 f.), der der Ausbildung der häuslichen Intimität
folgt. Voraussetzung ist die oben beschriebene Entwicklung familiärer Ab-
geschiedenheit von öffentlicher Kontrolle. Folglich änderte sich das Verhältnis der Ehepartner, da sich die auf ökonomische Arbeitsteilung beru-
hende patriarchalische Autorität ebenfalls wandelte.

Hinweis

Die eheliche Partnerschaft fand ihren Sinn in sich selbst, in der Kultivierung des
eigenen Selbst wie auch der Empathie füreinander.

Damit wurde das sinnstiftende Element für eine Ehe, nämlich generative Absicherung für die ökonomische Basis einer bedarfswirtschaftlichen Produktion zu sein, hinfällig. Die Eheschließung – ausgenommen im herrschenden
Adel und dem Besitzbürgertum – wurde immer seltener unter ökonomischen
Aspekten vorgenommen. So bildete sich etwa seit Ende des 18. Jahrhunderts ein Prozess der Partnerwahl heraus, indem Liebe und Zuneigung,

Wünsche und Zukunftsperspektiven, Berufsarbeit und Lebensart und nicht zuletzt die Sexualität der Partner in Einklang gebracht werden mussten. Die romantische Liebe war damit sozusagen „erfunden".

In vorindustrieller Zeit haben im Zweifelsfall professionelle Werber Partner im Auftrag der jeweiligen Eltern gesucht, die in die Ökonomie der Bedarfswirtschaft passten, die aber vor allem deren Kontinuität sichern sollten. Heute ist dies ein Prozess, der in individueller Eigenverantwortung von den Partnern selbst vorgenommen wird.

Gerade der Wandel der Sexualmoral seit Beginn des 19. Jahrhunderts zeigt, wie überaus diffizil und fragil die Balance der Wünsche und Bedürfnisse der Partner einerseits sowie die gesellschaftlichen Werte andererseits geworden ist. Vor allem zeigt sich, wie sich intern das Familiensystem ausdifferenziert hat im Zuge der Modifizierung anderer gesellschaftlicher Teilbereiche. Den radikalsten Wandel bedeutete wohl der Rückgang der Fortpflanzungssexualität. Gemeint ist die Verlagerung der jahrhundertealten Tradition einer an Zeugung von Nachwuchs orientierten Sexualität hin zur emotionalen Erfüllung der Partnerbeziehung. Dies setzte voraus, dass gesellschaftliche Wertvorstellungen so durchlässig wurden bzw. sich wandelten, dass Fortpflanzungssexualität und „soziale Sexualität" voneinander trennbar wurden. Im Wesentlichen ist dies erst durch die Entwicklung von Kontrazeptiva in den letzten 40 Jahren erfolgt. Stärker noch als die eheliche hat sich die voreheliche Sexualität dadurch verändert. Die Brisanz dieser relativ jungen Entwicklung ist kaum abzuschätzen. So wuchs bis heute die Zahl junger Menschen, die ohne verheiratet zu sein, zusammenleben immer weiter an (Barabas/Erler 2002).

Der geschilderte strukturelle Wandel der Familien und deren Binnenstruktur ist meiner Ansicht nach nicht bzw. nur unzureichend mit einem Funktionsverlust angemessen zu beschreiben. Die Emotionalisierung der Partnerbeziehung, die Vorstellung der Sexualität als wesentlichem Teil der emotionalen Erfüllung einer Partnerschaft, der Anspruch von Eingehen und Verständnis füreinander und nicht zuletzt eine empathische Kindzentrierung, beschreiben eher einen Differenzierungsprozess sozial-emotionaler Funktionen der modernen Familie.

Damit ist ein Wandel der Funktionen der Familie gekennzeichnet, der seinerseits die gewaltigen Prozesse der Individualisierung seit der Industrialisierung begleitet. Familien sind nicht mehr das „Haus" oder eine Sippe. Die „neuen" sozial-emotionalen Familienfunktionen erfordern eine partnerschaftliche und zugleich diffuse Rollenstruktur, auf die Familien wiederum ihre Kinder vorbereiten müssen, damit sie die sich verändernden Rollenanforderungen wahrnehmen können.

Herausbildung von Emotionalität zwischen Eltern und Kindern

Die Beziehungen zwischen Eltern und ihren Kindern waren in der vorindustriellen Welt in erster Linie davon geprägt, dass die extrem hohe Kindersterblichkeit den Verlust eines Kindes mindestens ebenso wahrscheinlich machte wie sein Überleben. Die Einstellung, dass man mehrere Kinder haben wollte, damit wenigstens das eine oder andere am Leben blieb, war lange Zeit tief verwurzelt. Das neugeborene Kind wurde aufgrund seiner Überlebenschance einfach nicht als wert erachtet, Gegenstand intensiver emotionaler Zuwendung zu sein. Allenfalls bedauerte man den Verlust eines Kindes, doch man verzweifelte keineswegs daran (Ariès 1976; Burguière u. a. 1997; Badinter 1992). Gleichzeitig gab es wegen des Fehlens effektiver Methoden der Schwangerschaftsverhütung eine Vielzahl unerwünschter Kinder, die vernachlässigt wurden. Noch im ausgehenden 19. Jahrhundert belastete ein solcher „Kindersegen" oft die Familie bis zur Bedrohung der Existenz. In vorindustrieller Zeit war die heimliche Kindestötung keineswegs die Ausnahme (de Mause 1977).

Eher in ökonomisch gesicherten Verhältnissen konnte man eine veränderte Einstellung gegenüber den Kindern feststellen. In den Bauernfamilien, in denen Kinder zusätzliche Arbeitskräfte darstellten, war man den Kindern gegenüber eher positiv eingestellt, als in den Familien der Landarmen bzw. Landlosen. Vor allem bei den städtischen Familien des Bürgertums – im Adel sowieso – war es weitverbreitete Sitte, die Kinder mit fünf oder sechs Jahren in andere Haushalte in Dienste bzw. zur Erziehung zu schicken. In der Auflösung dieser Erziehungspraxis durch die Einführung allgemeinbildender – häufig als private Einrichtungen, seit 1872 in Deutschland als Pflicht – Schulen, die es den Kindern erlaubten, einen größeren Teil ihres Lebens bei den Eltern zu verbringen, sieht Ariès eine wichtigen Faktor für die Emotionalisierung der Eltern-Kind-Beziehung (Ariès 1976, S. 509 ff.).

Hier muss auf eine Studie über die Mutterliebe durch die französische Soziologin Elisabeth Badinter hingewiesen werden. Sie gelangt zu der Überzeugung, dass der Mutterinstinkt ein Mythos sei (Badinter 1992). Auf ein allgemeingültiges und naturnotwendiges Verhalten der Mütter sei sie nicht gestoßen. Im Gegenteil sei festzustellen, dass die Gefühle der Mütter in Abhängigkeit von ihrer Bildung, ihren Ambitionen oder ihren Frustrationen äußerst wandlungsfähig sind. Man kommt deshalb nicht an der vielleicht grausamen Schlussfolgerung vorbei, dass die Mutterliebe nur ein Gefühl und als solches wesentlich von den Umständen abhängig ist. Dieses Gefühl kann vorhanden sein oder auch nicht vorhanden sein, es kann auftreten und verschwinden. Es kann sich als stark oder als schwach erweisen. Es kann ein Kind bevorzugen oder sich auf alle erstrecken. Das hängt ganz von der Mutter, von ihrer Geschichte, ihrer ausgebildeten Empathie und nicht zuletzt den gesellschaftlichen Erwartungen ab (Badinter 1992, S. 297).

Als entscheidend für die Emotionalisierung der Eltern-Kind-Beziehungen können neben dem entlastenden medizinischen und ökonomischen Fortschritt vor allem die zunehmende Wahlfreiheit der Kinderzahl und des Zeitpunktes der Geburten angenommen werden. Dabei ist die Parallele zur Entwicklung der individuellen Partnerwahl augenscheinlich. Die Chancen für die Herausbildung emotionaler Beziehungen zwischen Eltern und Kindern stehen dann günstig, wenn die Eltern autonom zueinander finden können und wenn die Bildung der Partnerbeziehung nicht Kriterien folgen muss, die emotionalen Beziehungen – wie in vorindustrieller Zeit – widersprechen. Heute wird der Geburtenrückgang u. a. auf die Wirksamkeit des Normenkomplexes „verantworteter Elternschaft" (Kaufmann 1990) in Verbindung mit den hohen Ansprüchen an die Kindererziehung zurückgeführt.

Hinweis

Sozialisation ist zur „Erziehung" geworden und hat sich von einem eher zufälligen Nebenprodukt der frühen und vielfältigen Beteiligungen der Kinder am häuslichen Produktionsprozess zu einer zentralen Lebensaufgabe der Eltern entwickelt.

Erklärt werden kann dieser Prozess mit der zunehmenden Ausdifferenzierung gesellschaftlicher Teilsysteme, wie dem Bildungssystem. Aber auch mit der gleichzeitig zunehmenden Fähigkeit von Eltern, sich auf die Aufgabe der Erziehung als gezielten Prozess der Einflussnahme auf die kindliche Entwicklung einzulassen. Je weniger die Kinder quasi organisch in die Lebenswelt hineinwachsen und je mehr die Eltern aufgrund ihrer sozialen Kompetenzen und intellektuellen Qualifikationen die Lernprozesse der Kinder antizipieren und sich auf diese einstellen können, umso mehr wird die Sozialisation des Nachwuchses ein vielfältiges und kompliziertes Problem.

Die Dynamisierung der Gesellschaft im Zuge der Industrialisierung, vor allem im beginnenden 19. Jahrhundert, hatte die schon genannte Trennung von Wohn- und Arbeitsstätten zur Folge. Damit war auch die Ausblendung der Arbeitswelt sowie spezifischer Elemente der Geschlechtsrolle des Vaters aus der Erfahrungswelt der Kinder verbunden. Auch wurde es immer unwahrscheinlicher, dass die Söhne später einmal denselben Beruf wie der Vater ausüben würden. Ebenso wenig sicher war es geworden, dass die Kinder dieselben Qualifikationen zur Berufsausübung benötigen würden und diese lediglich durch tätiges Mithelfen erwerben konnten. Außerdem wurde es immer weniger wahrscheinlich, dass die Kinder genauso immobil, wie ihre Eltern bleiben würden. All das machte eine Neuorientierung der Erziehung notwendig. Es kann davon ausgegangen werden, dass mit der von Generation zu Generation ansteigenden Empathie eine zusätzliche Emotionalisierung des Eltern-Kind-Verhältnisses einherging (de Mause 1977). Sicherlich spielt aber auch die Zeit, die Eltern auf die Beschäftigung mit ihren Kindern verwenden können, eine nicht zu unterschätzende Rolle. Heute werden für die wenigen Kinder pro Familie wesentlich mehr Leistungen seitens der Eltern erbracht als früher, sowohl was die Intensität der Beziehung, die ökonomischen Aufwendungen als auch den zeitlichen Umfang anbetrifft (Barabas/Erler 2002, S. 52).

Es waren zuerst die Kinder des städtischen Bürgertums, die zum Objekt elterlicher Planung wurden. Der Prozess der Abgrenzung der häuslichen Sphäre von der Arbeitswelt war hier weitgehend vollzogen. Die in der Bürgergesellschaft angelegten Ideale von Erfolg und sozialem Aufstieg legten es nahe, den Kindern mehr mitzugeben, „an zu erziehen", als sie im alltäglichen Kontakt mit den Eltern erwerben konnten. Kinder wurden als eigenständige Person wahrgenommen. Die Entdeckung der Kindheit beginnt mit dem Brauch, seit etwa dem 16. Jahrhundert, Kindern eine spezielle Kleidung zu geben. Das dabei sich entwickelnde Verständnis für die Kinder und die intensivere Beschäftigung mit ihnen hatte eine allgemeine Emotionalisierung zur Folge und wirkte sich entscheidend auf das Erziehungsverhalten aus (Ariès 1976). Dies machte erstmals die Schaffung eines eigenen, die Entwicklung des Kindes anregenden Milieus notwendig. Die Entlastung der Familie von z.B. produktiven Funktionen, ließ die Spezialisierung der Familie auf Kindererziehung zu.

Mit der zunehmenden Berücksichtigung der Kinderinteressen und -bedürfnisse, aber auch mit den zunehmenden Ansprüchen der Eltern an die Qualität ihrer Erziehung und mit der zunehmenden Unsicherheit über die diesbezüglichen Normen ist die Kindererziehung zu dem geworden, was sie heute, in der Idealvorstellung der meisten Eltern ist. Die Entscheidung für Kinder bedeutet, dass ihre Erziehung zu einer zentralen Lebensaufgabe der Eltern wird, die in hohem Maße ihr Zeitbudget und ihre psychischen Energien absorbiert. So wird mittlerweile von einer Tendenz zur „verantworteten Elternschaft" gesprochen. Gemeint ist damit die bei vielen potentiellen Eltern herrschende Vorstellung, Kinder nur dann zur Welt bringen zu wollen, wenn man glaubt auch dieser Verantwortung tatsächlich gerecht werden zu können.

Die These vom Funktionsverlust der Familie findet bei ihren Befürwortern die Bestätigung darin, dass die moderne Familie einen Teil ihrer Erziehungsaufgabe an spezialisierte Institutionen z.B. die Schule abgegeben hat. Jedoch ist die Funktionsauslagerung an spezialisierte Erziehungsinstitutionen lediglich die Kompensation des gestiegenen Aufwandes, den moderne im Vergleich zu traditionellen Eltern in die Erziehung ihrer Kinder investieren. Erziehung und Bildung werden im Zuge des gesellschaftlichen Individualisierungsprozesses und der Ausdifferenzierung immer weiterer gesellschaftlicher spezialisierter Teilbereiche zunehmend wichtiger. Damit verzeichnen wir heute einen enormen Bedeutungsanstieg der Erziehungsleistung von Familien, die die Vorbereitung der Kinder auf die sie erwartenden weiterführenden Ausbildungsinstitutionen gewährleisten müssen. Die skizzierten Differenzierungsprozesse haben dazu geführt, dass sich die moderne Familie in einem bisher unbekannten Ausmaß auf persönlich-emotionales Zusammenleben spezialisiert hat.

Systemtheoretisch betrachtet, haben während der geschilderten Entwicklung Differenzierungsprozesse stattgefunden. Gemeint sind die Prozesse, in deren Verlauf ursprünglich vielfältige, miteinander verbundene Funktionen in Teilbereiche mit jeweils besonderen Aufgaben und thematischen Eigengesetzlichkeiten (eigene Logik; „Eigensinn") aufgelöst wurden. Das Bild wird sofort klarer, wenn man sich vor Augen hält, wie unser Schulsystem entstanden ist oder unser System der Krankenversorgung bzw. unser System der sozialen Sicherung. Wie also z.B. aus der privaten und kirchlichen Almosenvergabe zu Beginn des 16. Jahrhunderts städtische Armenordnungen entstanden und in der Industrialisierungsphase kommunale Versorgungssysteme (Elberfelder System) entworfen wurden (Erler 2000). Heute haben wir ein kompliziertes System der Hilfen, die ihr Regelwerk aus dem BSHG beziehen, mit eigenen Kategorien, Bewertungsmaßstäben und Hilfekatalogen. Hinsichtlich der Familie haben ebensolche Differenzierungen stattgefunden.

Anders ausgedrückt: Prozesse gesellschaftlicher Differenzierungen sind in ihrem Kern Prozesse der Trennung, in deren Verlauf zuvor strukturell zusammenhängende Funktionskomplexe auf jeweils stärkere Spezialisierung und „relative" Autonomie (s. S. 133 ff.) hin auseinander treten.

Lesehinweise

Barabas, Friedrich/Erler, Michael (2002): Die Familie. Lehr- und Arbeitsbuch für Familiensoziologie und Familienrecht. Weinheim. 2., überarb. und erw. Aufl.

Luhmann, Niklas (1988): Sozialsystem Familie. In: System Familie. Forschung und Therapie. H. 1, S. 75–91.

Oswald, Gerhard (1988): Systemansatz und soziale Familienarbeit. Methodische Grundlagen und Arbeitsformen. Freiburg/Br.

5. Kommunikation und Dynamik in der Familie

Gunnar holt Sandra jedes zweite Wochenende zu sich. Miriam organisiert sich dieses freie Wochenende und nimmt sich immer etwas vor. Mittlerweile freut sie sich auf „ihr" Wochenende und sie lernt, sich die Zeit einzuteilen, auf ehemalige Freunde zuzugehen und auch allein zu sein. Sie findet wieder Spaß daran, sich mit sich selbst zu beschäftigen. Ca. vier Monate nach der Trennung voneinander, holt Gunnar Sandra zu einem gemeinsamen Wochenende ab. Sie wollen Zelten fahren. Wieder zurückgekommen, erzählt Sandra von dem Wochenende: „Zuerst haben wir noch zwei Schlafsäcke gekauft …". Miriam wundert sich, hat sie doch Sandra deren Schlafsack mitgegeben und Gunnar hat seinen vor Wochen mitgenommen. „Papa hat gesagt er braucht noch einen und außerdem war es ein Sonderangebot. Dann sind wir auf die Platte gefahren und ich habe Papa geholfen, das Zelt aufzubauen. Rehe haben wir gesehen und Papa hat mir einen Habicht gezeigt. Mit einem Stück Grillwurst habe ich einen Igel gefüttert. Es war ganz toll!". Beiläufig erkundigt sich Miriam wie Sandra geschlafen hat und ob ihr Schlafsack warm genug gewesen sei. „Och, gefroren habe ich nicht, ich habe auch neben der Doris geschlafen.". „Neben wem?", fragt Miriam vollständig irritiert. „Na, neben der Doris. Die war zufällig irgendwo in der Nähe und hat Papa auf dem Handy angerufen, ob sie auch kommen könnte. Und weil es dann spät war, wollte sie nicht mehr zurück und hat gefragt, ob sie bei uns übernachten kann …". Miriam ist konsterniert und bricht das Gespräch über das Zelten ab. Miriam trägt die Angelegenheit einen Tag mit sich herum und ruft am darauffolgenden Abend ihre (Noch-)Schwiegermutter an und erzählt ihr von dem Wochenende, das Gunnar zusammen mit Sandra verbringen wollte und dann noch eine Frau dabei hatte. Auch Gunnars Mutter kann sein Verhalten nicht verstehen. Zwei Tage später geht bei Miriam das Telefon, Gunnar ist dran: „Na, musstest du bei meiner Mutter anrufen und über mich herziehen?". Miriam hatte mit einem derartigen Anruf gerechnet und versucht ihre Ruhe zu bewahren: „Pass mal auf – mich interessiert nicht mit welchen und mit wie vielen Frauen du etwas hast. Ich habe aber prinzipiell etwas dagegen, dass du ausgerechnet an dem Wochenende, an dem du dir etwas mit Sandra vornimmst auch noch deine Frauen mitbringst!". Gunnar gereizt: „Das geht dich doch gar nichts an, mit welcher Frau ich mein Wochenende verbringe. Ich schreibe es dir ja auch nicht vor!". Miriam versucht immer noch ruhig zu bleiben: „Mich interessiert das auch nicht. Aber an dem einen Wochenende, das du mit Sandra verbringst, kannst du dich ja vielleicht mal ausschließlich mit deinem Kind beschäftigen. Mit ihren Fragen und Irritationen nach einem solchen Wochenende muss ich mich nämlich auseinandersetzen!". Gunnar merklich kleinlauter: „Die Doris war halt zufällig in der Gegend und hat gefragt, ob sie uns besuchen kann. Und dann ist es halt spät geworden. Sandra und Doris haben sich auch gut verstanden.". Miriam schwillt der Kamm: „Da lachen ja die Hühner, zufällig vorbeigekommen – für diesen Zufall brauchtest du wohl auch zwei neue Schlafsäcke. Wofür hältst Du mich eigentlich? Ich will jedenfalls nicht, dass du Sandra in deine Weibergeschichten mit reinziehst!". Gunnar antwortet darauf mit ruhiger, vor

Ironie triefender Stimme: „Dazu könnte ich noch einiges sagen.". Miriam schreit: „Bei mir konntest Du nicht und jetzt kannst du nicht genug kriegen!", und knallt weinend den Hörer auf.

Günther und Karin leben wieder zusammen und haben ein Arrangement getroffen: Karin arbeitet drei halbe Tage die Woche nachmittags an ihrer alten Arbeitsstelle. Das geht ganz gut mit den langen abendlichen Öffnungszeiten. Günther konnte bei seinem Arbeitgeber durchsetzen, dass er nicht mehr auf Montage fährt, sondern in der Niederlassung am Ort arbeitet. Er hat sogar eine Aufwertung erfahren, da er jetzt zusätzlich mit der Schulung von auf Montage fahrenden Kollegen betraut ist. An den drei Tagen, an denen Karin nachmittags und abends arbeitet, hat Günther das Auto, die übrige Woche hat es Karin zum Fahren der Kinder in die Schule, in den Kindergarten, Lisa in die Gymnastik und Patrick in den Sportverein, zum Abholen und Einkaufen. Günther holt dann um 16:30 den Jungen vom Hort ab und bei einer Nachbarin die Kleine, die diese zusammen mit ihrer Tochter vom Kindergarten zu sich nach Hause nimmt. Günther kocht dann für alle bzw. macht das von Karin vorbereitete Essen fertig. Er ist diese drei Nachmittage und Abende voll verantwortlich für die Kinder und den Haushalt. Neulich gab es einen Eklat: Günther hat sich auf der Arbeit verspätet. Es wurde der Geburtstag eines Kollegen und ein erfolgreich gelaufener Auftrag, an dem Günther nicht unbeteiligt war, nachgefeiert. Mit der Nachbarin hat er telefoniert, ob er Lisa etwas später abholen könne. Der Nachbarin war das kein Problem. Außerdem hat er mit einer bekannten Mutter telefoniert, ob diese, wenn sie ihre Tochter vom Hort abholt auch Patrick ausnahmsweise mitnehmen könne. Er würde ihn dann bei ihr zu Hause abholen. Die Bekannte sagte zu und Günther war's zufrieden. Im Hort wusste niemand bescheid und als 16:30 Günther nicht auftauchte – die befreundete Mutter war gerade dabei auch Patrick für's Nachhausegehen fertig zumachen – rief man auf Karins Arbeitsstelle an. Außer sich kam Karin nach Feierabend nach Hause: „Nie kann man sich auf dich verlassen! Immer musst du mit deinen Kumpels saufen und dann vergisst du auch deine Kinder!". „Nun mal langsam …", protestierte Günther, „Ich habe alles geregelt. Ich habe verabredet, dass ich Lisa etwas später abholen kann und auch Patrick habe ich kurz untergebracht.". Günther ist beleidigt über Karins Unterstellung, er sei unzuverlässig. „Es geht einfach nicht, dass du irgendwelche Verabredungen wichtiger nimmst, als die Verantwortung gegenüber deinen Kindern.", versucht Karin Günther klar zu machen. „Dann musst du eben absagen oder kannst eben erst am Abend, wenn ich zu Hause bin, nochmal weggehen.". Günther sieht das nicht ein: „Ich habe alles klar geregelt und keiner der Mütter, die ich gefragt habe, war das ein Problem. Ich bin nicht verantwortungslos, das wäre ich, wenn ich gar nichts gemacht hätte.". „Das wäre ja noch schöner …", tobt Karin, „wenn du dich nicht kümmern würdest! Das ist so schon schlimm genug. Und wenn die andern mal was wollen, wer kümmert sich dann? Willst du dann eher Schluss machen und dich vielleicht um vier Kinder kümmern. Du kannst doch nicht einfach die beiden woanders abstellen und feiern gehen. Ich werde dann auf Arbeit angerufen, weiß überhaupt nicht was los ist, kann nichts machen und bin völlig nervös und aufgelöst bis es Feierabend ist. Ich will mich auf dich verlassen können und du lässt mich allein!". Günther ist ratlos: „Aber ich habe mich doch darum gekümmert, dass Patrick und Lisa untergebracht sind bis ich sie abhole und habe ihnen auch Grüße ausrichten lassen, dass ich sie längstens eine Stunde später abhole. Und ich war sogar nur 45 Minuten später da. Ich hab ihnen dann zur Belohnung auch jedem ein Eis gekauft.". Er poltert los: „Ich versteh' überhaupt nicht was du willst. Ist doch alles in Ordnung!". Karin geht ins Schlafzimmer und schlägt die Tür zu: „Nichts ist in Ordnung – auf dich ist eben kein Verlass!".

Bei Betrachtung des Verhaltens als auch der Gespräche sowohl zwischen Gunnar und Miriam wie auch zwischen Karin und Günther wird deutlich, was gemeint ist, wenn wir davon sprechen, dass das soziale System Familie aus Kommunikation und Interaktion und nicht aus Personen besteht. Ich hatte das bereits im Kapitel 4.2 versucht zu verdeutlichen: Soziale Systeme sind Kommunikationssysteme. So gesehen, setzt sich im vorliegenden Fall Miriam nicht mit Gunnar als Person auseinander, die sie vielleicht als oberflächlich oder verantwortungslos charakterisiert. Vielmehr stehen für sie seine Äußerungen und Handlungen im Mittelpunkt der Auseinandersetzung. So beispielsweise die Tatsache, dass er zwei neue Schlafsäcke kauft, obwohl er lediglich einen für sich braucht. Dass er für das geplante Zeltwochenende zusammen mit Sandra eine Frau einlädt, anstatt einmal ungestört mit seiner Tochter zusammen zu sein und vielleicht sich mit deren Schmerz über die Trennung ihrer Eltern beschäftigt. Gunnar wiederum reagiert auf Miriams Vorhaltungen und auf Miriams Anruf bei seiner Mutter. Karin hat ihrerseits mit ihrem Vorwurf auf Günther sei kein Verlass, mitnichten seine Person gemeint. Vielmehr geht es ihr darum, dass er ihrer Meinung nach seine Interessen über die der Kinder stellte und damit letztlich auch über ihre. Dies unterstreicht sie mit der Geste der zugeschlagenen Tür. Günther seinerseits fühlt sich missverstanden. Er hat seiner Auffassung nach, in der Folge ihrer Abmachungen nach dem Wiedereinzug von Karin und den Kindern, im Gegensatz zu früher, eine Reihe von Verantwortungen übernommen.

Wir können hier sogleich die Eigenart von Kommunikation und auch von Interaktion in sozialen Systemen wieder erkennen. Kommunikation und Interaktion ist wichtig für das „Vorher" und „Nachher" von Ereignissen (s. Kap. 4.4). Wir haben gesehen, es war eine wichtige Verabredung zwischen Karin und Günther, dass Günther dreimal die Woche Patrick und Lisa vom Hort bzw. Kindergarten und von der Nachbarin abholt. Die Nichteinhaltung der Verabredung von Seiten Günthers hat Konsequenzen für Karins Einschätzung über seine „Verlässlichkeit" bzw. „Unzuverlässigkeit". Und diese Einschätzung von Günthers Handlung durch Karin wird die künftigen Auseinandersetzungen (Kommunikation) zwischen beiden bestimmen. Anders und abstrakter ausgedrückt, Kommunikation ist die Voraussetzung für künftige Interaktionen und Kommunikation. Der kommunikative Prozess wird so zu einer Abfolge von Reaktionserwartungen und Erwartungsreaktionen. Dies bedeutet aber nichts anderes, als dass sich Kommunikation immer auf der Grundlage bereits stattgefundener Kommunikation abspielt und diese wird damit wieder zur Voraussetzung zukünftiger Kommunikation. So gesehen, ist Miriams verletzte Reaktion auf Gunnars Verhalten eine Freundin zum Wochenende mit seiner Tochter einzuladen, zu begreifen auf dem Hintergrund, dass Gunnar vor der Trennung schon drei Jahre nicht mehr mit ihr geschlafen hat. Die künftige Kommunikation zum Thema wird

154

erkennbar bestimmt werden durch die nicht gelebte Sexualität vor der Trennung, Gunnars neue Freundin und die Tatsache der Einladung einer weiteren Freundin zum Wochenende mit seiner Tochter. Damit wird aber auch klar, warum das soziale System Familie besondere Belastungen auslöst, ist es doch das einzigste soziale System, dass die gesamte Handlungs- und Verhaltenspalette der Person zum Thema der Kommunikation macht.

Im Weiteren wenden wir uns den Begriffen Kommunikation und Interaktion zu, um deutlich zu machen, was sich in unserem Alltagsleben häufig unbemerkt von den Akteuren, hinter deren Rücken vollzieht.

5.1 Kommunikation

Im Zentrum der folgenden Überlegungen steht die Kommunikationstheorie von George H. Mead und Jürgen Habermas Konzept des Kommunikativen Handelns. Auf Mead beziehe ich mich insofern, als seine Kommunikationstheorie sich nicht nur auf Akte der Verständigung beschränkt, sondern er sie auch auf kommunikatives Handeln bezieht. Mead analysiert Bewusstseinsphänomene unter dem Aspekt, wie diese sich in den Strukturen sprachlich oder symbolisch vermittelter Interaktion herausbilden. Sprache hat dabei für ihn konstitutive Bedeutung für die soziale und kulturelle Lebensform:

„Beim Menschen schafft die funktionale Differenzierung durch die Sprache ein völlig andersartiges Organisationsprinzip, das nicht nur ein anderes Individuum, sondern auch eine andere Gesellschaft produziert." (Mead 1973, S. 251)

Demnach wird menschliches Verhalten symbolisch vermittelt und durch sprachliche Kommunikation gesteuert, die der Festlegung und Mitteilung von Verhaltenserwartungen ebenso dient wie der Interpretation der Umwelt sowie der Verständigung über diese. Hier liegt ein Schwerpunkt des Mead'schen Konzepts, nämlich phylogenetisch das Prinzip der sozialen Differenzierung anzulegen. Vor dem Hintergrund der sozial-kommunikativen Kompetenzen des Menschen, ist dieser in der Lage, Arbeitsteilung und funktionale Differenzierung auf der Ebene von Verhaltenserwartungen bzw. von sozialen Rollen oder sozialen Institutionen zu errichten (Mead 1973, S. 275 ff.).[16] Diese kommunikative Kompetenz führt Mead auf die Fähigkeit des Menschen zur Symbolverwendung zurück, die bewusstes Sich-Verhalten und bewusste (Selbst-)Beobachtung erst ermöglicht. Sofern die verwendeten Symbole Besitz der gesamten Gemeinschaft sind, ist diese Fähigkeit der bewussten Interaktion gesellschaftlich bedingt. Mead erkennt jedoch auch den Beitrag des Individuums an, der sozusagen im Erfinden und Symbolisieren neuer Verhaltensmuster und Weltinterpretationen liegt. Inso-

---

16 Interessant werden diese Überlegungen von Mead auf dem Hintergrund neuerer Forschungsergebnisse der Paläoanthropologie vgl. Schrenk 1997; Stringer/McKie 1996.

fern ist für Entwicklung der Menschheit demnach die Wechselwirkung zwischen Individuum und Gesellschaft wesentlich. Symbolisch vermittelte Interaktion ist nach Mead die für den Menschen charakteristische Form des sozialen Verhaltens. Er unterscheidet zwei Formen des sozialen Verhaltens und zwar die gebärden- bzw. gestenvermittelte Interaktion und die symbolisch vermittelte Interaktion.

Gesten- oder Gebärdenvermittelte Interaktion

Gebärden- oder gestenvermittelte Interaktion ist dadurch gekennzeichnet, dass nicht die ganzen Handlungen, sondern bereits „... die Anfänge jener Handlungen ... Instinktreaktionen bei anderen Lebewesen hervorrufen" (Mead 1980, S. 211). Diese Handlungsanfänge, die die Funktion der Verhaltenskoordination übernehmen, nennt Mead „Gebärden" oder „Gesten". Solche Gesten oder Gebärden sind insofern Vorformen der Sprache, als sie für die ganze noch nicht ausgeführte Handlung stehen und sie insofern symbolisieren und „bedeuten".

„Der zentrale Faktor ... ist der ‚Sinn'. Sinn entwickelt sich und liegt innerhalb des Bereiches der Beziehung zwischen der Geste eines bestimmten menschlichen Organismus und dem folgenden Verhalten dieses Organismus, wie es anderen menschlichen Organismen durch die Geste angezeigt wird. Wenn diese Geste einem anderen Organismus so das anschließende (oder daraus resultierende) Verhalten des jeweiligen Organismus anzeigt, hat sie einen Sinn. ... Sinn ist daher die Entwicklung einer objektiv gegebenen Beziehung zwischen bestimmten Phasen der gesellschaftlichen Handlung; er ist nicht ein psychisches Anhängsel zu dieser Handlung und keine ‚Idee' im traditionellen Sinne. Die Geste eines Organismus, die Resultante der gesellschaftlichen Handlung, in der die Geste eine frühe Phase darstellt, und die Reaktion eines anderen Organismus auf sie, das sind die relevanten Faktoren in einer dreifachen oder dreiseitigen Beziehung zwischen Geste und erstem Organismus, Geste und zweitem Organismus sowie Geste und anschließende Phasen der jeweiligen gesellschaftlichen Handlung; diese dreiseitige Beziehung ist die Grundsubstanz von Sinn oder zumindest die Substanz, aus der sich Sinn entwickelt. Die Geste steht für eine bestimmte Resultante der gesellschaftlichen Handlung, eine Resultante, auf die es eine definitive Reaktion seitens der betroffenen Individuen gibt; Sinn leite ich somit aus der Reaktion ab." (Mead 1973, S. 115f.)

Lucio aus Italien und Carlos aus Spanien treffen sich in Frankfurt am Main auf dem Römerberg. Keiner von beiden beherrscht die Landessprache des anderen, ebenso wenig sprechen sie deutsch. Lucio sucht das Museum für moderne Kunst. Glück hat er insofern, als Carlos schon lange in Frankfurt lebt. Mit Gebärden, die moderne Kunst darstellen sollen und die besondere Architektur des Museums in der Form eines Tortenstücks, versucht Lucio sein Ziel zu verdeutlichen. Lucio versteht nichts von moderner Kunst und interessiert sich auch nicht dafür. Hingegen kann er etwas mit Gebäudeformen anfangen. Insofern hat er bald verstanden, wo Lucio hin will. Carlos gelingt es mit der Geste auf den Römerberg, auf den Dom, den man von dort aus sehen kann und dem auffälligen Technischen Rathaus, die gleichsam als Koordinatensystem figurieren, Lucio den Weg zu vermitteln.

Diejenigen Frankfurter, die zufällig zur gleichen Zeit daherkamen und die beiden in ihren Gestikulationen vertieft fanden, werden sich gedacht haben: „Die spinne, die zwaa!". Das, was in der sozialen Wirklichkeit vor sich geht, hängt davon ab, was die Menschen in und über eine Situation meinen, wissen oder glauben. In der Gebärdensprache bilden also die Relationen, die zwischen der Geste der ersten Person und der an sie anschließenden Handlung einerseits sowie der von ihr stimulierten Verhaltensreaktion einer zweiten Person andererseits bestehen, die Grundlage für die Bedeutung. Eine Bedeutung, die die Geste des einen Interaktionsteilnehmers *(Lucio)* für den jeweils anderen *(Carlos)* und *nur* diesen gewinnt. Die Geste des Einen erhält somit eine Bedeutung, die diese freilich zunächst nur für sie beide besitzt. Wenn Karin während ihres Disputes mit Günther die Tür hinter sich zuschlägt, passiert hier in der Tat dreierlei: erstens beschließt sie, dass im Moment eine weitere Auseinandersetzung für sie keinen Sinn macht. Zweitens setzt sie diesen (Nicht-)Sinn in eine Geste um, die drittens für Günther nur im Zusammenhang mit der bereits stattgefundenen Kommunikation zu verstehen ist. Seine Reaktion wird im hohen Maß die künftige Kommunikation und ihr Handeln bestimmen. Anders ausgedrückt, Karin hat mit ihrer Geste eine Bedeutung übermittelt, die allerdings nur für die beiden zu verstehen ist.

Symbolisch vermittelte Interaktion

Nach Mead ist symbolisch vermittelte Interaktion dadurch gekennzeichnet, dass die Handlungsanfänge bzw. Gebärden nicht nur bei Anderen eine bestimmte Reaktion bzw. Handlungsbereitschaft hervorrufen, wie dies bei der gebärdenvermittelten Interaktion der Fall ist, sondern zum einen

> „... im Individuum, das sie ausführt, die gleiche Haltung sich selbst gegenüber ... (auslösen), wie in den anderen Individuen" und dass zum anderen dieses Einnehmen der Haltung des Anderen das Individuum „... in die Lage versetzt, sein weiteres Verhalten im Lichte dieser Haltung dem ihrigen anzupassen." (Mead 1973, S. S. 85f.)

Gebärden, die die Funktion erfüllen im handelnden Individuum dieselben Reaktionen hervorzurufen wie im Individuum, das den Adressaten dieser Handlungen darstellt, bezeichnet Mead als „signifikante Gesten" oder „signifikante Symbole". Diese erlauben eine Kontrolle des Handelns auf Grundlage der vorweggenommenen Haltungen des Anderen. Anders als die Gebärden sind diese signifikanten Symbole nicht nur objektiv, sondern auch subjektiv, im Bewusstsein der beteiligten Individuen, Träger von Bedeutung.

„Vokale Gesten" oder „Lautgebärden" sind nach Mead besonders geeignet, die Funktion signifikanter Symbole zu übernehmen, weil sie am ehesten vom Handlungssubjekt genauso wahrgenommen werden können wie vom Interaktionspartner. Signifikante Symbole in ihrer spezifischen Bedeutung können ihre Funktion der Verhaltenskoordination allerdings nur erfüllen, wenn sie im Besitzstand der ganzen Gruppe sind (Mead 1973, S. 129f.). Insofern ist die Existenz gemeinsamer signifikanter Symbole Voraussetzung von Interaktion und ihre Übernahme durch die Individuen Voraussetzung für deren Teilnahme an der Interaktion. Andererseits wird das vorhandene System der Symbole im Interaktionsprozess durch die Interaktionsteilnehmer verändert und erweitert. Ein Beispiel für symbolisch vermittelte Interaktion ist für Mead der Ausruf „Hilfe": Der „Hilfe"-Rufende weiß, dass er mit dieser Lautgebärde bei anderen die Haltung der Hilfsbereitschaft, die Einnahme der Helferrolle auslösen kann – insofern löst er in sich selbst dieselbe Haltung aus wie beim anderen – und entscheidet sich aufgrund dieses Wissens zum Hilfe-Ruf. Er macht dieses Wissen, die übernommene Rolle des Helfers, zur Grundlage der Planung seines Verhaltens.

Gesetzt, in unserem Beispiel von Lucio, der das Museum für moderne Kunst in Frankfurt/M. sucht, trifft dieser auf den deutsch sprechenden Marcel. Da Lucio doch ein wenig deutsch kann, verläuft die Situation möglicherweise anders. Verloren in der fremden Stadt sucht er Hilfe. Er stellt sich die Situation eines Fremden im heimischen Florenz vor und dessen Suche nach den Uffizien. Insofern nimmt er die Haltung des Fremden bewusst ein, geht auf Marcel zu und fragt ihn nach dem Museum. Er weiß ja, dass dieser sich daraufhin automatisch in die Situation des quasi einheimischen Auskunft Gebenden versetzt. Nun mag es vielleicht geschehen, dass Marcel zuerst die Frage missversteht oder er sich doch nicht so gut auskennt und er erklärt vielleicht zuerst den Weg zum Städelschen Kunstinstitut. Sie werden allerdings über das signifikante Symbol Sprache relativ schnell den Sachverhalt klären können.

Aus den Beispielen wird ersichtlich, dass sich der Begriff „signifikantes Symbol" in erster Linie auf sprachliche Ausdrücke bezieht. Freilich sprechen die Interaktionspartner in der Realität niemals ganz dieselbe Sprache, mit der Folge, dass es häufig zu Missverständnissen, also zu Interaktionsstörungen kommt. Diese Interaktionsstörungen können dann nur durch „Metakommunikation", eine Kommunikation, mittels deren die Interaktionspartner ihr Sprachverständnis vergleichen und ein gemeinsames Sprachverständnis zu erzielen suchen, behoben werden.

Gesten verwandeln sich dadurch in Symbole, indem die jeweils für eine einzelne Person geltenden Bedeutungen durch Bedeutungen ersetzt werden, die für alle Beteiligten identisch sind. Zweitens verändert sich das Verhalten der Interaktionsteilnehmer in der Weise, dass an die Stelle einer kausalen Beziehung zwischen Reiz-Reaktion-Reiz die interpersonale Beziehung zwischen Sprecher und Adressat tritt: beide verkehren miteinander in kommunikativer Absicht (Habermas 1981, Bd. 2, S. 20). Und schließlich vollzieht sich ein Strukturwandel der Interaktion derart, dass die Beteiligten zwischen Akten der Verständigung und erfolgsorientierten Handlungen unterscheiden lernen.

5.2 Interaktion und kommunikatives Handeln

Mead löst das Problem wie man sich den Übergang von gestenvermittelter zu symbolvermittelter Interaktion vorzustellen hat, mit dem Modell der Einstellungsübernahme. Diese stellt er sich als einen inneren Dialog vor:

> „Nur durch Gesten qua signifikanter Symbole wird Geist oder Intelligenz möglich, denn nur durch Gesten, die signifikante Symbole sind, kann Denken stattfinden, das einfach ein nach innen verlegtes oder implizites Gespräch des Einzelnen mit sich selbst mit Hilfe solcher Gesten ist" (Mead 1973, S. 86).

„Signifikante Symbole" werden durch Non-vokale und vokale (verbale) Gesten gebildet und stellen eine *Interaktion*, also eine Wechselbeziehung zwischen Subjekten her, beeinflussen sie oder verändern sie. Der Autofahrer, der dem unachtsamen anderen Fahrer gerade noch mit einer Reflexbewegung ausweichen kann, vollzieht sicherlich keine symbolische Interaktion. Wenn er allerdings anschließend die geballte Faust erhebt mit dem ausgestreckten Mittelfinger, dann bedient er sich einer non-verbalen Geste. Der andere Fahrer, wenn er wohlwollend ist, kann natürlich glauben, dass Ersterer sich nur den Kopf kratze.

Hinweis
Man muss die Bedeutung, den „subjektiv gemeinten Sinn" der Handlung des anderen entschlüsseln können, um mit ihm in Interaktion treten zu können.

In der Mehrzahl der Fälle wird man handeln aufgrund der Bedeutung, die Dinge in der Umwelt für einen haben. Mit „Ding" ist dabei alles gemeint, dem man in einer Situation begegnen kann. Das können Naturgegenstände wie Steine, hergestellte Objekte, aber auch andere Menschen und Organisationen sein. Und je nach unseren Absichten und Meinungen in der Situation, können die gleichen „Dinge" verschiedene Bedeutung haben. Entscheidend für eine Interaktion ist, dass man wissen muss, welche Bedeutung ein Handelnder selbst einem „Ding", etwa dem Tun seines Gegenübers zuerkennt, um zu verstehen, was es ist, was er gerade tut (s. Kap. 1.2). Die gleiche Armbewegung kann für den einen „Kratzen", für den anderen eine „Beleidigung" sein.

In den Wechsel- und Austauschbeziehungen zwischen den Personen werden schon vorgegebene Bedeutungen ständig erneuert, erweitert und verändert. Im Gegensatz zu den Rollentheoretikern kann man nicht davon ausgehen, dass es in sozialen Beziehungen – ist eine Bedeutung (der Sinn) einer Handlung in einer Bezugsgruppe einmal festgelegt – nur noch um die reine Anwendung der Bedeutung ginge und um Kontrollen, ob nicht gegen den „eigentlichen Sinn" der Handlung verstoßen werde. Im Alltag muss man ständig ein Stück Interpretation der Bedeutung leisten, die die vokalen und nichtvokalen Gesten des anderen für einen selbst haben (Arbeitsgruppe 1988, S. 54). So hundertprozentig ist nie ganz klar, was es bedeutet, was der andere da gerade tut. Es handelt sich also bei der Verwendung von signifikanten bedeutungsvollen Gesten eher um einen ständigen Interpretationsvorgang für die Bedeutung, den gemeinten Sinn der Handlung eines anderen (Habermas 1981, Bd. 2, S. 24 ff.).

Wir erinnern uns an die Auseinandersetzung zwischen Karin und Günther. Karin war verärgert darüber, dass Günther die Kinder später bei Nachbarinnen abgeholt hat, um eine Feier in der Firma mitzumachen. Im Hort hatte er nicht angerufen, der Hort – als Patrick nicht von Günther abgeholt wurde – jedoch bei Karin auf der Arbeitsstelle. Karin war sauer, weil Günther ihrer Meinung nach seine Interessen über die der gemeinsamen Absprache gestellt hatte und sie zusätzlich belastet in ihrer Arbeit durch den Anruf vom Hort. Ihre Auseinandersetzung darüber beendet Karin durch ihren Abgang und eine zugeworfene Tür.

Beiden, Karin und Günther, wird ihre Beziehung selbst zum Ding der Auseinandersetzung. Sie beschäftigen sich aber nicht mit einem „physikalischen" Ding (Objekt), sondern mit einem „sozialen". Die Bedeutung, die ihre Beziehung jeweils für sie hat, ist unklar – die Situationseinschätzungen sind zunächst unverträglich. Günther „versteht" Karin nicht, hat er doch verantwortlich gehandelt und Karin „versteht" Günther nicht, weil der nicht versteht, dass sie sich in der Verantwortung für die Kinder von ihm verlassen fühlt. Aufgrund der Reaktion von Karin kann Günther seinen Irrtum erkennen. Weil er Karin „kennt", begreift er „was in ihr vorgehen muss", d.h. er interpretiert Karins Verhalten dahingehend, dass sie beleidigt ist ob seines Handelns. Nun kann er leicht an sich selbst nachvollziehen, was es heißt, beleidigt zu sein. Er kann nun „verstehen", was sein (Günthers) Verhalten für den anderen (Karin) bedeutet. Er sieht also sein eigenes Handeln mit den Augen des anderen. Er versetzt sich in die Lage von Karin und begreift, dass Karin glauben musste, dass er sich wichtiger nahm, als seine Kinder und seine Frau und dies noch ableugnete, was Karin kränkte. Günther ist gewissermaßen in die Rolle von Karin geschlüpft und begreift dadurch den Vorgang. Dies bedeutet das Konzept der „Einstellungsübernahme" (Rollenübernahme).

Hinweis

Eine Interpretation der Bedeutung des wechselseitigen Verhaltens geht erst aus der Beziehung der beiden Akteure hervor.

5.3 Kommunikation und Erwartungen

Interaktion, so sehen wir, ist eine Präsentation von Gesten und eine Reaktion auf die Bedeutung solcher Gesten. Es ergibt sich – auf dem Wege der Verwendung von Gesten – eine Art Austauschprozess von Eindrücken und Einschätzungen zwischen den beiden Akteuren. Damit eine halbwegs stabile Interaktion zustande kommt, muss ein Stück Gemeinsamkeit der Einschätzung der Situation in einem (blitzartig geschehenden) Hin und Her der Entschlüsselung entstehender Eindrücke bewerkstelligt werden. Dafür ist es wesentlich, sich in die Rolle des anderen hinein versetzen zu können.

Durch Einstellungsübernahme zu einer gewissen Klarheit darüber zu kommen, was es bedeutet, was der andere gerade tut und sagt, vor dieser Aufgabe steht man alltäglich. Oft wissen wir einiges darüber, was wir von unserem Gegenüber zu halten haben. So weiß Günther zumindest ansatzweise, wie Karin unter bestimmten Umständen reagieren wird und er weiß auch, was Karin von ihm hält und erwartet.

Damit sind wir wieder bei den Erwartungen und Erwartungs-Erwartungen, von denen ich schon im Kapitel über die Familie als soziales System gesprochen hatte (Kap. 4.4; 3.5). Vor allem die Erwartungs-Erwartungen sind wichtig beim Versuch, sich auf einen anderen einzustellen. Wenn man mit jemanden nicht gerade in völliger Unkenntnis über die Bestandteile der gemeinsamen Situation lebt oder einen handfesten Krach mit ihm hat, wird man einiges tun, Gesten zu setzen, die günstige Reaktionen beim Partner hervorrufen. Man ist, salopp formuliert, ständig um einen guten Eindruck bemüht. Das gilt aber auch von der Seite des Gegenübers her gesehen, er will ebenfalls einen guten Eindruck machen. „Interaktion" hat manchmal etwas vom Austausch guter Eindrücke an sich.

Die Erwartungs-Erwartungen sichern einen gleichsam davor, etwas handfest zu tun, was den anderen zu einer unangenehmen Reaktion bewegen könnte. Man nimmt mit den Erwartungen, die man hinsichtlich der Erwartungen hat, die ein Gegenüber uns gegenüber haben könnte, gewissermaßen vorweg, was der andere von einem tatsächlich wollen könnte (erwartet). Das geschieht – wie wir gesehen haben – wesentlich auch dadurch, dass man die Rollen der für uns bedeutsamen Anderen (*significant others*) vorwegnimmt (antizipiert). Indem man ihr mögliches Tun und ihre absehbaren

Erwartungen beim eigenen Handeln schon vorausplant, baut man in sich gleichsam die Rollen der bedeutsamen Anderen auf. Je fester und dauerhafter dieser Aufbau gegenseitiger Rollenerwartungen ist, desto fester sind sie mit einem als Person verhaftet.[17] Sie stiften unser soziales Selbst, das Mead „Me" nennt.

Hinweis

Mit der Antizipation der Erwartungen bedeutsamer Anderer sieht man das eigene Selbst mit den Augen all der Rollenträger, die für das eigene Handeln wichtig sind, also mit den Augen der „verallgemeinerten Anderen" (*generalized others*).

Geübt wird dieser Prozess der Rollenübernahme schon in der Erziehung. Das Kind, das im Sandkasten, auf dem Spielplatz oder wo auch immer ein anderes zwickt, beisst oder kratzt, wird von der Mutter (*significant other*) sicherlich eine Reaktion bezüglich seines Tuns erfahren. Aber spätestens das zweite Argument seitens der Mutter wird sein: „Das tut dem anderen Kind doch weh!". Und was „weh-tun" bedeutet, weiß das Kind meist aus eigener Erfahrung. Es kann sich also sofort in das Schmerzen empfindende andere Kind hineinversetzen. Über den signifikanten Anderen vermittelt, vermag das Kind die Folgen seines möglichen Tuns durch Rollenübernahme abzuschätzen („Es tut weh.") und die Erwartung der verallgemeinerten Anderen zu antizipieren (Habermas 1981, Bd. 2, S. 57 ff.).

Noch einmal: Subjekte bzw. Individuen stehen dauernd ganz verschiedenen Situationen gegenüber, in denen sie etwas tun oder lassen müssen. Das tatsächliche Geschehen hängt von der „Definition der Situation" ab, die man für richtig hält und nicht nur von festen Normen und Werten. Als Miriam von Sandra erfährt, dass Gunnar zu ihrem gemeinsamen Zeltwochenende Besuch von einer Frau, Doris, bekommen hat, versuchte sie Sandra gegenüber ihrer Mutterrolle gerecht zu werden und nahm sich zusammen, wechselte bald das Thema. Gunnar gegenüber vertrat sie die Rolle der beleidigten und gekränkten (Noch-)Ehefrau und pochte gleichsam auf die spezifischen Rollenattribute, nämlich nicht vor der Tochter desavouiert zu werden. Sie wusste natürlich, dass Gunnar diesem Argument sich nicht so ohne weiteres verschließen konnte. Außerdem hatte sie zur Verstärkung dieser Position der „verallgemeinerten Anderen" für Gunnar einen bedeutsamen Anderen, nämlich seine Mutter, eingeschaltet. Gunnars Mitteilung, er könne auch noch allerlei dazu sagen, ist letztlich das Signal der Akzeptanz dieser Er-

---

17 Deutlich wird, welche Bedeutung diese Sichtweise für ein Sozialisationskonzept hat. Denn es ist ein wichtiger Schritt im Aufbau der Identität des Individuums, die Unterscheidung zu lernen, dass hinter den konkreten Zuschreibungen und Verhaltenserwartungen etwa der Mutter (= signifikante Andere) allgemeine Normen bzw. Haltungen der sozialen Gemeinschaft (= verallgemeinerter Anderer) stehen. Mead hat das am Beispiel des Spiels für die Identitätsbildung herausgearbeitet (Mead 1973, S. 192 ff.)

wartungen. Er hätte sie wissen können oder aber in anderen Situationen hätte es eine Metakommunikation gegeben.

Jeder einzelne steht also dauernd vor der Aufgabe, die unklaren und widersprüchlichen Ansprüche der anderen an das eigene Rollenverhalten nicht nur „auszubalancieren", sondern auch aktiv zu interpretieren und zu beeinflussen. Dabei erfinden die Menschen ihre Handlungsmuster nicht völlig neu, immer gibt es Erfahrungsbestände, auf die man auch in ungewohnten Situationen zurückgreifen kann. Denn Kommunikation wird nicht immer wieder vom Punkt „Null" begonnen. Die Erfahrung von Karin mit Günthers „Aktion" die Kinder unterzubringen und umgekehrt, Karins zugeschlagene Tür als Geste, werden die darauffolgende Kommunikation bestimmen.

5.4 Resümee

Ich hatte zu zeigen versucht, dass soziale Rollen im Verhältnis der Akteure zueinander keine so große Bedeutung mehr spielen. Und auch Erwartungen, die an Rollen geknüpft sind, haben eher permissiven (erlaubenden) als präskriptiven (vorschreibenden) Charakter. Andererseits bilden soziale Rollen und Rollenerwartungen die gesellschaftlich formulierten Anschlussstellen für Kommunikation. Die Rollenerwartungen sagten dem Akteur, wie er in einer bestimmten Situation folgerichtig zu agieren hatte und die mit den Erwartungen verbundenen Sanktionen erzwangen ein entsprechendes Verhalten. Wir stehen heute vor dem Problem, dass sowohl soziale Rollen wie auch die Rollenerwartungen immer diffuser werden. Dementsprechend müssen die Menschen die kommunikativen Anschlüsse selbst neu entwickeln. Sie müssen sich jeweils eigene Traditionen der Kommunikation schaffen.

Wenn wir uns die Entwicklung des Familiensystems betrachten, dann lässt sich leicht erkennen, dass die tradierten und ehemals festgefügten Formen der Normalfamilie erodiert sind. Junge Menschen und auch nicht mehr ganz junge müssen sich heute selbst ihre Form familialen Lebens zurecht schneidern. Das alte Familienkostüm will nicht mehr so recht sitzen. Insofern haben sich auch die ehemals „normalen" Familienbiografien gewandelt. Zeitweiliges Alleinleben mit oder ohne Partnerschaft, Scheidung und Wiederverheiratung, unverheiratetes Zusammenleben und Alleinerziehen sind selbstverständliche Formen des familialen Lebens und folgen willkürlich aufeinander. Es gibt kein Korsett mehr, in das das Familienleben eingezwängt wäre. Es gibt keine verbindlichen Regeln des Zusammenlebens. Die Geschlechtsrollen sind teilweise obsolet geworden und auch die familialen Rollen. Es muss sozusagen ausgedealt werden, was die Beziehungspartner wollen und was sie sich vom Beziehungsleben versprechen. Das für sie gültige Beziehungsmodell oder -kostüm muss von den Beteiligten zurecht modelliert oder geschneidert werden. Dies geht nur mittels Kommunikation über alles und jedes und der Empathie für einander.

Letztlich müssen die Wünsche und Bedürfnisse in privater wie in beruflicher Hinsicht ausbalanciert werden. Hilfreich für die Gestaltung der familialen Lebensform und den Beziehungsalltag sind allenfalls die erinnerten Vorgaben aus der jeweiligen Herkunftsfamilie. Von Bedeutung sind aber auch die selbst erlebten und ausprobierten Muster, die der jeweiligen Situation angepasst werden, d. h. es wird kommunikativ der „Sinn" der Partnerschaft kultiviert. Die Kommunikation als Vehikel dieses Prozesses ist – wie wir gesehen haben – überaus voraussetzungsvoll. Über die Kommunikation zu den jeweiligen Anpassungsleistungen der Beziehungspartner werden Erwartungen geweckt, die wiederum die darauf folgende Kommunikation bestimmen. Deshalb können wir sagen, dass Familie ein Prozess mit Gedächtnis ist.

Wie sehr sich „Eigenlogik" und „Eigensinn" eines Familiensystems abschließen bzw. isolieren, das macht seine Geschichte aus. Hier kann Hilfe ansetzen. Jedoch nicht im Sinne einer Ursachensuche. Vielmehr geht es darum, den Beteiligten zu helfen, wie sie die Muster und Regeln ihrer Kommunikation erkennen können. Und es geht darum, das Prinzip der Einstellungsübernahme wieder zu erlernen. Solange es attraktiv ist, sich in den anderen hinein zu versetzen, um ihn zu „verstehen", ist Metakommunikation möglich. Und wenn es noch eine Bedeutung hat, einen „guten" Eindruck in der Partnerschaft zu hinterlassen, dann können die Anschlussstellen – also das, was „danach" kommt – neu definiert werden. Denn Familiensysteme können sich verändern, sie müssen es nur wollen.

Wie wir gesehen hatten, ist das „Vorher" und „Nachher" von Ereignissen wichtig für die Kommunikation, da der kommunikative Prozess konstituiert wird von Reaktionserwartungen und Erwartungsreaktionen. Dies kann wiederum zur Folge haben, dass sich Reaktionserwartungen verfestigen. Daraus resultieren dann Vorstellungen von Interaktionsmustern des Partners bzw. der Partnerin, die für immer festgeschrieben sind – sog. „Schubladen". In diesen steckt dann nicht nur das Handeln des jeweils anderen fest, vielmehr betrifft das die Kommunikation, deren Anschluss die sog. „Schublade" darstellt. Insofern stimmt es schon, dass die Interpretation der Bedeutung des wechselseitigen Verhaltens erst aus der Beziehung der beiden Akteure hervorgeht.

Lesehinweise

Mead, George H. (1973): Geist, Identität und Gesellschaft. Frankfurt/M.

Watzlawick, Paul/Beavin, Janet/Jackson, Don D. (2000): Menschliche Kommunikation. Formen, Störungen, Paradoxien. Bern, Stuttgart, Wien.

Abkürzungsverzeichnis

a. a. O.	am angegebenen Ort
ASD	Allgemeiner sozialer Dienst
Aufl.	Auflage
BMfFSFJ	Bundesministerium für Familie, Senioren, Frauen und Jugend
BSHG	Bundessozialhilfegesetz
ca.	zirka
DGS	Deutsche Gesellschaft für Soziologie
ebda.	ebenda
etc.	et cetera
FamRZ	Zeitschrift für das gesamte Familienrecht
FIM	Familie im Mittelpunkt
FuR	Familie und Recht
gem.	gemäß
GG	Grundgesetz für die Bundesrepublik Deutschland
Hrsg.	Herausgeber
INE	Instituto Nacional de Estadística (Spanisches „Nationales Institut für Statistik")
INSEE	Institut National de la Statistique et des Études Économiques (französisches „Nationales Institut für Statistik und Wirtschaftsforschung")
KJHG	Kinder- und Jugendhilfegesetz
KZfSS	Kölner Zeitschrift für Soziologie und Sozialpsychologie
SPFH	Sozialpädagogische Familienhilfe
Stat. BA	Statistisches Bundesamt
u. a.	unter anderem
u. a. m.	und anderes mehr
vgl.	vergleiche
ZSE	Zeitschrift für Erziehungswissenschaften
z. T.	zum Teil
ZfS	Zeitschrift für Soziologie

Literatur

Alberdi, Inés (1999): La nueva familia española. Madrid.

Arbeitsgruppe Soziologie (Hrsg.) (1988): Denkweisen und Grundbegriffe der Soziologie. Eine Einführung. Frankfurt/M. 8. Aufl.

Ariès, Philippe (1976): Geschichte der Kindheit. München.

Badinter, Elisabeth (1992): Die Mutterliebe. Geschichte eines Gefühls vom 17. Jahrhundert bis heute. München.

Baecker, Dirk (Hrsg.) (1987): Theorie als Passion. Niklas Luhmann zum 60. Geburtstag. Frankfurt/M.

Barabas, Friedrich (1992): Recht und Krisenintervention. In: Straumann, Ursula (Hrsg.): Beratung und Krisenintervention. Köln.

Barabas, Friedrich (2003): Beratungsrecht. Ein Leitfaden für Beratung, Therapie und Krisenintervention. Fachhochschulverlag Frankfurt/M. 2. Aufl.

Barabas, Friedrich/Erler, Michael (2002): Die Familie. Lehr- und Arbeitsbuch für Familiensoziologie und Familienrecht. Weinheim. 2., überarb. und erw. Aufl.

Beck, Ulrich (1986): Risikogesellschaft. Auf dem Weg in eine andere Moderne. Frankfurt/M.

Beck, Ulrich/Beck-Gernsheim, Elisabeth (Hrsg.) (1994): Riskante Freiheiten. Frankfurt/M.

Beck-Gernsheim, Elisabeth (1983): Vom „Dasein für andere" zum Anspruch auf ein Stück „eigenes Leben". In: Soziale Welt. H. 3, S. 307

Beck-Gernsheim, Elisabeth (1998): Was kommt nach der Familie? Einblicke in neue Lebensformen. München.

Berger, Peter/Luckmann, Thomas (1972): Die gesellschaftliche Konstruktion der Wirklichkeit. Frankfurt/M.

Bertram, Hans (1992): Die Familie in den neuen Bundesländern. Stabilität und Wandel in der gesellschaftlichen Umbruchsituation. Opladen.

Bertram, Hans (1997): Die drei Revolutionen. Zum Wandel der privaten Lebensführung im Übergang zur postindustriellen Gesellschaft. In: Hradil, Stefan (Hrsg.): Differenz und Integration. Verhandlungen des 28. Kongresses der DGS in Dresden 1996. Frankfurt/M.

Bertram, Hans (Hrsg.) (1991): Die Familie in Westdeutschland. Stabilität und Wandel familialer Lebensformen. Opladen.

Bien, Walter (Hrsg.) (1996): Familie an der Schwelle zum neuen Jahrtausend. Opladen.

BMFSFJ (Bundesministerium für Familie, Senioren, Frauen und Jugend; Hrsg.) (1994): Bestandsaufnahme in der institutionellen Ehe-, Familien- und Lebensberatung. Stuttgart, Berlin, Köln.

Burguière, André/Klapisch-Zuber, Christiane/Segalen, Martine/Zonabend, Françoise (Hrsg.) (1997/98): Geschichte der Familie. 4 Bde. Frankfurt/M.

Burkart, Günter (1997): Lebensphasen – Liebesphasen. Vom Paar zur Ehe, zum Single und zurück? Opladen.

Burnham, John B. (2009): Systemische Familienberatung. Weinheim. 3. Aufl.

Daguet, Fabienne (1996): Mariage, Divorce et Union libre. Division des Enquétes et études démographiques. INSEE Nr. 482.

DeMause, Lloyd (1977): Hört ihr die Kinder weinen. Frankfurt/M.

Deter, Detlev/Straumann, Ursula (Hrsg.) (1990): Personenzentriert verstehen – Gesellschaftsbezogen Denken – Verantwortlich Handeln. Theorie, Methodik und Umsetzung in die psychosoziale Praxis. Köln.

Deutsches Jugendinstitut (Hrsg.) (1993): Was für Kinder. Aufwachsen in Deutschland. Ein Handbuch. München.

Durkheim, Emile (1977): Über die Teilung der sozialen Arbeit. Frankfurt/M.

Elias, Norbert (1977): Über den Prozess der Zivilisation. Frankfurt/M.

Elschenbroich, Donata/Pagenstecher, Lising (1993): Einleitung. In: Deutsches Jugendinstitut (Hrsg.) (1993): Was für Kinder. Aufwachsen in Deutschland. Ein Handbuch. München. S. 10–14.

Engstler, Heribert (1999): Die Familie im Spiegel der amtlichen Statistik. Berlin.

Engstler, Heribert (2003): Die Familie im Spiegel der amtlichen Statistik. Berlin.

Erler, Michael (1995): Die „Ein-Eltern-Familie" zwischen Unvollständigkeit und Alternative. In: Sozialmagazin. Die Zeitschrift für Soziale Arbeit. H. 7–8, S. 52–56.

Erler, Michael (1996): Die Dynamik der modernen Familie. Empirische Untersuchung zum Wandel der Familienformen in Deutschland. Weinheim.

Erler, Michael (1998): Armut im Wandel. In: Sozialmagazin. Die Zeitschrift für Soziale Arbeit. H. 10, S. 22–29

Erler, Michael (2010): Soziale Arbeit. Ein Lehr- und Arbeitsbuch zu Geschichte, Aufgaben und Theorie. Weinheim. 7. Aufl.

Erler, Michael (2001 a): Stichwort „Familienbildung und systemische Familienarbeit". In: Otto, Hans-Uwe/Thiersch, Hans (Hrsg.): Handbuch Sozialarbeit/Sozialpädagogik. Neuwied. 2. Aufl. S. 521–528.

Flipo, Anne/le Blanc, David/Laferrère, Anne (1999): De l'histoire individuelle à la structure des ménages. Division Redistribution et Politiques Sociales. INSEE Nr. 649

Fölsing, Albrecht (1983): Galileo Galilei – Prozess ohne Ende. Eine Biographie. München, Zürich.

Friedrichs, Jürgen (1982): Methoden empirischer Sozialforschung. Opladen. 10. Aufl.

Gardiner, A. (1993): Die Sehnsucht nach Familie. In: Brigitte. H. 18, S. 116-119

Gehrmann, Gerd/Müller, Klaus (2011): Praxis Sozialer Arbeit: Familie im Mittelpunkt. Handbuch effektives Krisenmanagement für Familien. Regensburg. 3. Aufl.

Giddens, Anthony (1995): Konsequenzen der Moderne. Frankfurt/M.

Goode, William (1967): Soziologie der Familie. München.

Gostomski, Christian Babka von/Hartmann, Josef/Kopp, Johannes (1998): Soziostrukturelle Bestimmungsgründe der Ehescheidung. In: ZSE. 18. Jg. H. 2, S. 117–133

Habermas, Jürgen (1981): Theorie des kommunikativen Handelns. Bde. I + II. Frankfurt/M.

Habermas, Jürgen (1992): Faktizität und Geltung. Beiträge zur Diskurstheorie des Rechts und des demokratischen Rechtsstaats. Frankfurt/M.

Habermas, Jürgen/Luhmann, Niklas (1971): Theorie der Gesellschaft oder Sozialtechnologie. Frankfurt/M.

Hantel-Quitmann, Wolfgang (1996): Beziehungsweise Familie. Freiburg/Br.

Hawking, Stephen (2001): Die illustrierte kurze Geschichte der Zeit. Reinbek.

Hettlage, Robert (1992): Familienreport. Eine Lebenslage im Umbruch. München.

Hettlage, Robert (2000): Individualisierung, Pluralisierung, Postfamilialisierung. Dramatische oder dramatisierte Umbrüche im Modernisierungsprozess der Familie? In: Zeitschrift für Familienforschung. Heft 1, S. 72–97.

Hofgesang, Birgit (2001): Stichwort „Familienhilfe: sozialpädagogische". In: Otto, Hans-Uwe/Thiersch, Hans (Hrsg.): Handbuch Sozialarbeit/Sozialpädagogik. Neuwied 2. Aufl. S. 529-539.

Hofman-Riem, Christa (1989): Elternschaft ohne Verwandtschaft: Adoption, Stiefbeziehung und heterologe Insemination. in: Nave-Herz, R./Markefka, M. (Hrsg.) (1989): Handbuch der Familien- + Jugendforschung. Bd. 1 Neuwied.

Höhn, Charlotte (1989): Demographische Trends in Europa seit dem 2. Weltkrieg. In: Nave-Herz, R./Markefka, M. (Hrsg.) (1989): Handbuch der Familien- + Jugendforschung. Bd. 1. Neuwied.

Hollstein-Brinkmann, Heino (1993): Soziale Arbeit und Systemtheorien. Freiburg/Br.

Hondrich, Karl Otto (1982): Soziale Differenzierung in Langzeitanalysen zum Wandel von Politik, Arbeit und Familie. Frankfurt/M.

Hondrich, Karl-Otto (1997): Die Dialektik von Kollektivisierung und Individualisierung. in: Hradil, Stefan (Hrsg.): Differenz und Integration. Verhandlungen des 28. Kongresses der Deutschen Gesellschaft für Soziologie in Dresden 1996. Frankfurt/M.

Honegger, Claudia/Hradil, Stefan/Traxler, Franz (Hrsg.) (1999): Grenzenlose Gesellschaft? Verhandlungen des 29. Kongresses der Deutschen Gesellschaft für Soziologie in Freiburg. Opladen.

Hubbard, William H. (1983): Familiengeschichte. Materialien zur deutschen Familie seit dem Ende des 18. Jahrhunderts. München.

Huinink, Johannes (1992): Die Analyse interdependenter Lebensverlaufsprozesse. Zum Zusammenhang von Familienbildung und Erwerbstätigkeit bei Frauen. In: Andreß, Hans-Jürgen u. a. (Hrsg.) (1992): Theorie, Daten, Methoden. Neue Modelle und Verfahrensweisen in den Sozialwissenschaften. München.

Instituto de la Mujer (1997): La mujer en cifras. Madrid.

Instituto de la Mujer (2001): http://www.mtas.es

Kaufmann, Franz Xaver (1990): Familie und Modernität. In: Lüscher/Schulheis/Wehrspaun (Hrsg.): Die postmoderne Familie. Konstanz.

Kaufmann, Jean-Claude (1994): Schmutzige Wäsche. Zur ehelichen Konstruktion von Alltag. Konstanz.

Klein, Thomas (1992): Zur Veränderung von Familienbildungsprozessen in der Nachkriegszeit. In: Hujer, Reinhard/Schneider, Hilmar/Zapf, Wolfgang (Hrsg.) (1992): Herausforderungen an den Wohlfahrtsstaat im strukturellen Wandel. Frankfurt/M.

Klein, Thomas/Lauterbach, Wolfgang (1994): Bildungseinflüsse auf Heirat, die Geburt des ersten Kindes und die Erwerbsunterbrechung von Frauen. In: KZfSS. Heft 2, S. 278–298.

König, René (1969): Soziologie der Familie. In: König, René (Hrsg.): Handbuch der empirischen Sozialforschung. Bd. II. Stuttgart.

Krawietz, Werner/Welker, Michael (1992): Kritik der Theorie sozialer Systeme. Auseinandersetzung mit Luhmanns Hauptwerk. Frankfurt/M. 2. Aufl.

Kron-Klees, Friedhelm (1994): Claudia – oder Öffentliche Jugendhilfe als heilsamer Impuls. Dortmund.

Loidl, Joseph (1985): Scheidung, Ursachen und Hintergründe. Wien.

Luhmann, Niklas (1969): Moderne Systemtheorien als Form gesellschaftlicher Analyse. In: Adorno, Theodor W. (Hrsg.) (1969): Spätkapitalismus oder Industriegesellschaft. Verhandlungen des 16. Deutschen Soziologentages in Frankfurt/M. Stuttgart.

Luhmann, Niklas (1981): Ausdifferenzierung des Rechts. Frankfurt/M.

Luhmann, Niklas (1982): Liebe als Passion. Zur Codierung von Intimität. Frankfurt/M.

Luhmann, Niklas (1988): Sozialsystem Familie. In: System Familie. Forschung und Therapie. H. 1, S. 75–91.

Luhmann, Niklas (1991): Soziale Systeme. Frankfurt/M. 4. Aufl.

Luhmann, Niklas (1995): Funktionen und Folgen formaler Organisation. Berlin. 4. Aufl.

Maturana, Humberto (1982): Erkennen: Die Verkörperung und Organisation von Wirklichkeit. Braunschweig.

Mayntz, Renate (1988): Funktionelle Teilsysteme in der Theorie sozialer Differenzierung. In: Mayntz/Rosewitz/Schimank/Stichweh (1988): Differenzierung und Verselbständigung. Frankfurt/M.

Mead, George H. (1969): Philosophie der Sozialität. Frankfurt/M.

Mead, George H. (1973): Geist, Identität und Gesellschaft. Frankfurt/M.

Mead, George H. (1980): Gesammelte Aufsätze. Bd. 1. Frankfurt/M. (hrsg. v. Hans Joas)

Mermet, Gérard (1993): Die Europäer. München.

Miller, Tilly (2001): Systemtheorie und Soziale Arbeit. Stuttgart.

Moreno, J. L. et al. (1960): The Sociometry Reader. Glencoe, III. zit nach: Friedrichs, Jürgen (1982): Methoden empirischer Sozialforschung. Opladen. 10. Aufl.

Mörsberger, Thomas (1991): Verschwiegenheitspflicht und Datenschutz. Freiburg/ Breisgau

Nauck, B. (1989): Individualistische Erklärungsansätze in der Familienforschung: Die rationale Choice-Basis von Familienökonomie, Ressourcen- und Austauschtheorien. In: Nave-Herz, R./Markefka, M. (Hrsg.) (1989): Handbuch der Familien- + Jugendforschung. Bd. 1. Neuwied. S. 45–61.

Nauck, Bernhard/Onnen-Idemann, Corinna (Hrsg.) (1995): Familie im Brennpunkt von Wissenschaft und Forschung. Neuwied.

Nave-Herz, Rosemarie/Daum-Jaballah, Marita/Hauser, Sylvia/Matthias, Heike/ Scheller, Gitta (1990): Scheidungsursachen im Wandel. Eine zeitgeschichtliche Analyse des Anstiegs der Ehescheidungen in der Bundesrepublik Deutschland. Bielefeld.

Nave-Herz, Rosemarie (1991): Verursachende Bedingungen für den zeitgeschichtlichen Anstieg der Ehescheidungen. In: FuR. S. 318

Nave-Herz, Rosemarie (1996): Zeitgeschichtliche Differenzierungsprozesse privater Lebensformen – am Beispiel des veränderten Verhältnisses von Ehe und Familie. In: Clausen, Lars (Hrsg.): Gesellschaften im Umbruch. Frankfurt/M.

Nave-Herz, Rosemarie (1997): Familie heute. Wandel der Familienstrukturen und Folgen für die Erziehung. Darmstadt 2. Aufl.

Nave-Herz, Rosemarie (2006): Ehe- und Familiensoziologie. Weinheim. 2. Aufl.

Neidhardt, Friedhelm (1975): Systemtheoretische Analysen zur Sozialisationsfähigkeit der Familie. In: Ders. (1975) (Hrsg.): Frühkindliche Sozialisation. Stuttgart.

Nicolay, Joachim (1996): Ko-respondenz. Ein Beitrag zu einer Theorie des Handelns in der Sozialpädagogischen Familienhilfe. In: Neue Praxis. 26. Jg. H. 3, S. 202–216.

Nuber, Ute (1993): Der Traum von der Idealfamilie. In: Psychologie heute. H. 3, S. 20

Oswald, Gerhard (1988): Systemansatz und soziale Familienarbeit. Methodische Grundlagen und Arbeitsformen. Freiburg/Br.

Parsons, Talcott (1964): Beiträge zur soziologischen Theorie. Neuwied.

Parsons, Talcott (1972): Das System moderner Gesellschaften. München.

Pavel, Falk-Giselher (1989): Integrative klientenzentrierte Therapie von Systemen. Jahrbuch für Personenzentrierte Psychologie und Psychotherapie. Bd. 1. Salzburg.

Pavel, Falk-Giselher (1990): Familienberatung als systemische Krisenintervention. In: Deter, Detlev/Straumann, Ursula (Hrsg.): Personenzentriert verstehen – Gesellschaftsbezogen Denken – Verantwortlich Handeln. Theorie, Methodik und Umsetzung in die psychosoziale Praxis. Köln.

Peuckert, Rüdiger (2008): Familienformen im sozialen Wandel. Wiesbaden.

Pöschl, Heinz (1990): „Singles" – Versuch einer Beschreibung. In: Wirtschaft und Statistik. H. 10, S. 703

Protokoll der Diskussion zum Referat von Niklas Luhmann auf dem 16. Deutschen Soziologentag (1969). In: Adorno, Theodor W. (Hrsg.) (1969): Spätkapitalismus oder Industriegesellschaft. Verhandlungen des 16. Deutschen Soziologentages in Frankfurt/M. Stuttgart. S. 267 ff.

Rauschenbach, Thomas (1994): Inszenierte Solidarität: Soziale Arbeit in der Risikogesellschaft. In: Beck, Ulrich/Beck-Gernsheim, Elisabeth (Hrsg.): Riskante Freiheiten. Frankfurt/M.

Retzer, Arnold (2002): Das Paar. Eine systemische Beschreibung intimer Komplexität. In: Familiendynamik. 27. Jg. H. 1+2.

Ritscher, Wolf (2002): Systemische Modelle für die Soziale Arbeit. Heidelberg.

Rothe, Marga (2006): Sozialpädagogische Familien- und Erziehungshilfe. Stuttgart. 5. Aufl.

Rovan, Joseph (1995): Geschichte der Deutschen. Von ihren Ursprüngen bis heute. München. 2. Aufl.

Schimank, Uwe (1996): Theorien gesellschaftlicher Differenzierung. Opladen.

Schlippe, Arist von/Schweitzer, Jochen (2003): Lehrbuch der systemischen Therapie und Beratung. Göttingen, Zürich. 10. Aufl.

Schneider, Johann (2006): Gut und Böse – Falsch und Richtig. Zur Ethik und Moral der sozialen Berufe. Fachhochschulverlag Frankfurt/M. 3. Aufl.

Schneider, Norbert (1990): Woran scheitern Partnerschaften? Subjektive Trennungsgründe und Belastungsfaktoren bei Ehepaaren und nichtehelichen Lebensgemeinschaften. In: ZfS. H. 6, S. 458

Schneider, Norbert/Rosenkranz, Doris/Limmer, Ruth (1998): Nicht-Konventionelle Lebensformen. Opladen.

Schrenk, Friedemann (1997): Die Frühzeit des Menschen. München.

Schulze, H.-J./Tyrell, H./Künzler, J. (1989): Vom Strukturfunktionalismus zur Systemtheorie der Familie. In: Nave-Herz/Markefka (Hrsg.) (1989): Handbuch der Familien- und Jugendforschung. Bd. 1. Neuwied.

Schumacher, Jürgen/Vollmer, Randolph (1982): Differenzierungs- und Entdifferenzierungsprozesse im Familiensystem. In: Hondrich, Karl Otto (1982): Soziale

Differenzierung in Langzeitanalysen zum Wandel von Politik, Arbeit und Familie. Frankfurt/M.

Schütz, Alfred (1932): Der sinnhafte Aufbau der sozialen Welt. Wien.

Segalen, Martine (1990): Die Familie. Geschichte, Soziologie, Anthropologie. Frankfurt/M.

Shorter, Edward (1977): Die Geburt der modernen Familie. Hamburg.

Sieder, Reinhard (1987): Sozialgeschichte der Familie. Frankfurt/M.

Stat. BA (Statistisches Bundesamt; Hrsg.) (1999): Datenreport 1999. Bonn.

Stat. BA (Statistisches Bundesamt (2008/2010): http://www.destatis.de

Statistisches Bundesamt (HG.) (1999): Statistisches Jahrbuch. Wiesbaden.

Straumann, Ursula (2001): Professionelle Beratung. Bausteine zur Qualitätsentwicklung und Qualitätssicherung. Heidelberg 2., überarb. Aufl.

Stringer, Chris/McKie, Robin (1996): Afrika – Wiege der Menschheit. München.

Trotha, Trutz von (1990): Zum Wandel der Familie. In: KZfSS. H. 3, S. 452

Tucholsky, Kurt (1976): Gesammelte Werke. Reinbek.

Tyrell, Hartmann (1978): Anfragen an die Theorie der gesellschaftlichen Differenzierung. In: ZfS. Heft 2, S. 175

Varela, Francisco (1994): Autonomie und Autopoiese. In: Schmidt, Siegfried (Hrsg.): Der Diskurs des Radikalen Konstruktivismus. Frankfurt/M. 6. Aufl.

Vaskovics, Laszlo A./Rupp, Marina/Hofmann, Barbara (1997): Lebensverläufe in der Moderne: Nichteheliche Lebensgemeinschaften. Opladen.

Wagner, Michael (1997): Scheidung in Ost- und Westdeutschland. Opladen.

Weber-Kellermann, Ingeborg (1974): Die deutsche Familie. Frankfurt/M.

Weinberger, Sabine (2008): Klientenzentrierte Gesprächsführung. Weinheim und München. 12. Aufl.

Weiss, Hilde (1995): Liebesauffassungen der Geschlechter – Veränderungen in Partnerschaft und Liebe. In: Soziale Welt. H. 2, S. 119–137

Willke, Helmut (2006): Systemtheorie. Stuttgart. 7. Aufl.

Willke, Helmut (1993): Systemtheorie entwickelter Gesellschaften. Weinheim und München.

Willke, Helmut (2005): Systemtheorie II: Interventionstheorie. Stuttgart, Jena. 4. Aufl.

Wingen, Max (1986): Familien heute – Bestandsaufnahme und Trends. In Lampert, H./Wingen, M. (Hrsg.) (1986): Familien und Familienpolitik- Bestandsaufnahme und Perspektiven. Köln.

Zeiher, Helga (1994): Kindheitsträume. Zwischen Eigenständigkeit und Abhängigkeit. In: Beck, Ulrich/Beck-Gernsheim, Elisabeth (Hrsg.) (1994): Riskante Freiheiten. Frankfurt/M.

Sach- und Personenregister